요한계시록 강해 2

신천지의 정체가 계시록에 예고되다!

신천지의 정체가 계시록에 예고되다!

초판 1쇄 인쇄 | 2020년 9월 17일
초판 1쇄 발행 | 2020년 9월 22일

지 은 이 | 안디바
펴 낸 이 | 박세희

펴 낸 곳 | (주) 도서출판 등대지기
등록번호 | 제2013-000075호
등록일자 | 2013년 11월 27일

주 소 | (153-768) 서울시 가산디지털2로 98.
2동 1110호(가산동 롯데IT캐슬)
대표전화 | (02)853-2010
팩 스 | (02)857-9036
이 메 일 | sehee0505@hanmail.net

편집 · 디자인 | 박은화

ISBN 979-11-6066-055-5
값 12,000원

• 잘못된 책은 바꾸어 드립니다.

요한계시록 강해 2

신천지의 정체가 계시록에 예고되다!

안디바 목사

등대지기

신천지의 심판(코로나)을 보면서

현재의 교회들이 세상의 네피림을 부러워하며 이 땅의 유명 용사가 되고자 신앙(하나님)을 팔아먹고 있다. 이는 교회가 세상과 타협함으로 성경말씀에 물질의 복을 교묘하게 악용해 사람들을 교회로 유인하기 때문이다. 그러기에 참된 목사나 신자가 교회 내에서 찾아보기가 매우 힘들다. 그러므로 예수께서 주의 재림의 때에, '인자가 올 때에 세상에서 믿음을 보겠느냐.(눅18;8)' 라고 탄식하신 것을 보면 어쩌면 지극히 당연한 일인지 모른다.

초대교회 때와는 달리 오늘날의 교회는 예수님과 세례요한 그리고 사도들의 그동안 전하고 간 서슬 퍼런 "회개하라 천국이 가까웠느니라"라고 외치는 우레와 같은 설교는 찾아보기 힘들다. 대신에 고객(교인)을 유인하기 위해 교회 안에 아첨과 아부만 난무하다. 작금의 교회들이 그럴 수밖에 없는 것이 목사가 말씀의 진위를 깨닫지 못해서다. 즉 말씀 자체가 생기이고 생령이며 값없이 거저 주시는 은혜의 선물인데 마음이 어두워 보지 못한 때문이다.

아담은 최초에 하나님으로부터 생기를 직접 받은 생령자다. 그러기 때문에 뱀(사단)은 아담(하나님의 백성)을 꾀기 어렵다. 그러나 하와는 아담의 갈비뼈에서 축출된 여자다. 여자가 곧 교회다. 하와(여자)는 하나님으로부터 명령을 직접 받지 않았고 아담을 통해 선악과를 먹지 말라는 소리만 전해 들었다. 그러므로 하와는 하나님의 명을 직접 받지 못했기에 뱀의 유혹에 쉽게 넘어갈 수 있었다. 그래서 뱀(신천지)이 하와(교회)를 꾀기 쉬웠던 거다.

오늘날 교회들이 하나님의 명령(말씀)보다 하와(교회)가 그랬듯이 보암직도 먹음직도 탐스럽기만 한 것들에만 눈이 어둡다보니 뱀(신천지)의 꼬임에 쉽게 넘어간다. 하와(교회)가 자기만 넘어가면 좋은데 하나님의 백성인 아담까지 유혹하는 것이 큰 문제다. 아담 자체가 우리의 실제의 모습이다. 즉 교회(하와)가 유혹하면 아담(교인)은 흔들릴 수밖에 없다. 하나님께서는 선악과를 먹으면 정녕 죽는다고 했는데 사단(신천지)은 죽는 것이 아니라 도리어 하나님 같이 된다고 꼬드겼다. 거기에 흔들리지 않을 사람(아담)들이 어디 있겠는가!

눈앞에 보이는 선악과(사망)는 탐스러운 열매로 중앙 동산에 보기 좋게 달려 있는데 반해, 생명과실(영생)은 두루 도는 화염검과 그룹들로 쳐져 있어 죄인들의 눈에 잘 띄지 않는다. 생명나무 자체가 말씀이고 성령이다. 그런데 오늘날의 교회가 이러한 성경을 한 치의 두려움도 없이 육신(탐심)의 생각으로 풀이하고 있다. 사역자는 하나님의 말씀에 대언만 해야지 자기 생각이 들어가면 그때부터 사단(신천지)이 역사하기 시작한다.

오늘날 교회에 뱀이 들어와 사람(아담)들을 미혹하는 이유가 탐심에 눈이 먼 목사들 때문에 그리된 거다. 그러나 하나님의 명을 받은 사람은 그 안에 하나님의 말씀(성령)이 함께 하기 때문에 사단(신천지)은 이들을 꾀지 못할뿐더러 또한 넘어가지도 않는다.

작금의 교회가 하나님의 천지창조의 뜻을 모르다보니 엉뚱한 행위(선교, 구제, 헌신, 봉사)로 하나님의 일을 한다고 자랑만 하고 있다. 그러나 그러한 행위에 앞서 예수 그리스도께서 왜 육신의 옷을 입고 이 땅에 오실 수밖에 없었는가를 먼저 상고하고 성경을 대해야 한다. 그래야 예수께서 십자가에서 죽으시고, 부활하여 하늘 보좌서 성령(말씀)으로 다시 오신 그 하나님을 말씀으로 만날 수 있다.

그러려면 사도요한을 통해 천국의 비밀을 왜 일곱 교회한테 서신 형식으로 알릴 수밖에 없었나를 깨달아야 한다. 그러기에 성령께서 요한한테 네 본 것과 이제 있는 일과 장차 될 일을 기록하라 한 것이다. 네가 본 것이 바로 계시록 전장에서 나타난 집짐승(교회)과 들짐승(신천지)의 정체다. 이를 깨달은 자만이 하늘의 비밀을 알 수 있고 그래야 계시록을 열 수 있다. 무엇보다 계시록은 성경 여러 곳에서 말일(마지막 때)에 열린다고 하였으므로 지금이 바로 그 때다.

이러한 창조(하나님의 백성 만들기 프로젝트)의 원리를 깨닫지 못하면 예수님의 재림의 때에 배교(하나님을 배반)하는 교회가 많아져 참된 신자(하나님의 백성)가 없게 된다. 그러므로 계시록은 하나님의 백성들한테는 책망과 회개를 통한 권면의 메시지요, 사단(짐승)들한테는 저주와 심판의 경고성이다.

이제 6000년이 지나고 안식의 회복기가 시작되었다. 이와 같이 마지막 때가 되자 하나님께서 가장 먼저 하신 일이 신천지를 무저갱(코로나)에 가둬 넣고, 그 다음은 큰 성인 대형교회들을 무너뜨리는 일을 하고 계시고 있다.

필자가 요한계시록을 집필하면서 느낀 것이 있다면 바로 이 시대의 한국 교회를 향한 하나님의 지극한 사랑이다. 그러기에 코로나를 통해 심판하는 한국 교회들을 보면서 '내 백성아, 그 죄에 참예하지 말고 속히 내게로 돌아오라' 이렇게 애타게 찾고 계신 하나님의 음성을 들을 수 있어야 한다. 그러다보니 필자 역시도 하나님의 간절한 그 음성(말씀) 때문에 자다가도 벌떡 일어나 복음을 전하기 위해 방만한 원고지를 메꿔나간다. 누구라도 육신의 생각에서 회개하고 말씀 안으로 돌아서면 우리의 피난처인 십승지(십자가)가 바로 눈앞에 펼쳐져 있다. 그러므로 천천만만의 하늘의 영들이 경고의 나팔을 불 때 그 소리를 듣고 회개하여 그리스도의 옷으로 살아입기를 일심으로 기도하는 바다.

차례

제5부 심판하는 한국교회

제6부 회복되는 새 하늘과 새 땅

제4부

신천지의 정체

12장
여자(교회)와 사단(용)의 대결

계시록 12장부터 14장까지는 하나님의 구속사를 완벽하게 요약해 보여준 핵심부분이다. 따라서 12장부터는 하나님의 언약의 내용이 등장한다. 하나님의 언약은 '너희는 나의 백성이 되고 나는 너희의 하나님이 될 것이다' 이것이다.

모든 인간은 전부 사망으로 던져져야 하지만 그 중에 얼마를 하나님께서 건지셔서 하나님의 백성으로 삼으시겠다는 것이 하나님의 언약이다. 그런데 그 언약이 예수 그리스도께서 이 땅에 오셔서 십자가에 달리시고 부활하심으로 하나님의 언약은 성취되었다.

따라서 12장에 예수 그리스도의 초림이 나오고 그분의 부활이 나온다. 그러한 예수 그리스도의 십자가로 말미암아 땅으로 쫓겨난 사탄 마귀의 세력이 어떻게 세상을 미혹하는가가 13장에 나온다. 거기서 보면 마귀의 세력은 삼위일체 하나님을 그대로 흉내내는데 바다에서 올라온 짐승이 죽은 것 같았다가 다시 살아난다. 성자 예수님을 흉내 낸 것이다. 그리고 땅에서 올라온 짐승은 그 바다에서 올라온 짐승을 경배하도록 힘을 쓴다.

그런데 그가 불(거짓교리)이 땅에 내려오게 할 정도로 커다란 이적으로 일을 한다. 그리고는 하나님의 인을 받지 못한 자들의 이마에 인을 친다. 그 인을 받는 자들은 모두 사망으로 떨어지게 된다. 그 표를 666이라 하는데 그 숫자가 용의 입과 짐승의 입과 거짓 선지자를 나타낸다. 사단들이 삼위하나님을 그대로 흉내는 내지만 그 능력과는 비교할 수 없는 마귀의 세력들이다. 따라서 교회는 이들과 싸워 반드시 승리해야 한다. 그러기 위해서 해를 입은 한 여자가 등장하고 있다.

1. 해산하는 여자와 용

> 하늘에 큰 이적이 보이니 해를 입은 한 여자가 있는데 그 발 아래는 달이 있고 그 머리에는 열두 별의 면류관을 썼더라(계12:1)

해를 입은 여자가 있고 그 여인의 발아래 달이 있고 그 머리에는 열두 별의 면류관을 썼다. 그리고 그 여자가 아이를 낳게 된다. '여자가 아들을 낳으니 이는 장차 철장으로 만국을 다스릴 남자라 그 아이를 하나님 앞과 그 보좌 앞으로 올라가더라(계12:5)' 철장으로 만국을 다스릴 남자가 바로 예수 그리스도다. 그렇다면 예수를 낳은 여인이 누구인가? 태양을 입고 달을 발아래 두고 열두 별 면류관을 쓴 이 여자를 알려면 먼저 해달별을 알아야 한다. 해달별이 영적 이스라엘인데, 바로 그 해달별을 발아래 두고 다스리는 분이 예수 그리스도시다.

그런데 이 여자가 해를 입었다. 하와 때는 여자가 해를 입지 않았고 아담이 빛을 입었다. 해를 입은 여자가 열두 별의 면류관을 썼는데 이게 하늘의 이스라엘인 성전이다. 즉 선민이 택한 교회다.

12장의 순서는 첫째 여자가 있고, 둘째 용이 있다. 그리고 셋째는 임신한 아이가 있다. 임신한 여자가 아이를 배어 해산할 즈음에 하늘에 또 다른 이적이 보였다. 그러므로 이 하늘이 어디 하늘인가를 알아야 한다. 여기는 공중 하늘이 아니라 촛대가 있는 첫 장막인 교회에 해당하는 하늘이다.

> 네 본 것은 내 오른손에 일곱별의 비밀과 일곱 금촛대라 일곱별은 일곱 교회의 사자요 일곱 촛대는 일곱 교회니라(계1;20)

따라서 촛대가 있는 교회 사건이다. 이 하늘(교회)에 '짐승이 입을 벌려 하나님을 향하여 훼방하되 그의 이름과 그의 장막 곧 하늘에 거하는 자들을 훼방하더라(계13;6)' 이와 같이 하늘(장막)에서 벌어질 짐승(사단)사건을 나타내고 있다. 아담한테 하나님이 계실 때는 지성소가 하늘이다. 그런데 교회인 하와(여자)가 뱀의 유혹에 넘어갔기 때문에 여기가 첫 장막인 하늘(성소)이다.

장막은 '첫 언약에도 섬기는 예법과 세상에 속한 성소가 있더라. 예비한 첫 장막이 있고 그 안에 등대와 상과 진설병이 있으니 이는 성소라 일컫고, 또 둘째 휘장 뒤에 있는 장막을 지성소라 일컫나니(히9;1-3)' 이와 같이 모형과 그림자로 보여준 게 장막이다.

첫 언약은 구약이다. 장막(성소)이 세상에 속했다, 그러므로 성소는 위(지성소)로 올라가지 못한다. 성소에는 등대와 열두 떡(열두 별)이 있다. 따라서 제자가 촛대다. 초림때 같으면 세례요한이 비취는 등불이다. 즉 촛대의 역할이다. 신랑예수를 만나기 위해 등불을 켜는 거다,

> 요한은 켜서 비취는 등불이라 너희가 일시 그 빛에 즐거이 있기

를 원하였거니와.(요5;35)

지금은 첫 장막에 해당하는 교회가 켜서 비취는 등불의 역할이다. 여기서 지성소로 올라가야 한다. 거기가 바로 둘째 장막이다. 첫 장막에는 휘장이 쳐져 있어 아무나 가지 못한다. 구약에는 대제사장만 일 년에 한번 들어갔다. 그런데 예수께서 십자가로 죄를 사해주시므로 휘장이 열렸다.

또한 큰 이적이 있는 장소는 해를 입은 여자가 있는 곳이다. 이를 쉽게 풀이하면 여자 즉 짐승이 출현한 교회가 있고, 뱀의 조직이 있고, 구원의 역사를 한 어린아이가 있다.

성경 전체는 이것을 나타내고 있다. 아담이 있고, 뱀이 있고, 그 뒤에 또 다른 아들인 새로운 아벨(예수)이 있다. 초림 때도 세례요한 제단에서 예수님이 태어나면 잘못되게 하는 헤롯이 있었고, 또 세례요한 제단에서 태어난 예수님이 있다.

지금도 마찬가지다. 그러므로 종교세계를 잡아먹는 뱀을 찾아내야 한다. 그들이 일곱 머리 열 뿔이다. 이 땅에서 이 짐승들의 실상을 아는 사람이 있다. 또한 예수님의 말씀만 따라가는 신실한 백성들의 정체도 있다. 이 사건이 바로 12장의 사건이다.

해를 입었다는 것은 빛을 입었다, 즉 말씀을 받았다는 의미다. 그 여자 발아래 열두 별(영적 이스라엘)이 있고, 그 머리에는 열두별(열두 제자)의 면류관을 썼다. 여기서의 한 여자가 바로 목자고 교회를 상징한다. 바벨론도 여자다. 그 여자가 아이를 배어 장차 철장으로 만국을 다스릴 남자 아이를 낳는다. 그 여자를 묘사하는 표현에서 해달별과 열두 별의 면류관 등은 전부 예수 그리스도를 나타내는 것들이다.

그 후손이 장구하고 그 위는 해 같이 내 앞에 항상 있으며. 또 궁

창이 확실한 증인 달같이 영원히 견고케 되리라 하셨도다 (시89;36-37)

주의 손가락으로 만드신 주의 하늘과 주의 베풀어 두신 달과 별들을 내가 보오니. 주의 손으로 만드신 것을 다스리게 하시고 만물을 그 발아래 두셨으니(시8;3.6)

하나님께서 다윗에게 하신 말씀이다. 다윗의 위가 하늘의 해처럼 달처럼 영원히 견고케 될 것이라고 하셨다. 해달별을 발아래 두고 다스리는 분이 예수 그리스도다. 그러니까 그 아이를 낳은 여인이 해를 입고 달을 발아래 두고 별을 다스리고 있다는 것은 그 여자가 주님께서 갖고 계신 천상의 영광을 갖고 계신 존재라는 뜻이다. 그런 주님을 예수께서 낳을 수 없다. 이는 영적 이스라엘인 교회를 상징하는 열두지파, 열두 사도, 열두 별의 면류관을 상징한 거다. 여기에 복음인 모든 하나님의 말씀이 다 요약되어 있다.

이 여자가 아이를 배어 해산하게 되매 아파서 애써 부르짖더라 (계12;2)

구약에서 보면 이스라엘을 해산하기 위해 진통하는 여인을 묘사한 곳이 많다.

여호와여 잉태한 여인이 산기가 임박하여 구로하며 부르짖음 같이 우리가 주의 앞에 이러하나이다(사26;17)

시온은 구로하기 전에 생산하며 고통을 당하기 전에 남자를 낳았으니. 이러한 일을 들은 자가 누구이며 이러한 일을 본 자가 누구이뇨 나라가 어찌 하루에 생기겠으며 민족이 어찌 순식간에 나겠느냐 그러나 시온은 구로하는 즉시에 그 자민을 순산하였도다. 여호와께서 가라사대 내가 임신케 하였은즉 해산케 아니하겠느냐 네 하나님이 가라사대 나는 해산케 하는 자인즉 어찌 태를 닫겠느냐 하시니라(사66;7-9)

이와 같이 구약 여러 곳에서 이스라엘을 아이를 밴 여인이라 묘사하고 있다. 그리고 그 여인은 아이를 낳기 위해 신음하고 구로한다. 이 여인이 밴 아이는 창세기 3장 15절에 언급되어 있다.

내가 너로 여자와 원수가 되게 하고 너의 후손도 여자의 후손과 원수가 되게 하리니 여자의 후손은 네 머리를 상하게 할 것이요 너는 그의 발꿈치를 상하게 할 것이니라 하시고(창3;15)

타락한 여자와 뱀이 한편이 되어 하나님을 대적한 것이 선악과 사건이다. 그런데 하나님께서 그 여자와 뱀을 원수로 만들겠다고 말씀하신다. 그러니까 둘 중의 하나는 내편을 만드시겠다는 언약이다. 하나님의 편이라면 당연히 여자(교회)다. 그 여인이 하나님의 편이 되기 위해서는 그 여인이 낳은 후손이 필요하다. 그 여자가 낳은 아이를 다시 하나님 편으로 만들어 줄 수 있다. 하나님의 그 언약은 요셉의 꿈으로 이어진다.

요셉이 다시 꿈을 꾸고 그 형들에게 고하여 가로되 내가 본 꿈을 꾼즉 해와 달과 열한 별이 내게 절하더이다 하니라(창37;9)

이와 같이 꿈에 해달별이 요셉한테 절을 하는 장면이 나오는데, 그 아이가 바로 해달별을 발아래 둔 아이라고 표현되었다. 그 아이가 요셉의 꿈에서 유다의 후손으로 오실 다윗 왕과 그 후손으로 오실 예수 그리스도에 관한 꿈 이야기다. 그 다윗의 아들 솔로몬은 평강의 왕 예수 그리스도를 상징하는 인물이다.

> 베들레헴 에브라다야 너는 유다 족속 중에 작을지라도 이스라엘을 다스릴 자가 네게서 내게로 나올 것이라 그의 근본은 상고에, 태초에니라. 그러므로 임신한 여인이 해산하기까지 그들을 붙여 두시겠고 그 후에는 그 형제 남은 자가 이스라엘 자손에게 돌아오리니. 그가 여호와의 능력과 그 하나님 여호와의 이름의 위엄을 의지하고 서서 그 떼에게 먹여서 그들로 안연히 거하게 할 것이라 이제 그가 창대하여 땅 끝까지 미치리라. 이 사람은 우리의 평강이 될 것이라 앗수르 사람이 우리 땅에 들어와서 우리 궁들을 밟을 때에는 우리가 일곱 목자와 여덟 군왕을 일으켜 그를 치리니.(미5;2-5)

창세기 3장 15절에서 하나님께서 약속하신 그 아이를 이 여인이 해산하는 것이다. 그런데 이 여인은 이스라엘 하나님의 백성들을 상징하던 이스라엘이다. 그 영적 이스라엘인 교회를 건져내기 위해 하나님께서 그 아이를 이 땅에 보내셨다. 예수께서도 자신의 죽으심과 부활하심을 해산하는 여인과 아이에 비유하신 적이 있다.

> 내가 진실로 진실로 너희에게 이르노니 너희는 곡하고 애통하겠으나 세상은 기뻐하리라 너희는 근심하겠으나 너희 근심이 도리어 기쁨이 되리라. 여자가 해산하게 되면 그 때가 이르렀으므로 근심하나 아이를 낳으면 세상에 사람 난 기쁨을 인하여 그 고통을 다시 기억지 아니하느니라(요16;20-21)

예수께서 제자들에게 자신의 죽으심과 부활에 관해 이야기 하셨다. '너희는 근심하겠으나'의 너희가 바로 교회를 예표하는 열두제자라는 뜻이다. 그러므로 열두제자인 교회가 아이를 낳는 거다. 예수께서는 당신이 죽으심과 부활을 교회가 낳은 아이라고 이와 같이 표현하셨다.

> 하늘에 또 다른 이적이 보이니 보라 한 큰 붉은 용이 있어 머리가 일곱이요 뿔이 열이라 그 여러 머리에 일곱 면류관이 있는데
> (계12;3)

여기에 보면 붉은 용이 등장한다, '큰 용이 내어 쫓기니 옛 뱀 곧 마귀라고도 하고 사단이라고도 하는 온 천하를 꾀는 자라 땅으로 내어 쫓기니 그의 사자들도 저와 함께 내어 쫓기니라(계12;9)' 이와 같이 용은 사단 마귀를 상징한다. 즉 용(사단)의 영을 받은 자다.

하나님도 사단도 다 영이다. 특히 사단의 영 자체를 알려면 어떻게 알겠는가? 영이 사람한테 들어가서 일을 하기 때문에 알 수 있다. 최초의 뱀(용)이 아담의 집을 잘못되게 하여 하나님의 명을 어겼다. 오늘날도 마찬가지다. 사람의 마음에 마귀가 들어가면 사탄(뱀)이 된다. 사탄(詐譠)은 속일 사(詐) 속일 탄(譠)이다.

오늘날 교회에 수많은 뱀(사단)의 영들이 들어가서 사역을 하기 때문에 교회가 분열되고 파괴되고 있다. 대부분의 교회에 용(사단)의 교리가 들어가니 말씀 고갈로 처처에 지진으로 땅(교인)이 갈라지고 있다.

그러나 예수님의 제자들은 진리가 들어가 있기 때문에 거짓말을 할 수가 없다. 그러나 사단(마귀)은 어둠을 좋아한다. 따라서 성도라면 심령 안에 빛(말씀)을 담고 있어야 어둠이 자연스레 물

러간다. 그러므로 목사의 입에서 성경 갖고 거짓말이 나오면 그 자체가 빛(말씀)을 정착하지 못한 것임을 알아차리고 그리스도 말씀 안으로 돌아서야 한다. 그런데 사단은 '그러므로 하늘과 그 가운데 거하는 자들은 즐거워하라 그러나 땅과 바다는 화 있을찐저 이는 마귀가 자기의 때가 얼마 못된 줄을 알므로 크게 분 내어 너희에게 내려갔음이라(계12;12)' 이같이 사단은 하나님의 백성들이 회복되는 마지막 때임을 알아차리고 끝까지 발악을 한다.

땅은 하나님을 떠난 자가 땅이고 바다는 세상이다. 짐승이 나오는 그곳이 바다다. 이 교회에 짐승(이단과 거짓선지자)들이 들어와 마지막 때임을 감지하고 자기들의 교리를 더욱 강하하고 있다. 지금 사단(특히 신천지)에 의해 얼마나 많은 교회들이 그들의 거짓 교리에 미혹되어 끌려가고 있는가? 그러나 하나님의 아들들은 말씀으로 양육받기 때문에 큰 독수리의 두 날개로 뱀의 낯을 피하여 막아 주신다.

> 용이 자기의 땅으로 내어 쫓긴 것을 보고 남자를 낳은 여자를 핍박하는지라. 그 여자가 큰 독수리의 두 날개를 받아 광야 자기 곳으로 날아가 거기서 그 뱀의 낯을 피하여 한 때와 두 때와 반 때를 양육받으매.(계12;13-15)

여자가 바로 광야로 도망간 여자(교회)다. 한때 두 때와 반 때가 다 삼년 반이고 1260일이다. 여자가 데리고 있는 사람들이 그 여자를 떠내려가게 한다. 이 교회에 못 있게 하려고 뱀(이단)이 물(거짓교리)을 강같이 토해낸다. 물이 말인데 바로 그들의 거짓 교리다. 그러나 생수의 강은 예수님의 말씀 그 자체이다.

> 누구든지 목마르거든 내게로 와서 마시라. 나를 믿는 자는 성경에

이름과 같이 그 배에서 생수의 강이 흘러나리라. 이는 그를 믿는 자의 받을 성령을 가리켜 말씀하신 것이라(예수께서 아직 영광을 받지 못하신 고로 성령이 아직 저희에게 계시지 아니하시더라).
(요7;37-39)

이와 같이 주님한테는 생수의 강이 흘러내린다. 말씀 또한 성령을 가리켜 말한 것이다. 따라서 목자가 '그날에 죄와 더러움을 씻는 샘이 다윗의 족속과 예루살렘 거민을 위하여 열리리라(슥13;1)' 바로 다윗샘이 목자다. 또 성경 자체가 하나님과 어린양이 성전이요, 거기서 나오는 것이 열두 강(제자)이다. 그러나 사단의 세계는 일곱 머리 열 뿔인 붉은 용이다. 용은 사단마귀의 대표다. 이 용(신천지)에 대해 '내가 보니 바다에서 한 짐승이 나오는데 뿔이 열이요 머리가 일곱이라 그 뿔에는 열 면류관이 있고 그 머리들에는 참람된 이름들이 있더라. 내가 본 짐승은 표범과 비슷하고 그 발은 곰의 발 같고 그 입은 사자의 입 같은데 용이 자기의 능력과 보좌와 큰 권세를 그에게 주었더라(계13;1-2)' 이와 같이 일곱 머리 열 뿔의 사단의 조직체가 오늘날에 신천지다. 그들 머리들에 참람된 이름들이 있다고 하는 그 자체가 신천지의 총회장인 이만희가 그들의 조직체들한테 주는 사령장이다.

이 땅에 사단의 대표가 용이다. 이 용(신천지)과의 싸움이 지금 교회에서 한창 벌어지고 있는 영적 전쟁이다. '용을 잡으니 곧 옛 뱀이여 마귀요 사단이라 잡아 일천 년 동안 결박하여(계20;2)' 이와 같이 용(뱀)을 잡고 보니 그 용(뱀)이 바로 창세기 3장의 그 옛 뱀이다. 그런데 그 뱀이 하와(교회)의 마음을 사로잡았다. 그래서 예레미야 17장 9절에서 '만물보다 거짓되고 심히 부패한 것은 마음이라 누가 능히 이를 알리요마는' 이와 같이 밝혔다.

그 꼬리가 하늘 별 삼분의 일을 끌어다가 땅에 던지더라 용이 해산하려는 여자 앞에서 그가 해산하면 그 아이를 삼키고자 하더니. 여자가 아들을 낳으니 이는 장차 철장으로 만국을 다스릴 남자라 그 아이를 하나님 앞과 그 보좌 앞으로 올라가더라(계12;4-5)

여자가 난 아이가 '장차 철장으로 만국을 다스릴 남자라 그 아이를 하나님 앞과 그 보좌 앞으로 올려가더라' 이와 같이 5절에서 보면 이 아이가 하나님 보좌로 올라갔다.

하나님은 영이시다. 또한 이 땅에 말씀이 육신이 되어 오신 예수님도 영이시다. 따라서 이 아이도 영이다. 그러나 그 꼬리가 하늘 별인 교회에다 삼분의 일을 땅에 던진다. 여기서의 꼬리가 뱀(사단)의 꼬리로 '머리는 곧 장로와 존귀한 자요 꼬리는 곧 거짓말을 가르치는 선지자라(사9;15)' 이같이 거짓말을 가르치는 선지자(목사)라 했다.

따라서 거짓선지자가 하늘별 성소차원에 있는 별들을 다 땅에 던진다고 했다. '땅에 던진다'는 것은 육신의 생각으로 끌어당기는 거다. 즉 그 꼬리(거짓선지자)가 성경 말씀에 육신의 생각을 교묘하게 혼합하여 즉 보암직도 먹음직도 탐스럽게 꾸며 미혹하는 사건이다. 그러므로 하나님의 백성들의 삼분의 일씩 이 세상 것인 물질의 복만을 추구하도록 만들어 간다는 것을 내포하고 있다.

따라서 이 아이 사건을 잘 알아야 한다. 모든 성경은 이 아이 문제에 귀결된다. 이가 바로 철장으로 만국을 다스릴 예수 그리스도다. 이 아이(교회)를 삼키고자 하는 게 바로 용(사단)이다.

아울러 여기서의 하늘의 별은 첫 번째 하늘이다. 그러므로 여기 별(교회) 삼분의 일을 끌어다 땅에 던지는 거다. 그런데 '올려가더라'는 어떻게 여인이 아이를 낳자마자 올라 갈수 있겠는가? 여자가 아이를 낳았다는 것은 예수님의 탄생과 부활을 상징한 말로 영의 부활을 말한 거다.

> 곧 하나님이 예수를 일으키사 우리 자녀들에게 이 약속을 이루게 하셨다 함이라 시편 둘째 편에 기록한 바와 같이 너는 내 아들이라 오늘 너를 낳았다 하셨고. 또 하나님께서 죽은 자 가운데서 저를 일으키사 다시 썩음을 당하지 않게 하실 것을 가르쳐 가라사대 내가 다윗의 거룩하고 미쁜 은사를 너희에게 주리라 하셨으니
> (행13;33-34)

이와 같이 예수 그리스도는 이렇게 우리를 위해 죽으시고 부활하셔서 지금 하나님 보좌 앞으로 올라가셨고 거기서도 철장으로 이 땅을 다스리고 계신다. 왜 성경은 지금 철장으로 다스리고 계신 예수 그리스도를 가리켜 남자아이(어린 아이)라고 표현 했을까? 주님을 지금도 어린양으로 불린다. 주님은 이 땅에 오셔서 오직 아버지 하나님만을 의뢰하며 의존하고 사셨다. 자신을 증명하거나 자랑하기 위해 스스로의 힘을 쓰지 않으셨고 오직 하나님께서 이끄시는 대로 순종하고 충성하며 사셨다. 그런 의미에서 아이라고 표현했다. 그런데 이 아이를 해산하면 용(사단)이 삼키려고 노리고 있다.

아이에 대한 부연 설명을 더 하자면, 초림 때는 예수님이시고, 모세 때는 바로 왕이 모세(갈대상자)를 죽이려고 했다. 그러나 지금은 이 아이(영적 이스라엘)를 죽이려 한다. 따라서 아이는 육이 아니고 영이다.

그리고 철장 권세는 '그가 철장을 가지고 저희를 다스려 질그릇 깨뜨리는 것과 같이 하리라 나도 내 아버지께 받은 것이 그러하니라(계2;27)' 즉 말씀의 권세이다.

> 그 여자가 광야로 도망하매 거기서 일천이백육십 일 동안 저를 양육하기 위하여 하나님의 예비하신 곳이 있더라.(계12;6)

여자가 '광야로 도망하매'는 예수님도 사십일 금식 기도 후에 시험받으려 광야로 가셨다. 따라서 여자가 광야로 도망가는 것은 성령에 이끌려서 광야로 간 것이다. 광야로 가면 광야에는 뱀(사단)이 있는 곳이다.

> 그때에 예수께서 성령에게 이끌리어 마귀에게 시험을 받으러 광야로 가사. 사십일을 밤낮 없이 금식하신 후에 주리신지라. 시험하는 자가 예수께 나아와서 가로되 네가 만일 하나님의 아들이어든 명하여 이 돌들을 떡덩이가 되게 하라. 예수께서 대답하여 가라사대 기록 되었으되 사람이 떡으로만 살 것이 아니요 하나님의 입으로 나오는 모든 말씀으로 살 것이라(마4;1-4)

따라서 여자(교회)가 광야(뱀족)에 가더라도 성령이 함께 하시면 넉넉히 이긴다. 그러나 성령이 없으면 사단한테 잡혀 먹힌다. 교회들은 이걸 정확하게 깨달아야 한다. 오늘날의 사단의 대표격인 신천지가 성경 말씀을 갖고 교회들을 전부 끌어가고 있다. 그러나 신천지가 성경을 아무리 많이 알아도 거기에는 십자가가 없다. 십자가의 도를 깨닫지 못하면 성경은 비밀이라 절대 열리지 않는다. 이만희 교주가 예수님을 부인하고 자칭 보혜사라 하는데 그가 어떻게 하늘의 비밀인 계시록을 열 수 있겠는가! 그러니까 겁도 없이 계시록에서의 새 하늘과 새 땅인 천국을 상징하는 '신천지'란 호칭을 이만희가 제멋대로 사용하고 있는 거다. 즉 '새 하늘'과 '새 땅'은 영계(성령)가 오실 때 쓰는 단어이다. 그러나 이만희는 계룡산에서 거짓 악령을 받은 자다.

그리스도인들이 머무는 곳을 성경에서는 광야라 표현하고 있다. 광야는 출애굽한 이스라엘이 40년간 머물렀던 곳으로 사단이 진치고 있는 곳이기도 하다. 그러므로 광야에서 사단(신천지)과 싸워 이기라는 거다. 무엇보다 광야(세상)는 사단으로부터 시험받는 곳이다. 그래서 힘들고 어려운 곳이다.

그러나 하나님은 그곳에서 이스라엘(교회)을 철저하게 지키고 보호하셨다. 신명기에 보면 광야 40년간 이스라엘 사람들의 옷이 해지지 않고 발이 부르트지 않았다고 했다.

요한은 교회가 양육 받고 머물게 하는 이 세상을 광야로 표현함으로 하나님의 지키심과 보호하심을 보여주고 있다. 아울러 예수님도 광야에서 마귀한테 시험받으셨다. 그러므로 초림때 세례요한이 광야로 간 것처럼 이 여자(목자)도 광야로 도망간 거다.

세례요한은 '오실 그이가 당신이오니이까 우리가 다른 이를 기다리오리이까(마11;3)' 이와 같이 예수를 정확하게 알지 못했다. 그는 뱃속에서부터 성령이 함께 한 자였다. 그러기에 '예수께서 세례를 받으시고 곧 물에서 올라오실쌔 하늘이 열리고 하나님의 성령이 비둘기같이 내려 자기위에 임하심을 보시더니(마2;16)' 이같이 예수님을 알아봤기에, '보라 세상 죄를 지고 가는 하나님의 어린양이로다' 이와 같이 실제로 성령이 임할 때까지 증거를 잘 하던 자였다.

> 나도 그를 알지 못하였으나 내가 와서 물로 세례를 주는 것은 그를 이스라엘에게 나타내려 함이라 하니라. 요한이 또 증거하여 가로되 내가 보매 성령이 비둘기같이 하늘로서 내려와서 그의 위에 머물렀더라. 나도 그를 알지 못하였으나 나를 보내어 물로 세례를 주라 하신 그이가 나에게 말씀하시되 성령이 내려서 누구 위에든지 머무는 것을 보거든 그가 곧 성령으로 세례를 주는 이인줄 알라 하

셨기에(요1;31-33)

따라서 세례요한도 처음에는 예수님을 알지 못했다. 그러다가 성령이 임하니까 주님을 알아 봤고 모든 것을 성령이 가르쳐 주는 대로 증거했다. 그러면 끝까지 그분 따라가야 한다. 그런데 세례요한은 따라가지 않고 광야로 갔다. 주님 따라가지 않으면 결국엔 전부 잘못된다. 그래서 광야로 나갔기 때문에 헤롯한테 목이 잘려 죽었다. 왜 갔느냐 하면 마귀의 시험 때문이다. 성도들도 이 시험에서 이기지 못하면 세례요한처럼 죽임을 당한다.

> 너희가 가서 듣고 보는 것을 요한에게 고하라. 소경이 보며 앉은뱅이가 걸으며 문둥이가 깨끗함을 받으며 귀머거리가 들으며 죽은 자가 살아나며 가난한 자에게 복음이 전파된다 하라. 너희가 무엇을 보려고 광야에 나갔더냐 바람에 흔들리는 갈대냐. 그러면 너희가 무엇을 보려고 나갔더냐 부드러운 옷 입은 사람이냐 부드러운 옷을 입은 자들은 왕궁에 있느니라. 그러면 너희가 어찌하여 나갔더냐(마11;4-5.7-8)

소경은 보기는 보아도 보지 못하는 게 소경이다. 죽은 자는 육이 죽은 게 아니고 영이 죽은 자들이다. 이들한테 예수님의 말씀이 들어가면 즉 믿어지면 다시 살아난다. 그러나 세례요한의 제자들은 '무엇을 보려고 광야에 갔더냐.' 예수님의 질책의 말씀을 듣고도 그냥 떠났다. 그러므로 예수님의 말씀에서 떠나면 사망이다.

또한 1260일은 여러 각도로 얘기했다. 마흔 두 달과 한때와 두때와 반 때는 다 삼년 반이다. 이 기간 동안 성도들은 누구나 다 시험을 받게 된다.

하늘에 전쟁이 있으니 미가엘과 그의 사자들이 용으로 더불어 싸울새 용과 그의 사자들도 싸우나(계12;7)

하늘(교회)에서 미가엘(천사)과 그의 사자(영)들과 그리고 사탄(마귀)과 그의 사자(영)들이 전쟁을 한다. 전쟁터가 바로 이 종교세계다. 그러나 지금은 한국교회서 영적 전쟁을 치르고 있다. 요즘 큰 교회일수록 전부 전쟁터다. 그 속에 어둠(사단)의 자식들이 들어가서 그렇다. 그런데 사탄과 그의 사자(영)들이 진다. 그 전쟁에서 진 사탄(마귀)과 그의 사자(악령)들은 그러므로 땅으로 쫓겨 내려온다.

5절에서 만국을 다스리실 남자(예수)가 하나님 앞의 보좌로 올라갔는데 그와 반대로 사탄은 하늘에서 땅으로 쫓겨 내려오는 존재로 이와 같이 대조를 이루고 있다. 이는 예수 그리스도의 부활과 승천으로 이 땅으로 쫓겨 내려온 어떤 존재가 있다는 뜻이다. 그리고 그 존재가 바로 옛 뱀으로 온 천하를 꾀는 사단마귀인 거다. 그러니까 사단은 예수 그리스도의 부활과 승리로 하늘에서 완전히 쫓겨나게 된 존재다. 그런데 왜 예수 그리스도가 싸운다고 표현하지 않고 미가엘이 싸운다고 하였는가?

이는 기쁜 소식을 전달해 주는 천사 가브리엘과 하나님의 명령을 따라 하나님의 백성들을 위해 등장하는 천사(영)가 미가엘이다. 따라서 미가엘은 십자가로 승리하신 예수 그리스도와 그 죽으심과 부활하심으로 영적 싸움에서 승리하게 된 모든 믿는 성도들, 즉 천상의 교회 모두를 상징한다.

따라서 영적 전쟁은 육적 전쟁을 빌려다가 교회 전쟁을 비유한 것으로 이와 같이 모든 성경은 비유로 나타내고 있다.

에덴동산서 살고 있던 아담과 하와한테 뱀이 들어가서 하나님의 명을 거역하므로 오늘날까지 하나님의 영과 사단의 영이 대결

구도로 늘 영적전쟁을 치러왔다. 그래서 진자가 이긴 자의 종이 되는 것이다.

> 칠십 인이 기뻐 돌아와 가로되 주여 주의 이름으로 귀신들도 우리에게 항복하더이다. 예수께서 이르시되 사단이 하늘로서 번개 같이 떨어지는 것을 내가 보았노라(눅10;17-18)

이와 같이 뱀(귀신)의 교리한테 지면 지옥으로 간다. 그러나 시험에서 승리하면 온전한 십일조를 하나님께 바칠 수 있다. 따라서 온전한 십일조란 내 영혼이 온전케 되는 그것이다. 그런 자들이 하나님께 십일조(하나님을 찬양)를 드리면 쌓을 곳이 없도록 복을 부어 주신다. 이는 물질의 복이 아니라 영생이란 영원한 복이다. 이와 같이 영적전쟁에서 이긴 자들한테는 영원한 생명의 말씀을 쌓을 곳이 없도록 부어 주신다는 게 십일조의 진정한 의미다.

하나님이 함께 하신 분이 예수 그리스도다. 그리스도는 영원 전부터 계신 분이다. 우리도 성령이 임하고 온전히 하나님께 순종하여 복을 받으면 충만한 보화가 우리 것이 된다.

따라서 이 보화는 그릇(분량)대로 받는다. 순종을 조금 하는 사람과 많이 하는 사람의 그릇은 다 다르다. 똑같은 비가 하늘에서 내려오는데 그릇에 따라 담는 분량이 다 다르듯이 믿음도 마찬가지다. 그러므로 하나님 앞에서의 거짓말은 통하지 않고 진실만 통한다.

2. 쫓겨나는 용

> 이기지 못하여 다시 하늘에서 저희와 있을 곳을 얻지 못한지라. 큰 용이 내어 쫓기니 옛 뱀 곧 마귀라고도 하고 사단이라고도 하는 온 천하를 꾀는 자라 땅으로 내어 쫓기니 그의 사자들도 저와 함께 내어 쫓기니라(계12;8-9)

여기 하늘은 '짐승이 입을 벌려 하나님을 향하여 훼방하되 그의 이름과 그의 장막 곧 하늘에 거하는 자들을 훼방하더라(계13;6)의 장막이다. 지금 12장 하늘(교회)의 장막에서 바다에서 올라온 일곱 머리 열 뿔의 용이 쫓겨나고 있는 거다. 용이 사단인데 내가 본 짐승은 표범과 비슷하고 그 발은 곰의 발 같고 그 입은 사자의 입 같은데 용이 자기의 능력과 보좌와 큰 권세를 그에게 주었더라(계13;2)'의 용이 짐승에게 권세를 주었던 그 마귀의 사자(영)들도 이와 같이 함께 쫓겨난다. 그러나 예수님한테 임한 하나님의 영은 천천만만의 영으로 능력과 부와 지혜와 존귀한 힘을 갖고 있다.

> 내가 또 보고 들으매 보좌와 생물들과 장로들을 둘러선 많은 천사의 음성이 있으니 그 수가 만만이요 천천이라. 큰 음성으로 가로되 죽임을 당하신 어린양이 능력과 부와 지혜와 힘과 존귀와 영광과 찬송을 받으시기에 합당하도다(계5;11)

죽임을 당한 어린양이 예수님이다. 사단의 영은 이만만이나 하나님의 영은 천천이요, 만만이다. 오늘날의 교회가 바로 이러한 영들과의 전쟁이다.

이해를 돕기 위해 요즘의 정치가 파벌싸움인 야당과 여당의 싸움이다. 따라서 교회 또한 마귀의 세력들과 하나님의 백성들과의 영적 싸움이다. 이를 창세기에서부터 극명하게 잘 나타내고 있다.

이삭의 아내가 잉태를 했는데 그 뱃속에 야곱과 에서라는 두 국민과 두 민족이 들어있다. 즉 육적 이스라엘과 영적 이스라엘의 두 갈래다. 지금도 교회에 땅(육신의 생각)에 속한 자가 있고 하늘(성령)에 속한 자가 있다. 그러므로 하나님의 말씀이 심령 안에 거한 '이삭'의 영들은 지성소에 있고, 이 땅의 교회인 '에서'는 늘 하나님과 대적행위를 벌이고 있다.

이 땅에 속한 자만 잡아먹는 게 사단인 용의 조직체다. 옛날부터 용을 잡은 사람들이 하는 얘기가 '용용 죽겠지?'다. 그리스도의 말씀을 받은 사람들이 사단(용)들을 보고 '용용 죽겠지?' 하고 약 올리는 것이 되어야 한다. 즉 지성소에 올라온 사람들만이 용의 영을 받은 사람들을 잡아먹고 약 올릴 수 있다.

그러나 작금의 교회는 용한테 교회가 잡아먹히고 있다. 스바여왕이 솔로몬(교회)을 잡아먹었듯이, 자기 것을 그들의 교리로 만들어 잡아먹는 것이 오늘날 신천지가 교회를 잡아먹는 것과 일맥상통한 거다.

마태 4장도 예수님을 잘못되게 하려고 사탄이 시험을 했다. 지금 이 교회에 누가 사탄이냐 하면 '뱀들아 독사의 새끼들아 너희가 어떻게 지옥의 판결을 피하겠느냐' 이와 같이 서기관과 바리새인들한테 예수께서 너희가 독사의 새끼라고 욕하셨듯이 오늘날 목사가 바로 이들에 해당한다.

그러므로 누가 왔느냐하면 목사들이 가운 입고 거창하게 예수의 이름으로 복음을 전하는 것 같지만 이들이 바로 예수께서 대놓고 욕한 독사(목사)의 새끼들이다. 사단은 꾀어서 만국을 미혹시키는 자들이다, 사단의 정체는 계시록 13장에서 자세하게 밝힐 것이다. 따라서 공작이 그려져 있는 사령장을 받은 사람(신천지)

들은 회개해야 한다. 공작 자체가 상.상.상 그 자체다. 상은 서로 상(相), 꼴 상(像). 위 상(上)인 이게 용의 정체다. 즉 봉황새다. 이 세상 임금의 자리가 용상이다. 그 자리(세상)에서는 하나님을 만날 수가 없기에 용상(신천지)인 그 자체가 바로 지옥의 자리다.

> 내가 또 들으니 하늘에 큰 음성이 있어 가로되 이제 우리 하나님의 구원과 능력과 나라와 또 그의 그리스도의 권세가 이루었으니 우리 형제들을 참소하던 자 곧 우리 하나님 앞에서 밤낮 참소하던 자가 쫓겨났고.(계12;10)

마지막 때에는 하나님 나라의 회복기라 용(사단)들이 있을 곳이 없다. 즉 악한 영(이단)들이 버티지 못하고 쫓겨나는 것이다.

무엇보다 사단의 정체가 백일하에 드러나기 때문에 '이제'란 표현을 썼다. 여자(교회)의 정체와 용(이단)의 정체가 코로나19나 방송을 통해 확연하게 들어난 사실만 보더라도 지금이 바로 그 마지막 때임을 충분히 감지해야 한다.

참소는 헐뜯는 거다. 용의 영을 받은 자들이 쫓겨났기 때문에 더 이상의 참소가 없다. 이는 구약에서 예언된 그 구원과 능력과 나라와 그리스도의 권세가 이루어졌음을 강조함으로써 하나님의 언약이 빈틈없이 이루어짐을 명시한 것이다.

이와 같이 성경에 기록된 하나님의 약속은 일점일획도 땅에 떨어짐 없이 반드시 이루어질 것을 예고한 내용이다.

그리스도는 하나님의 능력이요 지혜고 비밀이다. 그러나 사단 마귀들은 남을 헐뜯고 비방만 한다. 남을 헐뜯는 자가 바로 사단에 소속된 자들이라 이들이 가장 미련하고 아둔한 자다.

성도들의 영혼도 마찬가지다. 참소하던 우리의 영혼들도 그리스도의 말씀으로 쫓아내야 한다. 그러므로 그리스도와 함께 하는 자는 사자(이단) 굴에 들어가더라도 절대 잡아먹히지 않는다. 계시록 13장의 짐승(사단)의 세계가 사자굴(신천지)이라 생각하면 된다. 그러므로 깨어 기도해야 한다. 영체를 만나면, '베드로와 및 함께 있는 자들이 곤하여 졸다가 아주 깨어 예수의 영광과 및 함께 선 두 사람을 보더니(눅9;32)' 이와 같이 졸고 있던 정신이 아주 깬다. 그게 바로 변화를 받은 자들이다. 따라서 아주 깨어 있으면 영의 세계까지 전부 다 볼 수 있다. 요한, 야고보, 베드로 이 세 사람은 모세와 엘리야를 영의 세계에서 다 보았다. 즉 우리도 정신(영)이 열려 있으면 구약의 선지자들을 영의 시각으로 깨달아 볼 수 있다.

> 또 여러 형제가 어린양의 피와 자기의 증거하는 말을 인하여 저를 이기었으니 그들은 죽기까지 자기 생명을 아끼지 아니하였도다(계12;11)

둘째 하늘에 있는 사람들은 어린양의 피와 자기의 증거 하는 말로 인하여 이와 같이 이겼다. '이겼다'는 것은 '믿음을 가진 자'라는 뜻이다. 이들만이 하늘에 속한 자로 진리의 영과 미혹의 영을 구별해 분별할 줄 안다.

> 자녀들아 너희는 하나님께 속하였고 또 저희를 이기었나니 이는 너희 안에 계신 이가 세상에 있는 이보다 크심이라. 저희는 세상에 속한 고로 세상에 속한 말을 하매 세상이 저희 말을 듣느니라. 우리는 하나님께 속하였나니 하나님을 아는 자는 우리의 말을 듣고 하나님께 속하지 아니한 자는 우리의 말을 듣지 아니하나니 진리의 영과 미혹의 영을 이로써 아느니라(요일4;4-6)

또한 이긴 자들이 바로 그리스도의 말씀으로 인하여 승리한 자들이다. 따라서 그리스도의 말씀이 들어간 자들은 충신과 진실밖에 없다. 즉 충성스런 믿음과 진실한 말씀 밖에 없기에, 성경말씀 갖고 거짓말이 나오지 않는다.

인간의 마음 자체가 거짓과 훼방과 악독과 모함뿐이다. 그러므로 그 마음에서 순간 자기도 모르게 거짓말이 나올 수 있다. 그러나 성경을 전하거나 받거나 할 때는 거짓말이 나오면 안된다, 거짓말 하면 그 자체가 사탄이다. 그러므로 성경을 열 때 육신의 생각으로 열면 열리지 않는 거다. 즉 '모든 성경은 하나님의 감동으로 된 것으로 교훈과 책망과 바르게 함과 의로 교육하기에 유익하니(딤후3;16)' 이와 같이 하나님의 감동으로 쓰여진 책이다. 따라서 영의 생각으로 열어야 환하게 보이지 육신의 생각으로 열려고 하면 곧 문(예수님의 말씀)이 닫혀버린다.

무엇보다 성경은 교훈과 책망과 바르게 함과 의로 교육하기 위해 쓰여진 책이다. 이는 하나님의 사람으로 온전케 만들기 위해서다. 온전케 된 자들만이 하나님의 아들들이다. 하나님은 결점이 없고 흠이 없으시며 선한 일만 행하시는 참 하나님이시다.

> 어찌하여 선한 일을 내게 묻느냐 선한 이는 오직 한 분이시니라 네가 생명에 들어가려면 계명을 지키라(마19;17)

이와 같이 선은 하나님 한 분 뿐이시다. 따라서 하나님 앞에 우리가 가기 위해서는 선한 목자를 만나야 한다. 선한 목자가 바로 우리 주 예수 그리스도시다. 무엇보다 선한 목자는 양들을 위해 목숨을 버리지만, 이 땅의 악한 목자들은 성경을 통해 돈을 벌고자 눈이 시뻘겋게 살아 있다. 아울러 말씀으로 오신 참 하나님께서 진리의 말씀을 성경 66권 안에 전부 명확하게 밝혀 놓으셨다.

그러기에 더욱 더 선한 목자는 자기 양들을 위해 목숨까지도 전부 내어주시는 사랑의 하나님이심을 성경을 통해 보고 듣고 깨달아야 한다. 그래야 우리가 서로 사랑할 수 있다.

> 우리가 서로 사랑할찌니 이는 너희가 처음부터 들은 소식이라. 형제들아 세상이 너희를 미워하거든 이상히 여기지 말라. 그가 우리를 위하여 목숨을 버리셨으니 우리가 이로써 사랑을 알고 우리도 형제들을 위하여 목숨을 버리는 것이 마땅하니라. 누가 이 세상의 재물을 가지고 형제의 궁핍함을 보고도 도와줄 마음을 막으면 하나님의 사랑이 어찌 그 속에 거할까보냐(요일3;11.13.16-17)

오늘날은 돈이 목숨이다. 즉 목숨이 재물이다. 따라서 목숨을 버렸다는 것은 탐심(우상)을 버렸다는 것이 된다. 그러므로 하나님의 사랑을 깨달은 자들은 사랑 그 자체가 무엇인지 알기 때문에 형제를 위해 자기 목숨(재물)을 버릴 줄 안다. 어느 때냐 하면 성령이 임하면 진정으로 사랑을 깨닫게 되기에 하나님의 영(말씀)과 동행하는 바로 그 때다.

깨달은 사람들의 그릇이 다 하나같지만 실상은 많은 그릇들로 구분된다. 물론 하나님께서 택한 귀중한 그릇들이다. 그렇더라도 이 그릇 안에 말씀이 들어오면 사랑을 행하는 행위자체는 거의 다 같다. 아울러 세상 재물도 거의 같다고 보면 된다. 피차 사랑하니까 서로 도와주게 된다. 촛대(교회)에 기름(말씀)을 부으면 관을 통해 전부 똑같이 기름(성령)이 채워지듯이, 사랑도 그리스도 예수 안에서 항상 하나로 연결되어 채워진다. 아울러 교회의 모임체는 '평안의 매는 줄로 성령의 하나 되게 하신 것을 힘써 지키라(엡4;3)' 이와 같이 하나여야 한다. 그러므로 형제의 궁핍함을 보면 서로 돕고 도와야 한다.

> 그러므로 하늘과 그 가운데 거하는 자들은 즐거워하라 그러나 땅과 바다는 화 있을찐저 이는 마귀가 자기의 때가 얼마 못된 줄을 알므로 크게 분내어 너희에게 내려갔음이라. 용이 자기의 땅으로 내어 쫓긴 것을 보고 남자를 낳은 여자를 핍박하는지라. 그 여자가 큰 독수리의 두 날개를 받아 광야 자기 곳으로 날아가 거기서 그 뱀의 낮을 피하여 한 때와 두 때와 반 때를 양육받으매.(계12;12-14)

땅은 하나님을 떠난 자가 땅이고 바다는 세상이다. 짐승이 나오는 그곳이 바다다. 땅으로 내어 쫓긴 사단이 교회를 여러모로 핍박을 한다. 예수 그리스도의 십자가의 승리로 인해 이제 사단이 무저갱으로 영원히 들어가게 될 것을 아는 마귀가 총력을 기울여 그 예수 그리스도를 낳은 교회를 핍박한다. 그런데 그 핍박받는 교회를 하나님께서 지켜내신다는 것을 알 수 있다. 교회가 광야로 양육 받으러 갈 때 큰 독수리의 두 날개를 받아서 날아간다. 그 표현이 하나님의 보호를 나타내는 장면이다.

> 나의 애굽 사람에게 어떻게 행하였음과 내가 어떻게 독수리 날개로 너희를 업어 내게로 인도하였음을 너희가 보았느니라(출19;4)

> 마치 독수리가 그 보금자리를 어지럽게 하며 그 새끼 위에 너풀거리며 그 날개를 펴서 새끼를 받으며 그 날개 위에 그것을 입는 것같이. 여호와께서 홀로 그들을 인도하셨고 함께 한 다른 신이 없었도다(신32;11-12)

성경은 이와 같이 하나님의 보호하심을 나타낼 때 독수리의 날개를 등장시킨다. 땅으로 쫓겨난 사단이 교회를 핍박할 때 하나님은 애굽에서 이스라엘을 독수리날개 위에 업어서 보호하셨듯이 우리를 광야에서 지켜주신다. 지키실 뿐 아니라 오히려 선용하셔서 우리를 양육하시는데 사용하신다. 양육하는 기간이 한 때 두 때 반 때이다. 이는 삼년 반이고 42개월이며 1260일이다. 6절에서 여자가 1260일 동안 광야로 도망갔다고 했는데 독수리의 날개를 타고 하나님의 보호하심 속에 옮겨진 기간이 바로 같은 한 때와 두 때와 반 때의 기간인 거다.

> 여자의 뒤에서 뱀이 그 입으로 물을 강같이 토하여 여자를 물에 떠내려가게 하려 하되(계12;15)

여기서의 여자는 6절에서 광야로 도망간 여자(교회)다. 물(거짓교리)을 강같이 토해 그 여자(교회)를 떠내려가게 한다. 용의 입에서 나오는 강물은 악으로 오염된 더러운 물(영)이다. 땅은 백성들이다. 이단의 교리가 잘못된 것임을 계속해 나팔을 불어 지적하는 것이 '용이 자기의 땅으로 내어 쫓긴 것'으로 표현했다. 그래서 그 여자(교회)를 핍박하는 거다.

구약에서 홍수나 창수는 심판과 저주 혹은 악한세력의 공격을 나타낼 때 주로 사용한다. 그러나 여기서 사단이 뿜어내는 물은 생수를 뿜어내시는 생수의 근원이신 하나님을 흉내 내는 것으로, 이를 성경에서는 교회가 하나님을 버린 것이라 표현 했다.

> 이스라엘의 소망이신 여호와여 무릇 주를 버리는 자는 다 수치를 당할 것이라 무릇 여호와를 떠나는 자는 흙에 기록이 되오리니 이는 생수의 근원이신 여호와를 버림이니이다(렘17;13)

예수께서 사마리아 여인에게 내가 너에게 생수를 주겠다고 말씀하셨다. 그리고 자신을 가리켜 생수의 근원이라 말씀하셨다.

또한 하나님께서 광야에서 목마른 이스라엘에게 반석에서 물을 내어 마시게 하셨다. 반석이 예수 그리스도시다.

그러니까 용이 물을 뿜어 여자를 떠내려가게 한다는 것은 사단이 생수의 근원이신 예수 그리스도를 흉내 내어 성도들을 공격하는 모습이다. 그 용의 입에서 그 물을 뿜어낸다고 할 때, '입'은 좌우에 날선 검이 나오는 예수 그리스도의 '입'에서 한번 쓰였던 단어다. 좌우의 날선 검은 예수 그리스도의 말씀이다. 사단은 여러 가지 핍박과 함께 거짓 선지자, 거짓 목사들을 생성해 가짜 말씀을 홍수처럼 토해냄으로써 성도들을 미혹하여 괴롭히고 있다는 뜻이다. 그러므로 이 땅에 비진리가 교회를 점령하므로 기근(말씀 고갈)이 처처에 들었다.

> 주 여호와께서 가라사대 보라 날이 이를지라 내가 기근을 땅에 보내리니 양식이 없어 주림이 아니며 물이 없어 갈함이 아니요 여호와의 말씀을 듣지 못한 기갈이라.(암8;11)

이와 같이 땅(교인)이 여호와의 말씀을 듣지 못해 기근이 들어 하나님의 백성들이 영적기갈로 죽어가고 있다.

한 때 두 때와 반 때가 다 삼년 반으로 여자가 데리고 있는 사람들이 그 여자를 떠내려가게 하는 기간이다. 즉 교회에 있지 못하게 하려고 뱀(사단)이 물(비진리)을 강같이 토해내고 있다. 물이 그들의 거짓교리다. 하나님의 말씀을 그대로 흉내 내고 예수 그리스도의 이름을 부르면서 교인들을 거짓 교리로 미혹하는 사단의 유혹이 바로 뱀이 물을 강같이 토해내는 비진리를 상징한 거다. 그러므로 성도는 정신 바짝 차려야 한다. 그런데 오늘날의 교인들은 도리어 자기들의 듣기 좋은 말만 목사한테 듣고 싶어 하고, 또한 그 속에서 스스로 위안 받고자 한다.

때가 이르리니 사람이 바른 교훈을 받지 아니하며 귀가 가려워서 자기의 사욕을 좇을 스승을 많이 두고. 또 그 귀를 진리에서 돌이켜 허탄한 이야기를 좇으리라(딤후4;3-4)

그러니까 교회 안에서 이와 같이 사단(거짓선지자)이 활개를 칠 수 있는 거다. 그 뱀 같은 입에서 거짓 선지자들이 거짓 말씀을 강같이 토해내고 있는데 교인들은 자기 기분을 즐겁게 하는 목사의 말에 그저 좋다고 듣고만 있다. 예수 믿으면 만사형통하고, 병이 낫고, 사업 잘된다. 이와 같이 뱀이 토해 놓은 죽음의 물을 마시면서 좋다고 잔치를 벌이고 있다. 따라서 세상이 애굽이고, 애굽이 강이며, 바로(바벨론) 왕이 하나님을 대적하는 애굽(세상) 강이다.

너는 말하여 이르기를 주 여호와의 말씀에 애굽 왕 바로야 내가 너를 대적하노라 너는 자기의 강들 중에 누운 큰 악어라 스스로 이르기를 내 이 강은 내 것이라 내가 나를 위하여 만들었다 하는도다(겔29;3)

성도를 고기라 할 때 이와 같이 악어가 다 잡어 먹는다. 강이 그들의 제자다. 그러나 하나님(예수님)의 강은 생수의 강이다.

땅이 여자를 도와 그 입을 벌려 용의 입에서 토한 강물을 삼키니. 용이 여자에게 분노하여 돌아가서 그 여자의 남은 자손 곧 하나님의 계명을 지키며 예수의 증거를 가진 자들로 더불어 싸우려고 바다 모래 위에 섰더라(계12;16-17)

민수기 16장에서 땅이 고라자손들과 그 일당들을 삼켜버린 사건이 있다. 고라와 그 일당들이 모세에게 '모세 너만 예언하냐? 나도 예언한다' 하고 반기를 들자 땅이 그들을 삼켜버렸다. 이와 같이 하나님이 세우지 않은 백성들은 하나님께서 당신의 백성들을 위해 다 삼켜버리신다.

> 이 모든 말을 마치는 동시에 그들의 밑의 땅이 갈라지니라. 땅이 그 입을 열어 그들과 그 가족과 고라에게 속한 모든 사람과 그 물건을 삼키매. 그들과 그 모든 소속이 산 채로 음부에 빠지며 땅이 그 위에 합하니 그들이 총회 중에서 망하니라.(민16;31-33)

따라서 하나님은 거짓 말씀들로 미혹하는 사단의 핍박 속에서 하나님의 백성들을 지키고 보호하고 건져내신다는 것을 엿볼 수 있다. 그러기에 여자의 남은 자손이 있다고 한 것이다. 용의 입에서 토한 강물(비진리)을 여자(교회)가 땅의 도움으로 사전에 차단하니까, 즉 그들의 거짓 교리가 들통이 나니까 분하여 한발 물러난 거다. 그리고 더욱 강하게 거짓 교리로 무장하여 여자(교회)의 남은 자손들과 싸우려고 모래 위에 섰다. 여기서 '바다 모래 위에 섰더라'의 모래도 사람이다. 그러므로 아브라함 때 '하늘의 별과 같이 땅의 모래같이' 라고 표현한 거다. 따라서 우리는 하늘의 별이 되어야 한다. 여기서 하나님의 계명은 구약의 계명을 뜻하고 예수의 증거는 예수님의 말씀을 뜻한다.

> 네 자손을 하늘의 별과 같이 번성케 하며 이 모든 땅을 네 자손에게 주리니 네 자손을 인하여 천하 만민이 복을 받으리라. 이는 아브라함이 내 말을 순종하고 내 명령과 내 계명과 내 율례와 내 법도를 지켰음이니라 하시니라(창26;4-5)

따라서 믿음의 자손은 이삭이다. 믿음이 있는 자들만이 하나님의 계명을 지켜낼 수 있다. 그러므로 주님께서 우리한테 주신 새 계명이 '새 계명을 너희에게 주노니 서로 사랑하라 내가 너희를 사랑한 것같이 너희도 서로 사랑하라. 너희가 서로 사랑하면 이로써 모든 사람이 너희가 내 제자인줄 알리라(요13;34-35)' 이와 같이 서로 사랑하라의 계명이다.

또한 계명 중에 가장 큰 계명이 목숨을 다하고 뜻을 다하여 하나님을 사랑하는 것이고 이웃을 내 몸과 같이 사랑하는 일이다. 이 두 계명이 온 율법과 선지자의 강령이라 했다. 그러려면 내 이웃인 사랑의 대상자를 찾아야 한다.

> 네 마음을 다하며 목숨을 다하며 힘을 다하며 뜻을 다하여 주 너의 하나님을 사랑하고 또한 네 이웃을 네 몸과 같이 사랑하라. 어떤 사람이 예루살렘에서 여리고로 내려가다가 강도를 만나매 강도들이 그 옷을 벗기고 때려 거반 죽은 것을 버리고 갔더라. 마침 한 제사장이 그 길로 내려가다가 그를 보고 피하여 지나가고. 또 이와 같이 한 레위인도 그곳에 이르러 그를 보고 피하여 지나가되. 어떤 사마리아인은 여행하는 중 거기 이르러 그를 보고 불쌍히 여겨. 가까이 가서 기름과 포도주를 그 상처에 붓고 싸매고 자기 짐승에 태워 주막으로 데리고 가서 돌보아 주고. 이튼 날에 데나리온 둘을 내어 주막 주인에게 주며 가로되 이 사람을 돌보아 주라 부비가 더 들면 내가 돌아올 때에 갚으리라 하였으니. 이 세 사람 중에 누가 강도 만난 자의 이웃이 되겠느냐. 가서 너도 이와 같이 하라
> (눅10;27.30-36)

강도만난 자의 사건이다. 이 강도는 종교지도자들이다. 제사장이나 레위인은 다 종교지도자다. 거반 죽은 자 같은 사람 앞에 가

까이 가신 분은 사마리아(예수님)인이다. 기름은 성령이다. 포도주는 생명의 말씀이다. 자비를 베푼 자가 예수님이다. 우리도 예수님 따라 그와 같이 해야 한다. 그래야 '바다 모래 위에 섰던' 그 모래와 같은 언약의 자손들 대열 안에 합류할 수 있고, 또한 그들(사단)과 싸워 이길 수 있다.

> 내가 네게 큰 복을 주고 네 씨로 크게 성하여 하늘의 별과 같고 바닷가의 모래와 같게 하리니 네 시가 그 대적의 문을 얻으리라(창22;17)

아브라함의 씨는 오실 자 예수님을 나타낸 것이다. 그 씨로 인해 천하 만민이 복을 받게 된다. 아브라함은 믿음의 조상이요, 또한 열국의 아버지라는 뜻인데, 예수님을 아브라함의 씨로 성경에서 나타낸 부분이 있다.

> 이 약속들은 아브라함과 그 자손에게 말씀하신 것인데 여럿을 가리켜 그 자손들이라 하지 아니하시고 오직 하나를 가리켜 네 자손이라 하셨으니 곧 그리스도시라(갈3;16)

이와 같이 아브라함의 자손인 이삭을 그리스도로 나타낸 거다. 믿음 또는 그리스도의 말씀을 통해 아브라함의 자손으로 하늘의 별과 같이 바닷가의 모래 같이 번성케 하실 거라는 언약의 말씀들을 믿는 것이 바로 성령이다. 그러므로 여자(교회)는 해달별(이스라엘)이 있는 곳으로 첫 장막이다. 이곳에서 성령의 인도함으로 우리의 정신(영)이 지성소로 올라가야 하늘의 비밀들을 깨달을 수 있다.

해달별(이스라엘)이 있는 곳이 교회이다. 그런데 그 교회 안에 계시록 때의 일곱 머리 열 뿔이 짐승들이 잠식하고 있다. 그리고 다음에 그 여자의 소속으로 태어난 아이가 있다. 그 아이가 하나님 앞으로 올라갔다. 이러한 새 조직이 계시록 12장의 사건이다.

성경 6000년 내내 영적전쟁이 있었고 여기에 항상 소수의 남은 백성이 있었다. 그 남은 자들이 바로 어린양의 피에 의해 속죄함을 받은 자들이다. 이들은 오늘날 영적 전쟁에서 전투하고 있는 하나님의 아들들이다. 또한 이러한 전투의 현장에서 구속함을 얻은 14만 4천의 백성들이 하늘(지성소)로 올라간 자들이기도 하다. 이들이 여자(교회)로 더불어 더럽히지 아니한 정절이 있는 자로 거듭난 사람들이다.

> 저희가 보좌와 네 생물과 장로들 앞에서 새 노래를 부르니 땅에서 구속함을 얻은 십사만 사천 인밖에는 능히 이 노래를 배울 자가 없더라. 이 사람들은 여자로 더불어 더럽히지 아니하고 정절이 있는 자라 어린양이 어디로 인도하든지 따라가는 자며 사람 가운데서 구속을 받아 처음 익은 열매로 하나님과 어린양에게 속한 자들이니. 그 입에 거짓말이 없고 흠이 없는 자들이더라(계14;3-5)

구속 죄사함으로 성령의 열매를 얻은 자들이 14만 4천의 영계들이다 또 그 영을 받을 수 있는 그릇들도 다 똑 같다. 여자(교회)가 음녀다. 지금 교회에 많은 음녀들이 있다, 하나님의 말씀과 육신의 생각을 혼합하여 전하는 자들이 전부 음녀다. 그러나 하나님의 백성인 14만 4천의 입에는 그리스도의 영으로 인도함을 받고 전하기 때문에 그 입에 거짓이 없고 흠이 없다. 사람들 보기에는 보잘 것 없고 결점 투성이나 하나님 보시기에 흠이 없는 자들이다. 이들이 바로 하나님이 택하신 자들이요, 왕 같은 제사장으로 거룩한 나라의 백성들이다.

오직 너희는 택하신 족속이요 왕 같은 제사장들이요 거룩한 나라요 그의 소유된 백성이니 이는 너희를 어두운 데서 불러내어 그의 기이한 빛에 들어가게 하신 자의 아름다운 덕을 선전하게 하려 하심이라(벧전2;19)

13장
이단(신천지)의 실체인 666

1. 용(신천지)의 등장

> 내가 보니 바다에서 한 짐승이 나오는데 뿔이 열이요 머리가 일곱이라 그 뿔에는 열 면류관이 있고 그 머리들에는 참람된 이름들이 있더라(계13;1)

바다에서 짐승이 나온다. 바다는 세상인데 이 세상에서 짐승들이 올라왔다. 이 짐승들이 '다니엘이 진술하여 가로되 내가 밤에 이상을 보았는데 하늘의 네 바람이 큰 바다로 몰려 불더니. 큰 짐승 넷이 바다에서 나왔는데 그 모양이 각각 다르니(단7;2-3)' 이와 같이 바다에서 짐승 넷이 올라왔다. 그런데 이 짐승들이 사람인데 이 짐승이 사람의 마음을 받았다. 사람의 마음 안에는 '만물보다 거짓되고 심히 부패한 것은 마음이며 누가 능히 이를 알리요마는(렘17;9)' 이와 같이 거짓된 마음을 짐승이 받았다.

또한 네 짐승한테 또 세 명이 붙어서 일곱이다. 그에 대한 답은, '그 네 짐승은 네 왕이라 세상에 일어날 것이로되. 또 그것의 머리에는 열 뿔이 있고 그 외에 또 다른 뿔이 나오매 세 뿔이 그 앞에 빠졌으며 그 뿔에는 눈도 있고 큰 말하는 입도 있고 그 모양이 동류보다 강하여 보인 것이라. 내가 본즉 이 뿔이 성도들로 더불어 싸워 이기었더니(단7;17.20)' 그래서 머리가 일곱이다.

세상에 일어날 네 왕은 사단들의 왕이다. 즉 바다에서 올라온 짐승이 세상 왕으로 네 왕이다. 이게 종교세계의 사건이다. 교회의 촛대 사건이 '네 본 것은 내 오른손에 일곱별의 비밀과 일곱 금 촛대라 일곱별은 일곱 교회의 사자요 일곱 촛대는 일곱 교회니라(계1;20)' 이와 같이 교회에 짐승이 일곱 머리 열 뿔의 짐승이 올라온 사건이다. 이 짐승은 솔로몬 때의 스바 여왕과 똑같고, 따라서 용의 영을 받은 사단들의 영이다. 그러므로 이러한 짐승을 분별할 줄 알아야 한다.

따라서 '내가 보니'는 사람이 보는 게 아니고, 영혼이 잘되면 그 영들이 보는 거다. 아울러 바다에서 올라온 일곱 머리 열 뿔의 짐승들을 볼 수 있는 눈(영)을 가져야 한다.

오늘날 한국교회에 공작이 새겨진 사령장을 받은 사람들이 많다. 봉황이 곧 공작이다. 청와대에 가면 용상이 봉황이다. 따라서 용상이나 봉황은 같다.

지금 신천지에서 사령장이라고 내주는 임명장의 문형이 공작이다. 안타깝게 이 사령장을 받으면 용한테 영을 받은 것으로서 지옥행 티켓이란 사실을 대부분의 사람들이 모르고 있다. 이만희 교주가 자칭 재림주라 하니까 그 사령장이 사단이 주는 지옥으로 가는 666의 표 인줄을 모르고 사령장을 받으면 마치 구원을 받은 것 마냥 착각들을 한다.

요즘 코로나19를 통해 이만희의 모습이 자주 방송에서 노출되는 것을 본다. 그 노인네의 얼굴에서 어디 한군데라도 인격적인

면이나 풍모에서 특별한 부분을 찾아 볼 데가 눈곱만큼이라도 있었는가? 이러한 노인네한테 교회들이 왜 교인들을 빼앗기는지 참으로 한심한 생각이 들어 목사들한테 묻고 싶은 심정이다.

특히 대형교회일수록 더욱 많이 무작위로 교인들을 신천지에 빼앗기고 있다. 왜 그런가? 그 이유는 간단하다. 교회 안에 하나님의 영(말씀)이 없기 때문에, 신천지가 조직체를 만들어 놓고 교회에 침투해 들어와 맘껏 활개 칠 수 있는 것이다. 이도 엄밀히 따지고 보면 교회가 시설과 규모는 어마어마하게 크고 웅장한데 그 안에 영생에 관한 진리의 말씀이 없다. 그러다보니 사단(거짓 선지자)들이 판치기에 좋은 여건이 된다. 그러기에 바다에서 올라온 일곱 머리 열 뿔의 짐승들이 교회 안을 활개치고 활보하는 것이 어쩌면 지극히 당연할지 모른다.

이 짐승들의 정체를 정확하게 파악해야 2000년 전에 '계시록이 왜 기록되었나?'를 분명하게 알 수 있다.

공작을 주작, 또는 봉황이라 한다. 따라서 봉황을 한문으로 풀이하면, 봉은 수컷 봉(鳳)이고, 황은 암컷 황(凰)이다. 주작은 이십팔수 가운데 남쪽을 지키는 일곱 별을 통틀어 이르는, 정(井), 귀(鬼), 유(柳), 성(星), 장(張), 익(翼), 진(軫)이다. 즉 사신(四神)의 하나인 남쪽 방위를 지키는 신령을 상징하는 짐승이다. 따라서 남쪽을 주관하는 붉은 신의 봉황으로 형상화된 남방 여신이다.

이와 같이 세상에는 악한 영들의 28수가 전국 곳곳에 포진되어 누비고 다니는데, 이게 바로 정.귀.유.성.장.익.진의 일곱 귀신을 이만희가 계룡산에서 받은 영들 때문이다. 아울러 바다에서 올라온 일곱 머리 열 뿔의 정체가 바로 일곱 귀신을 총칭하는 신천지의 실체임을 알아야 한다.

기독교의 역사가 그리 길지 않은 한국교회에 왜 유독 이단들이 그토록 극성을 부릴 수 있었는가? 이도 알고 보면 청와대의 문형에서 충분히 엿볼 수 있다. 대통령(임금) 자리를 용상이라 한다. 청와대의 문형이 봉황(공작)이다. 이게 무얼 상징하는가? 바로 우리나라가 뱀(사단마귀)들이 살기 좋은 나라라는 것을 암시하고 있다. 따라서 이 뱀(짐승)을 퇴치할 수 있는 방법은 오직 성령의 역사밖에 없다. 그랬기에 동방 에덴에서 뱀에 의해 하나님과 분리된 아담(교회)을 계시록 서두에 '나는 알파와 오메가라 이제도 있고 전에도 있었고 장차 올 자요 전능한 자라(계1;8)'라고 하셨듯이, 다시 동방에서 회복시키시겠다는 하나님의 분명한 의지가 엿보인다.

그래서 한국교회에 영적 전쟁이 그토록 치열했던 것이다. 들짐승(신천지)들이 이러한 원리를 모르니까 자기들이 알고 있는 봉황(공작)이 자기 신(하나님)인줄 착각한다. 그동안 귀신의 영을 받은 많은 이단(악령)들 중에 신천지가 바로 계시록 16장에서의 '또 내가 보매 개구리 같은 세 더러운 영이 용의 입과 짐승의 입과 거짓 선지자의 입에서 나오니. 저희는 더러운 영이라 이적을 행하여 온 천하 임금들에게 가서 하나님 곧 전능하신 이의 큰 날에 전쟁을 위하여 그들을 모으더라(계16;13-14)' 이와 같이 가장 더럽고 추악한 사단의 영이다.

이만희가 계룡산에서 기도해서 공작 두 마리를 받았다는 그 산꼭대기에 가면 비석이 하나 있는데 정.귀.유.성.장.익.진의 비석이다 이게 바로 한국교회의 남방신이다. 아울러 솔로몬 때의 남방여신은 스바여왕이 가지고 온 666과 같은 이방신이다.

> 스바여왕이 여호와의 이름으로 말미암은 솔로몬의 명예를 듣고 와서 어려운 문제로 저를 시험코자 하여.(열상10;1)

솔로몬 때 스바여왕이 이방신으로 왔듯이, 지금 이 교회에도 솔로몬의 역사와 같은 일들이 벌어지고 있다. 솔로몬 이름의 뜻은 평강과 평화다. 구약의 역사에서 솔로몬이 왜 유명해졌냐하면 하나님께서 지혜를 주셨기 때문이다. 솔로몬은 하나님께 기도를 하는데 수(壽)도 부(富)도 구하지 않고 많은 백성들을 재판할 수 있는 지혜를 구했다. 지혜 자체가 예수 그리스도시다. 그랬기에 솔로몬이 구하고자 하는 마음과 하나님의 마음이 일치하여 하나님께서 솔로몬한테 지혜뿐만이 아니라 넘치도록 많은 부와 명예와 영광까지 함께 주셨다.

> 내가 네게 무엇을 줄꼬 너는 구하라. 주의 빼신 백성 가운데 있나이다 저희는 큰 백성이라 수효가 많아서 셀 수도 없고 기록할 수도 없사오니. 누가 주의 이 많은 백성을 재판할 수 있사오리이까 지혜로운 마음을 종에게 주사 주의 백성을 재판하여 선악을 분별하게 하옵소서. 솔로몬이 이것을 구하매 그 말씀이 주의 마음에 맞은지라. 이에 하나님이 저에게 이르시되 네가 이것을 구하도다 자기를 위하여 수도 구하지 아니하며 부도 구하지 아니하며 자기의 원수의 생명 멸하기도 구하지 아니하고 오직 송사를 듣고 분별하는 지혜를 구하였은즉. 내가 네 말대로 하여 네게 지혜롭고 총명한 마음을 주노니 너의 전에도 너와 같은 자가 없었거니와 너의 후에도 너와 같은 자가 일어남이 없으리라. 내가 또 너의 구하지 아니한 부와 영광도 네게 주노니 네 평생에 열왕 중에 너와 같은 자가 없을 것이라 (열왕3;5.8–13)

이와 같이 솔로몬의 기도가 바로 지혜로운 마음을 달라는 거였다. 즉 그리스도의 지혜를 구했다. 원래 솔로몬은 첫 장막이나 다름없었다. 그러나 하나님의 마음에 합당한 기도를 하므로 열왕 중에 가장 으뜸가는 최고의 복을 누렸다.

그렇지만 그런 솔로몬도 결국에는 스바여왕에 의해 남방여신을 받아들였다. 그리고 그가 말년에 전도서에 '헛되고 헛되며 헛되고 헛되니 모든 것이 헛되도다(전1;2)' 이와 같이 하나님의 영이 떠난 자리가 얼마나 허망하고 공허한가를 전도서에 절절히 고백하면서, 결론으로 하나님을 경외하고 그 명령을 지키는 것만이 사람의 본분임을 강하게 주지시켰다.

그런데 한국교회에 이러한 이방신이 교회에 들어왔다. 그 중에 하나가 주작(공작)인 남방여신이다. 그게 바로 신천지다. 따라서 여기서 사령장을 받은 사람들은 꼭 회개해야 한다.

'스바여왕이 여호와의 이름으로 말미암은 솔로몬의 명예를 듣고 와서 어려운 문제로 저를 시험코자 하여.(열상10;1)' 스바 여왕이 솔로몬(교회)을 시험코자 찾아왔듯이, 오늘날 한국교회도 신천지가 교회를 시험코자 하나님의 말씀을 갖고 교회에 들어와 거짓 교리로 난도질 하면서 교회를 희롱하고 있다. 그런데도 교회가 말씀이 부족하니까 그대로 신천지한테 당하고만 있다.

따라서 이방여자가 음녀를 만드는 거다. 그가 가져온 세입금이 666금 달란트다. '지혜가 여기 있으니 총명 있는 자는 그 짐승의 수를 세어보라 그 수는 사람의 수니 육백육십륙이니라(계13;18)' 이와 같이 짐승(사단)의 수가 666이라 했다.

스바 여왕이 가져온 금달란트가 오늘날 신천지가 화려하게 꾸민 거짓교리를 나타낸다. 이게 이방 교리다. 성도한테 교리를 가르쳐 주고 그들한테 세입금을 받는 것이 바로 신천지에서 벌이고 있는 교리장사다.

성도라면 예수님의 말씀을 통해 구원을 얻고자 해야지 다른 신(세상 교리)을 받으면 절대 안된다. 성도는 오직 그리스도의 말씀만 받아야 한다.

신천지에 미혹되어 혹여라도 그들이 주는 사령장을 받은 사람이 있다면 속히 회개하고 예수 그리스도의 이름으로 깨끗이 씻어야 한다. 회개란 자기의 잘못된 것을 성경말씀을 통해 깨닫고 바로 잡는 것이 회개고 거듭남이다.

> 심판 때에 남방 여왕이 일어나 이 세대 사람을 정죄하리니 이는 그가 솔로몬의 지혜로운 말을 들으려고 땅 끝에서 왔음이어니와 솔로몬보다 더 큰 이가 여기 있느니라.(마12;42)

이 구절은 계시록 때에 일어날 심판의 때다. 남방여왕이 스바 여왕이다. 이가 땅 끝에서 왔다고 했다. 따라서 솔로몬보다 더 큰 이가 예수님이시다. 대개의 경우 솔로몬 왕의 재산과 지혜가 천하 열 왕보다 크다고 나와 있어, 종신토록 부귀영화를 엄청나게 누리고 산 줄 알고 있으나, 실상은 솔로몬이야말로 그의 마음에서 여호와가 떠나 버리자 왕들 중에 가장 많이 타락한 왕이다. 그는 바로의 딸 외에 이방의 많은 여인을 사랑하였으며 말년에 왕비들에 의해 이방신까지 섬겼다. 그가 후비로 맞은 여자가 칠백명이고 빈장이 삼백명으로 그야말로 아내가 천명이나 되는 타락의 끝자락을 보여준 유일한 왕이다.

> 여호와께서 일찍이 이 여러 국민에게 대하여 이스라엘 자손에게 말씀하시기를 너희는 저희와 서로 통하지 말며 저희도 너희와 서로 통하게 말라 저희가 정녕코 너희의 마음을 돌이켜 저희의 신들을 좇게 하리라 하셨으나 솔로몬이 저희를 연애하였더라. 왕이 후비가 칠백 인이요 빈장이 삼백 인이라 왕비들이 왕의 마음을 돌이켰더라. 솔로몬이 나이 늙을 때에 왕비들이 그 마음을 돌이켜 다른 신들을 좇게 하였으므로 왕의 마음이 그 부친 다윗의 마음과 같지 아니하여 그 하나님 여호와 앞에 온전치 못하였으니(열왕11;2-4)

따라서 이와 같이 이방인들과 통용하면 안된다. 오늘날도 교회 안에 하나님의 말씀과 육신의 생각이 혼합된 거짓교리가 난무한데 이게 바로 이방신들을 좇는 행위이다.

우리가 주의 할 것이 있다. 마음(탐심) 안에 다른 신(육신의 생각)이 조금이라도 들어가면 그게 바로 우상이다. 그러므로 하나님 외에 그 어떤 구원자도 없다. 솔로몬도 처음에는 하나님이 보시기에 합당한 기도를 하므로 넘치도록 충만한 물질의 복과 지혜의 복을 받았지만, 그 마음 안에 여호와를 향한 마음이 떠나자 결국엔 다른 신을 좇았다.

지금 교회 안에 짐승들이 건물을 크게 지어 놓고 호객행위(거짓교리)를 하여 영업(예배)을 활발하게 하니까, 고객(교인)들은 그게 진짜인줄 알고 전부 그리로 쫓아가고 있다. 그렇지만 성경에는 영생에 관한 말씀 외에 다른 말씀(영)은 하나도 없다. 그러므로 성경 외적인 말로 하나님의 백성들을 미혹 시키면, 그게 바로 다른 신을 좇는 것이 된다. 이러한 자들을 하나님께서 다 죽이라고 했기에 반드시 심판을 받는다.

> 내가 본 짐승은 표범과 비슷하고 그 발은 곰의 발 같고 그 입은 사자의 입 같은데 용이 자기의 능력과 보좌와 큰 권세를 그에게 주었더라(계13;2)

계시록 전체사건은 일곱별의 비밀과 일곱 촛대의 사건이다. 그리고 거기에 들어오는 사건이 계시록 13장의 바다에서 올라오는 일곱 머리 열 뿔의 사건이다. 이것도 다 사람이다. 이 짐승들한테 용이 권세를 주었다. 용은 사탄의 대표격이다. 따라서 열 뿔은 권세자다. 면류관에도 하나님의 면류관도 있고 사단의 면류관이 있다. 그러므로 참람된 이름들에는, 용(신천지)이 이름을 주는 목사나 장로나 지파장들한테는 짐승의 이름들이 기록되어 있다.

그러나 예수께서 이름을 지어주시는 것에는 새롭게 이르시는 말씀이 기록되어 있다. 그러기에 생명책에 그들이 말한 말들이 기념책에 적혀 있다.

> 그때에 여호와를 경외하는 자들이 피차에 말하매 여호와께서 그 것을 분명히 들으시고 여호와를 경외하는 자와 그 이름을 존중히 생각하는 자를 위하여 여호와 앞에 있는 기념책에 기록하셨느니라 (말3;16)

성도들끼리 대화하는 모든 것이 생명책에 다 기록되어 있다. 따라서 이름 속에는 하나님이 이르시는 말씀이 들어 있다. 그러므로 성부와 성자와 성령의 이름으로 세례를 주는 그 자체가 삼위일체의 하나님의 마음이 이름 속에 들어 있다는 뜻과 같다. 그러나 용은 모든 사단의 대표다. 이러한 용(들짐승)이 교회(집짐승)한테 내려왔다. 그러므로 그 사역을 하는 거다. 여기서의 짐승은 다니엘서 7장을 인용한 거다.

> 다니엘이 진술하여 가로되 내가 밤에 이상을 보았는데 하늘의 네 바람이 큰 바다로 몰려 불더니. 큰 짐승 넷이 바다에서 나왔는데 그 모양이 각각 다르니. 첫째는 사자와 같은데 독수리의 날개가 있더니 내가 볼 사이에 그 날개가 뽑혔고 또 땅에서 들려서 사람처럼 두 발로 서게 함을 입었으며 또 사람의 마음을 받았으며. 다른 짐승 곧 둘째는 곰과 같은데 그것이 몸 한편을 들었고 그 입의 잇 사이에는 세 갈빗대가 물렸는데 그에게 말하는 자가 있어 이르기를 일어나서 많은 고기를 먹으라 하였으며. 그 후에 내가 본즉 다른 짐승 곧 표범과 같은 것이 있는데 그 등에는 새의 날개 넷이 있고 그 짐승에게

> 또 머리 넷이 있으며 또 권세를 받았으며. 내가 밤 이상 가운데 그 다음에 본 넷째 짐승은 무섭고 놀라우며 또 극히 강하며 또 큰 철이가 있어서 먹고 부숴뜨리고 그 나머지를 발로 밟았으며 이 짐승은 전의 모든 짐승과 다르고 또 열 뿔이 있으므로(단7;2-7)

바벨론의 벨사살 왕 원년에 다니엘이 꾼 꿈 이야기다. 바다에서 네 짐승이 나오는데 그 첫째 짐승은 사자 같고 두 번째 짐승은 곰 같고 세 번째 짐승은 표범 같고 네 번째 짐승은 열 뿔의 짐승이다. 이 짐승들이 바다에서 올라온 짐승이다. 그 네 짐승은 다니엘서 7장 17절에 '그 네 큰 짐승은 네 왕이라 세상에 일어날 것이로되' 장차 일어날 네 왕과 네 나라라고 했다.

바로 바다에서 올라온 짐승은 하나님을 대적하는 모든 세력들의 총칭인 사단이다. 결론적으로 그 네 나라는 어떤 하나의 마귀의 세력으로부터 권세를 받고 이 땅에 존재하게 되는 사탄의 대리자들을 총칭한다.

바다는 세상이다. 뿔은 힘을 상징하고 권세다. 따라서 우리의 머리는 '오직 사랑 안에서 참된 것을 하여 범사에 그에게까지 자랄찌라 그는 머리니 곧 그리스도라(엡4;15)' 이같이 그리스도가 우리의 머리여야 한다. 손발을 움직이는 모든 것은 머리의 생각에 의해 움직여진다.

따라서 뱀도 머리가 있고, 일곱 머리 열 뿔도 머리가 있다. 또한 짐승의 머리는 여자의 후손이 깬다. 그러므로 용을 잡을 수 있는 힘은 예수님의 말씀밖에 없다. 그런데 이 땅의 사역자들이 말씀을 버렸다.

> 슬프다 범죄한 나라요 허물진 백성이요 행악의 종자요 행위가 부패한 자식이로다 그들이 여호와를 버리고 이스라엘의 거룩한 자를

만홀히 여겨 멀리하고 물러갔도다. 너희가 어찌하여 매를 더 맞으려고 더욱 더욱 패역하느냐 온 머리는 병들었고 온 마음은 피곤하였으며(사1;4-5)

이와 같이 종교인들이 여호와를 버렸다고 했다. 교회가 말씀을 버리는 그 자체가 바로 여호와를 버리는 거다. 또한 머리가 '머리는 곧 장로와 존귀한 자요 꼬리는 곧 거짓말을 가르치는 선지자라(사9;15)' 이와 같이 장로인데 오늘날의 목사다. 아울러 온 머리가 병들었다는 것은, 온 목사들이 전부 병들었고 썩었다는 뜻이다. 그런데 이 목사가 거짓말을 가르치는 선지자다. 따라서 목사가 예수님의 말씀으로 성경을 전하지 않고 이 세상의 경험으로 전하면 그게 바로 바벨이고 멸망자다. 우리의 지도자는 오직 예수 그리스도뿐이다. 즉 말씀 자체가 그리스도다. 따라서 매 맞은 자는 성령의 기름을 받아야 치료가 된다.

아울러 이 짐승이 용으로부터 능력과 보좌와 큰 권세를 받는다. 또한 이러한 권세를 용이 일곱 머리 열 뿔한테 주었다. 그런데 그 엄청난 권세로 교회를 핍박하고 있다. 용의 사역이 온 천하를 꾀는 자지만, '큰 용이 내어 쫓기니 옛 뱀 곧 마귀라고도 하고 사단이라고도 하는 온 천하를 꾀는 자라 땅으로 내어 쫓기니 그의 사자들도 저와 함께 내어 쫓기니라(계12;9)' 결국에 용이 첫 장막에서 쫓겨난다.

따라서 용은 지성소에 절대 들어가지 못한다. 여기서의 용은 뱀이고 또 옛 뱀인데 그 뱀이 창세기의 뱀(사단마귀)이다. 마귀의 사역은, '그때 예수께서 성령이 이끌리어 마귀에게 시험을 받으러 광야로 가사(마4;1)' 따라서 '시험하는 자' 하면 마귀를 생각하면 된다. 초림 때 예수님을 마귀가 시험했으나 예수님이 이기셨다. 그런데 지금은 사단이다. 거짓 사(詐), 속일 탄(譠)으로 온 천하를 꾀는 자다. 따라서 용이나 마귀나 사탄이나 이들의 사역은 다 똑 같다. 목적은 이 종교세계에 들어와 파괴하고 파멸하며 이간하고 분리하며 온 천하를 꾀는 일이다. 그러므로 주님과 함께 하지 않으면 이들의 유혹에 전부 미혹된다.

아울러 이 용을 잡는 분은 오직 하나님 한분뿐이시다. 또한 주님은 말씀이 육신이 되어 이 땅에 오신 분이다. 그러므로 말씀 자체가 하나님이시다. 말씀이 육신이 되신 예수님 자체가 참 빛이다. 그 참 빛이 심령에 비쳐지면 수정같이 맑아 거짓말이 다 드러나기 때문에 그 입에서 거짓말을 하지 못한다.

또한 용은 상상상이다. 그러므로 실체가 없다. 성경에서 악어나 용을 같이 말한다. 악어가 있는 곳이 강인데 그 강을 큰 악어(용)가 더럽히고 있다. 강 자체가 백성이다.

> 인자야 너는 애굽 왕 바로에 대하여 애가를 불러 그에게 이르라 너를 열국에서 젊은 사자에 비하였더니 실상은 바다 가운데 큰 악어라 강에서 뛰어 일어나 발로 물을 요동하여 그 강을 더럽혔도다 (겔32;2)

즉 성도들을 잡아먹는 것을 이와 같이 에스겔선지자가 비유한 거다.

오늘날 많은 교회가 사방 곳곳에 웅장한 건물로 서 있으나 실상은 이 교회가 바로 악어다. 이들의 실체가 바로 언제 잡히냐 하면, 계시록 13장에서 용이 권세를 주었는데 '용을 잡으니 곧 옛 뱀이요 마귀요 사단이라 잡아 일천 년 동안 결박하여(계20;3)' 계시록 20장에서 잡는다. 그런데 이들을 어떻게 잡느냐 하면 증거의 말씀으로 잡는다. 이러한 사건들을 성경적으로 이해해야 계시록을 파악할 수 있다.

그의 머리 하나가 상하여 죽게 된 것 같더니 그 죽게 되었던 상처가 나으매 온 땅이 이상히 여겨 짐승을 따르고(계13;3)

성경은 감춰진 비밀의 말씀이기 때문에 들을 수 있는 사람만 듣게 된다. 따라서 깨닫지 못하면 짐승을 따른다. 짐승에도 들짐승(이단)과 집짐승(거짓 목사)이 있다. 오늘날의 한국 교회의 대표격인 들짐승은 신천지고, 집짐승은 장. 감. 성을 포함한 일곱 교회인데 신천지가 교회 전체를 잡아먹고 있다. 아울러 집짐승은 몰각한 목사들이고 들짐승은 이만희가 계룡산에서 공작의 영을 받는 악한 짐승이다.

아울러 일곱 머리 열 뿔 중에서 하나가 그 사역을 떠난다. 그들한테도 짐승의 보좌가 있다. 거기서 사역을 못하는 거다. 땅이 이상히 여겨 짐승을 따라간다. 사람을 흙으로 만들어서 땅이라 한다. 따라서 짐승 중에 '머리하나가 상하여 죽게 된 것 같더니' 결국에 그 상처가 나으매, 온 땅이 그 짐승을 따르고 있다. 땅이 '내가 땅을 본즉 혼돈하고 공허하며 하늘들을 우러른즉 거기 빛이 없으며(렘4;23)' 곧 사람이다.

이와 같이 땅이 짐승을 따라가는 것은, 온 땅(교인)이 혼돈하고 공허해서 그렇다. 하늘은 지도자(목사)인데 교회에 빛(예수님의 말씀)이 없으니까 어두움에 가려 짐승(거짓선지자)을 따라가게 되는 거다.

하늘이여 들으라 땅이여 귀를 기울이라 여호와께서 말씀하시기를 내가 자식을 양육하였거늘 그들이 나를 거역하였도다. 내가 너의 사사들을 처음과 같이 너의 모사들을 본래와 같이 회복할 것이라 그리한 후에야 네가 의의 성읍이라, 신실한 고을이라 칭함이 되리라 하셨나니(사1;2.26)

산이 조직체다. 따라서 26절이 답이다. 성읍이 교회다. 모든 교회가 죄를 져서 무너졌다. 아울러 이 종교세계의 큰 교회들은 진리(하나님의 말씀)가 없으므로 전부 무너진다. 그러나 빛이 있는 진리의 성읍은 신실(반석)한 고을(교회)이라 무너지지 않는다. 무엇보다 '주는 그리스도시오 살아계신 하나님의 아들'이라고 고백한 자들한테만 천국열쇠를 맡기시고 그 위에 하나님의 교회를 세우신다. 따라서 지성소로 올라온 사람들은 예수께서 내게 온 자는 하나도 잃지 않는다고 하셨기에 그 누구도 나갈 수가 없다. 진리의 성읍으로 오지 않았다는 것은 즉 말씀이 심령 안에 들어가지 않은 사람들이다. 이런 사람들은 세상(교회)이 수없이 꾀니까 말씀이 들어가지 않는다. 그러니까 세상(교회)이 주는 달콤한 미끼(물질의 복)를 덥석 물고 만다.

무엇보다 오늘날 교회에 기름부음(성경말씀)이 없으니까 말씀을 전하는 목사 자체가 전부 물질에서 헤어 나오지 못하고 있다. 그러므로 이 땅의 종교인들이 세상적인 축복으로 고객들을 유인한다. 최소한 목사라면 육신의 생각에서 벗어나야 온전히 하나님의 말씀을 전할 수 있다.

그런데 그 일곱 머리 중에 하나가 죽게 된 것 같다. 그러면 여섯이 된다. 그런데 그 상처가 나으면 '혹이 그에게 묻기를 네 두 팔 사이에 상처는 어찜이냐하면 대답하기를 이는 나의 친구의 집에서 받은 상처라 하리라(슥13;6)' 상처에 대해 스가랴 선지자가 이렇게 나타냈다, 따라서 두 팔 사이의 상처가 마음이다. 친구집에 잘못 가면 마음의 상처를 받는다.

초림 때 예수님의 제자가 예수님을 팔았다. 즉 가룟 유다가 왕(천국)의 초청에 예복을 입고 가야 하는데 예복을 입지 않으면 초청받은 자의 친구가 되지 못한다. 그러면 결국 쫓겨나게 된다. 그렇게 되면 가룟 유다가 예수를 은 30냥에 팔았듯이 누구나 다 세상에 미혹되면 예수님을 헐값에 팔게 된다.

> 임금이 손을 보러 들어올쌔 거기서 예복을 입지 않은 한 사람을 보고. 가로되 친구여 어찌하여 예복을 입지 않고 여기 들어왔느냐 하니 저가 유구무언이거늘(마22;11-12)

유구무언은 입이 있어도 말을 못한다. 예수님의 손에서 떨어지면 바깥 어두운 데로 떨어져 슬피 울게 된다. 그러므로 성노라면 예수 그리스도의 옷을 입어야 한다.

> 용이 짐승에게 권세를 주므로 용에게 경배하며 짐승에게 경배하여 가로되 누가 이 짐승과 같으뇨 누가 능히 이로 더불어 싸우리요 하더라(계13;4)

성경을 깨달으면 하나님을 볼 수 있는데, 깨닫지 못하니까 용이 즉 사단(귀신)이 이 짐승한테 타게 된다. 즉 귀신이 탔다. 그러면 귀신이 타고 일을 한다. 그야말로 귀신같이 말한다고 하듯이 전부 꾀는 거다. 마귀는 항상 하나님을 비슷하게 흉내 낸다.

바다에서 올라온 짐승은 하나님을 대적하고 교회를 대적하는 모든 마귀들을 총칭한다. 그러나 그 대적들을 부수는 것이 뜨인 돌이다. 사람의 손이 닿지 않은 뜨인 돌이 '또 왕이 보신즉 사람의 손으로 하지 아니하고 뜨인 돌이 신상의 철과 진흙의 발을 쳐서 부숴뜨리매(단2;34)' 이와 같이 다니엘 2장과 창세기의 바벨 사건과 아브라함의 모리아 산의 사건을 이야기 한 것이다.

이는 하나님을 떠나서 사단의 손아귀에서 살게 된 인간들은 끊임없이 자신들이 하나님이 되고 싶어 하는 욕망 속에서 살게 된다. 그리고 자신들의 힘으로 하늘에 오르려는 시도를 하며 살게 된다. 성을 쌓고 힘을 키우고 내 능력으로 나를 보호하는 바벨탑의 삶을 추구한다. 바벨탑을 쌓는 그 행위자체가 바로 하나님께 쫓겨난 마귀의 세력들의 특징이다. 그러나 뜨인 돌이신 예수 그리스도께서는 이러한 사단들의 세력을 박살내신다. 이는 어린양의 피와 예수 그리스도의 십자가의 도로 싸워 이기는 것을 나타낸 거다. 즉 뜨인 돌이신 예수 그리스도의 삶으로 짐승을 이기는 거다. 그 뜨인 돌이 이사야서에 잘 나타나 있다.

> 그는 주 앞에서 자라나기를 연한 순 같고 마른 땅에서 나온 줄기 같아서 고운 모양도 없고 풍채도 없은즉 우리의 보기에 흠모할 만한 아름다운 것이 없도다. 그는 멸시를 받아서 사람에게 싫어 버린 바 되었으며 간고를 많이 겪었으며 질고를 아는지라 마치 사람들에게 얼굴을 가리우고 보지 않음을 받는 자 같아서 멸시를 당하였고 우리도 그를 귀히 여기지 아니하였도다. 그는 실로 우리의 질고를 지고 우리의 슬픔을 당하였거늘 우리는 생각하기를 그는 징벌을 받아서 하나님에게 맞으며 고난을 당한다 하였노라(사53;2-4)

이게 신상을 부숴뜨린 뜨인 돌의 모습이다. 힘이나 물질로 우리를 밟으려는 악한 세상을 연한 순 같은 고운 분이 그 마귀의 강한 세력을 부순 것이다. 이는 겉으로 보기에는 약하고 보잘 것 없어 보이나 참고 인내하며 겸손하게 섬기며 사는 사람이 바로 마귀의 세력을 부수고 이기는 삶인 것이다.

그런데 용이 짐승에게 권세를 주었다. 그러므로 세상이 '세상이 악인의 손에 붙이웠고 재판관의 얼굴도 가리워졌나니 그렇게 되게 한 이가 그가 아니시면 누구이뇨(욥9;24)' 이와 같이 하나님이 악인의 손에 붙였다. 이는 인간들의 육신의 생각 때문이다. 따라서 짐승(악인)의 입에서 나오는 것이 독이고 거짓말이며 하나님을 대적하는 패역하는 멸망의 짐승들이다.

> 사람은 존귀하나 장구치 못함이여 멸망하는 짐승 같도다. 존귀에 처하나 깨닫지 못하는 사람은 멸망하는 짐승 같도다(시49;12.20)

그러므로 교회에 가면 주머니가 다 털린다. 그리고 자유가 없고 쉼이 없다. 용이 권세를 이 짐승(사단)들한테 주었다. 그러므로 성도들이 이 세상(사단)과 싸우게 되는데 결국 백마 탄 그분이 이긴다. 말씀을 담은 자기 예수님과 함께 동행 하는 자인데 이들만이 세상을 이길 수 있다.

아울러 용이 누구한테 권세를 주었느냐하면 짐승(거짓목사)한테 주었다. 그러기 때문에 '누가 이 짐승과 같으뇨' 이렇게 물은 거다. 그런데 짐승(목사)을 따르는 땅(교인)들이 도리어 사단인 신천지를 향해 백성들이 용처럼 말한다고 한다. 성경은 분명하게 용이 심판받는다고 하였고 '의를 굳게 지키는 자는 생명에 이르고 악을 따르는 자는 사망에 이르느니라(잠11;19)' 또 악(용)을 따르는 자는 사망에 이른다고 하였다. 그러므로 의롭다 하신 이를 따라가야 한다. 악은 하나님 말씀을 버린 거다. 많은 사람이 '나 여호와가 이같이 말하노라 너희 열조가 내게서 무슨 불의함을 보았관대 나를 멀리하고 허탄한 것을 따라 헛되이 행하였느냐.(렘 2;5절)' 와 같다. 무엇보다 육신의 생각이 바로 허탄한 것이다. 따라서 성도라면 오직 성경말씀만을 좇아야지 이 세상의 복을 교회에서 받겠다고 하면 그게 바로 바알(악)을 좇는 것이 된다.

무엇보다 신천지는 그들 스스로가 용임을 증거하고 있다. 왜냐하면 그들이 용의 문형을 사령장이나 그들의 건물에 공작의 문형으로 꾸며 이를 증거하기 때문이다. 그런데 안타까운 것은 이만희를 비롯하여 신천지에 소속된 사람들이 정작 자기들이 사단의 조직체인 용이란 걸 모르고 있다는 사실이다.

> 여호와께서 말씀하시되 이는 그들이 내가 그들의 앞에 세운 나의 법을 버리고 내 목소리를 청종치 아니하며 그대로 행치 아니하고. 그 마음의 강퍅함을 따라 그 열조가 자기에게 가르친 바알들을 좇았음이라(렘9;13-14)

법은 생명의 법이다. 최초의 법을 어긴 게 아담이다. 그가 이방신(사단)을 쫓아간 거다. 그러므로 누가 뭐라 해도 성경 말씀에 맞지 않으면 즉 말씀이 내 심령 안에 거하지 못하면 하나님(성령)을 만날 수 없다. 오늘날도 참 목자를 만나야 한다. 목자가 여자(교회)다. 아담(하나님의 백성)이 아내(교회) 때문에 선악과 열매를 먹고 죽었듯이, 누구를 따라가느냐가 가장 중요하다.

> 또 짐승이 큰 말과 참람된 말하는 입을 받고 또 마흔두 달 일할 권세를 받으니라(계13;5)

하나님은 이와 같이 어떤 목적을 위해서 기간을 정해 놓고 사탄을 그때까지 이용하고 계신다는 것을 알 수 있다. 따라서 위의 구절처럼 사탄을 마흔두 달 동안 하나님께서 사용하고 있는 도구라는 것을 알려 주고 있다. 하나님은 사탄을 이용해서라도 성도들이 하나님만을 의지하고 말씀에 순종하며 사는 삶을 살도록 하기 위해 이와 같이 사단조차 사용하신다는 것을 알아야 한다.

따라서 '참람된 말하는 입'이 중요한다. 참람은 거짓 참(讒) 탐할 람(婪)이다. 거짓말을 탐하게 하는 자들이 바로 사단(거짓목사)이다. 이들한테 일할 권세를 준 기간이 삼년 반이다. 아울러 지금이 마지막 시대로 이제는 짐승의 때가 다 되었다. 그러기에 짐승(사단)들이 교회를 짓밟기 위해 더욱 더 발악을 한다.

> 사울아 사울아 네가 어찌하여 나를 핍박하느냐. 나는 네가 핍박하는 예수라(행9;4-5)

예수님은 이 때 십자가에 달리시고 나서 부활하시어 하늘보좌에 계시므로 이 땅에 계시지 않았다. 그런데 주님께서는 네가 어찌하여 나를 핍박하느냐고 하셨다. 이는 사울이 예수 믿는 자들을 핍박한 것에 대한 말씀이다. 즉 하나님의 종을 핍박하는 것이 예수님을 핍박하는 거다. 아울러 예수님이 십자가에 달리신 것 또한 하나님이 십자가에 달리신 것과 마찬가지다.

따라서 계시록 전체의 내용은 촛대가 있는 교회에 짐승들이 들어와 종교 전쟁을 벌이고 있는 일들이다. 일곱 머리 열 뿔의 짐승들과 하나님의 백성들과의 영적 전투사건이다. 짐승(사단)들은 하나님을 훼방하는 자들이다. 이들의 조직체는 다 자기가 하나님이고 보혜사라고 자처 한다.

그러므로 성경에서 말하는 하나님이 둘이다. 참 빛(말씀)으로 오신 참 하나님과 이 땅의 자칭 하나님이 따로 있다. 따라서 '입을 받고'의 뜻은 말의 사명을 받았다는 거다. 그런데 그 입속에 무엇이 들었느냐 하면 '또 내가 보매 개구리 같은 세 더러운 영이 용의 입과 짐승의 입과 거짓 선지자의 입에서 나오니(계16;13)' 이같이 개구리 같은 세 가지 더러운 영이 들어 있다. 용한테 사명을 받은 입에는 거짓말만 나오게 되어 있다. 제일 먼저 용이 짐승한테 권세를 주었고 그 짐승은 또 거짓선지자의 입에 들어갔다. 그러므로 저희가 다 귀신의 영들이다.

원래 교회에 있는 사람들은 예수님의 말씀으로 일부가 씻어졌다. 씻고 난 뒤에 이걸 잡아먹는 또 다른 일곱 귀신이 있다. 이 짐승은 깨끗이 청소된 데만 골라서 일곱 머리 열 뿔의 짐승이 들어가는데 그러면 거기에 일곱 귀신이 들어간 거다. 아무리 성경 공부를 많이 했어도 육신의 생각으로 성경을 이해하면 사단은 씻어진 데만 골라 바로 일곱 귀신이 침투해 들어간다. 신천지는 일반 사람들은 전도하지 않고 오로지 교회 사람들만 뀐다.

> 더러운 귀신이 사람에게서 나갔을 때에 물 없는 곳으로 다니며 쉬기를 구하되 얻지 못하고(마12;43)

물 없는 곳은 말씀이 없는 곳이다. 이게 짐승(더러운 귀신)들이 들어가기 쉬운 곳이다. 거기에 악한 귀신들이 들어가면 빠져 나올 길이 없다. 종교인들한테 짐승의 영이 들어가면 사단을 이길 수가 없다. 그런데 사단들을 이긴 자들이 있다. 그러려면 사단의 정체를 다 알아야 한다. 이게 비밀이다. 따라서 사단을 이길 수 있는 비밀의 방법이 바로 계시록에 전부 기록되어 있다. 즉 하나님의 말씀인 진리로 이기는 거다. 그들한테는 믿음이 있고, 이겼으니까 철장 권세가 있다.

> 저희가 어린양으로 더불어 싸우려나와 어린양은 만주의 주시오 만왕의 왕이시므로 저희를 이기실 터이요 또 그와 함께 있는 자들 곧 부르심을 입고 빼내심을 얻고 진실한 자들은 이기리로다
> (계17;14)

부르심을 입고 빼내심을 받고 진실한 자만 이긴다. 진실치 않으면 절대 이길 수가 없다. 하나님아버지 자체가 진실이므로 그의 아들들도 증거의 말씀으로 이길 수 있는 거다.

짐승이 입을 벌려 하나님을 향하여 훼방하되 그의 이름과 그의 장막 곧 하늘에 거하는 자들을 훼방하더라(계13;6)

짐승이 입을 벌려 하나님을 훼방하는 것이 바로 성전 밖 마당을 헐뜯는 거다. 첫 장막(교회)에 대해 헐뜯으면서 짐승이 잡아먹고 있다. 그래서 지금 교회마다 '신천지 출입금지'라고 써 놓고 있다. 교회가 신천지한테 져서 그렇다. 그러기에 오늘날 한국 교회가 들짐승(신천지)들한테 다스림을 받고 있다.

따라서 '하나님을 향하여 훼방하되' 그 자체가 바로 주님이 사용하는 사람들을 훼방하는 것이 곧 하나님을 훼방하는 것이 된다. 하나님이 들어 사용하는 사역자가 이 땅에 더러 있다. 따라서 지금은 이 종교계를 짐승들이 다 이기는듯해 보인다. 왜냐하면 이 교회들이 그들한테 다스림을 받고 있기 때문이다.

6절을 이해하려면 '또 네 천사가 내게 말하되 네가 본 바 음녀의 앉은 물은 백성과 무리와 열국과 방언들이니라(계17;15)' 이와 같이 각 족속과 나라와 방언을 다스리는게 음녀(짐승)다. 그 음녀들한테 경배 하는 거다. 따라서 생각과 마음에 그리스도의 영이 거하지 않으면 다 이 짐승(음녀)한테 경배하게 된다.

그러므로 가장 중요한 게 십자가의 도를 깨닫는 거다. 무엇보다 예수님의 피의 말씀으로 영원한 속죄를 얻은 사람들은 짐승(음녀)들의 말을 듣지 않는다.

이는 그리스도의 말씀이 인도하기 때문이다. 이들한테는 어린양이 목자가 되기 때문에 생명수 샘으로 인도된다. 말씀이 육신이 되신 분이 예수님이다. 예수님 말씀 자체가 속죄양이고 어린양이다. 이 말씀이 인도하는 거다. 이들이 구속받은 자들이다.

짐승이 어디를 훼방하느냐 하면 처음 하늘인 장막(교회)이다. 원래는 하나님의 기름부음이 장막에 있었다. 하나님의 기름부음이 있었기 때문에 장막이고 하늘이다. 그리고 처음하늘에서 올라온 사람들이 거하는 곳이 '또 둘째 휘장 뒤에 있는 장막을 지성소라 일컫나니(히9;3)' 이같이 둘째 장막이 지성소다.

둘째 장막은 그룹들이 지키고 있어 악한(사단) 자들은 들어오지 못한다. 이게 성경의 엄청난 비밀이다. 지성소 안에 들어오면 영광의 보호자가 지키고 있다. 따라서 이곳엔 예복을 입지 않으면 들어오지 못한다. 예복을 입은 자들한테 그리스도가 함께 하시는데 곧 말씀이 함께 하는 거다.

2. 짐승한테 경배하는 교회

> 또 권세를 받아 성도들과 싸워 이기게 되고 각 족속과 백성과 방언과 나라를 다스리는 권세를 받으니(계13;7)

오늘날의 교회는 짐승(사단)들이 종교세계를 비 진리로 전부 다스린다. 무엇보다 들짐승(신천지)이 교회 사람들보다 성경을 더 많이 알고 있다. 그러나 지성소로 올라온 사람들은 말씀이 그리스도가 함께 하기 때문에 짐승(사단)들을 발바닥 밑에 깔고 있다. 아울러 각 족속과 방언과 나라를 다스린다는 것은 짐승이 음녀(교회)들을 이긴다는 뜻이다.

> 또 일곱 대접을 가진 일곱 천사 중 하나가 와서 내게 말하여 가로되 이리 오라 많은 물 위에 앉은 큰 음녀의 받을 심판을 네게 보이리라.(계17;1)

물이 뭐냐 하면 '또 천사가 내게 말하되 네가 본 바 음녀의 앉은 물은 백성과 무리와 열국과 방언들이니라(계17;15)' 바로 음녀가 앉은 물이 답이다. 음녀가 앉아 있는 그 자리가 바로 백성과 무리와 열국과 방언들 위에 앉아 군림하는 것이 교회(음녀)들이다. '또 네가 본 바 여자는 땅의 임금들을 다스리는 큰 성이라 하더라(계17;18)' 즉 니가 본 여자가 땅의 임금들을 다스리는 큰 성(대형교회)이다. 그러니까 큰 성에 군림하고 있는 대형교회들을 짐승들이 다 이겼다는 것이다. 오늘날 교회를 이긴 자가 짐승(사단)이다. 지금은 짐승들이 한기총하고도 붙으려고 하고 있다.

> 죽임을 당한 어린양의 생명책에 창세 이후로 녹명되지 못하고 이 땅에 사는 자들은 다 짐승에게 경배하리라(계13;8)

창세전에 생명책에 기록이 되지 않은 사람들은 짐승들한테 다 경배한다. 사단(거짓목사)들이 그리스도의 일꾼으로 가장해서 접근하기 때문에 생명책에 녹명되지 못한 사람들은 짐승들한테 다 잡아먹힌다.

> 저런 사람들은 거짓 사도요 궤휼의 역군이니 자기를 그리스도의 사도로 가장하는 자들이니라(고후11;13)

신천지도 예수님의 이름으로 기도하고, 사단(거짓목사)들도 광명한 천사로 가장한다. 이들이 가장하여 교회를 잡아먹지만 결국엔 영원한 지옥의 불못으로 던져진다. 짐승(교회)을 지금은 들짐승인 용(신천지)이 지배하고 있다. 가롯 유다한테 사단이 들어가서 사역을 한 것처럼 용이 교회를 잡고 있다. 그러나 지금은 마지막 때가 되어 그 용(신천지)을 무저갱(코로나)에 가둬(감옥) 둔다.

누구든지 귀가 있거든 들을 찌어다.(계13;9)

'누구든지 귀가 있거든 들을찌어다' 는 계시록의 말씀들은 하나님께서 귀를 열어주지 않으면 절대 알아들을 수 없는 내용들이라는 것을 뜻한다. 하나님의 말씀은 하나님의 자녀들에게만 들려진다.

또한 성경 말씀 안에 항상 세 가지의 길이 있는데 그게 바로 성경의 비밀이다. 이 비밀을 풀 수 있는 사람만이 하나님의 아들들이 될 수 있다. 세 가지 길에는 첫째 하나님의 명을 어긴 배반자가 있고, 그 대표적인 예가 첫 사람 아담이다. 따라서 하나님의 명령을 어긴 배반자가 아담(교회)이고, 그 다음은 그 배반자(교회)를 잡아먹는 조직이 있는데 그게 바로 사탄이고 뱀이다. 그리고 그 다음에 다시 그 세대에서 즉 아담(교회)의 세계에서 구원할 자를 하나님이 택하신다. 택해서 그 사람한테 하나님의 영을 부어주신다.

구약 시대의 아담 때는 노아가 하나님의 영을 받은 사람이다. 예표로는 아담의 세계에선 가인과 아벨로서 가인은 육신으로 가고, 아벨은 하나님의 뜻대로 어린양을 잡아서 제사를 지냈다. 아벨이 바로 어린양이신 십자가의 예표다.

그리고 거기서 다시 노아의 후예가 셈과 함과 야벳이 있는데 함의 족속과 야벳의 족속과의 전쟁이다. 그리고 셈의 족속이 하나가 더 나온다. 셈의 족속에서 아비친척 집을 떠나 내가 네게 지시한 땅으로 가라는 하나님을 만난 아브라함에 관한 사건이 있다. 그래서 아브라함이 믿음의 조상(하나님의 의)이 되었다. 아브라함은 믿음의 근본이나 다름이 없다. 따라서 우리는 아브라함한테 약속하셨던 '네 씨로 말미암아 천하 만민이 복을 얻으리니 이는 네가 나의 말을 준행하였음이니라(창22;18)' 약속하신 그 씨가 바로 이삭이다. 이삭이야말로 예수님의 오실 자의 모형이다.

아브라함이 하나님의 약속을 믿고 이삭을 번제로 드렸듯이, 예수님 또한 우리의 속죄자 우리의 유월절 제물이 되셔서 우리를 대신해 모든 것을 십자가로 하나님의 역사를 완성하셨다. 그래서 우리가 예수 그리스도 안에 거하기만 하면 그로인해 하나님 앞에서의 모든 죄는 다 도말 되어 하나도 없게 된다. 그러기에 예수 안에 있는 자들만이 온 천하를 꾀는 큰 용을 잡을 수 있는 거다.

> 큰 용이 내어 쫓기니 옛 뱀 곧 마귀라고도 하고 사단이라고도 하는 온 천하를 꾀는 자라 땅으로 내어 쫓기니 그의 사자들도 저와 함께 내어 쫓기니라(계12;9)

이 종교세계를 사단이 사로잡아 놓았다. 결국은 언제 사로잡느냐 하면 '용을 잡으니 곧 옛 뱀이요 마귀요 사단이라 잡아 일천년 동안 결박하여(계20;2) 여기서 다 잡는다. 이들을 쫓을 수 있는 것은 검에 의해서다. 검이 말씀이다. 성경에서의 모든 전쟁은 총칼 전쟁이 아니라 말씀(검)으로 싸우는 전쟁이다. 따라서 우리의 싸움은 혈과 육에 대한 전쟁이 아닌 영적전쟁이다.

> 우리의 씨름은 혈과 육에 대한 것이 아니요 정사와 권세와 이 어두움의 세상 주관자들과 하늘에 있는 악의 영들에 대함이라(엡6;12)

이와 같이 처음하늘(교회)과 사단과의 영적싸움이다. 즉 악한 영들과의 전쟁이다. 그러므로 그리스도 안에 있는 자들은 그 마음 안에 염려가 있으면 문제가 생긴다. 영혼의 염려가 있으면, 죽을까, 입을까, 먹을까 이런 것들로 염려하게 되면 그게 바로 명령을 어긴 것이 된다.

욕심이 잉태되니까 죄가 생기고 탐심이 생기는 것이지, 주어진 일에 열심히 노력하면 염려할 필요가 없다. 내가 해결할 수 있으면 염려하지 않아도 되고, 또한 내가 해결할 수 없는 문제라면 스스로 해결 못할 것에 대한 염려를 한다고 무엇이 달라지겠는가. 따라서 해결할 수 있으나, 없으나 다 염려할 필요가 없다. 이게 다 쓸데없는 염려다.

그러므로 사단마귀와 뱀들은 사람들 마음 안에 근심, 걱정, 초조, 불안, 염려 등을 불어 넣어 첫 장막(교회)안에 있는 자들을 세상(물질) 복으로 꾀는 거다. 온 천하를 꾀어 잘못되게 하는 것이 용(사단)이다. 사단(용)도 하나의 거짓된 영이다. 그러나 이 용은 지성소에 있는 사람들만큼은 절대 꾀지 못한다. 이들이 꾈 수 있는 것은 '또 내가 보매 개구리 같은 세 더러운 영이 용의 입과 짐승의 입과 거짓 선지자의 입에서 나오니(계16;13)' 이와 같이 용의 입과 짐승의 입과 거짓선지자들 뿐이다.

용이 목사한테 권세를 주는데 그게 바로 일곱 머리 열 뿔의 짐승들이다. 그러기에 짐승(이단)의 입과 거짓 선지자들이 입만 열었다 하면 전부 거짓말뿐이다. 입에도 크게 하나님의 입과 사단의 입이 있는데, 하나님의 입에서는 불(성령)이 나와서 사람(사단)을 다 사로 잡는다.

> 사로잡는 자는 사로잡힐 것이요 칼로 죽이는 자는 자기도 마땅히 칼에 죽으리니 성도들의 인내와 믿음이 여기 있느니라(계13;10)

칼이 말씀인데 말로 영혼을 죽이는 자는 그도 마땅히 그 말(검)에 의해 죽는다. 그러므로 어린양의 생명책은 그 자체가 생명의 말씀이다. 예수님이 우리를 위하여 십자가에 달리신 그 생명책에 내 영혼이 기록되어 있어야 한다. 그들한테는 증표가 있는데 그게 바로 내 영혼을 살리는 그 말씀들이 내 마음 안에 있는 그것이다.

따라서 '인내와 믿음이 여기 있느니라.'는 우리의 영혼이 어린 양이 있는 생명책에 기록이 되어 있느냐 부터 알아야 믿음을 소유한 자가 된다. 또한 이 말씀은 성도들의 고난과 핍박에 관한 이야기로 믿음과 인내가 필요함을 나타낸 말로 믿음이 들어오면 세상 법에 메이지 않고 율법 아래 메이지 않는다. 그러므로 성도는 항상 예수님이 말씀이 내 심령 안에 거하여 걸어 다니는 성경책이 되어야 한다. 아울러 성경의 말씀에 더하거나 빼지 않는 진리의 말씀만 따라가야 하나님의 영이 우리와 함께 늘 동행하신다. 그렇지 않고 짐승(거짓 교리) 따라가면 칼로 다 죽임(사망)을 당한다.

> 그들이 만일 네게 말하기를 우리가 어디로 나아가리요 하거든 너는 그들에게 이르기를 여호와의 말씀에 사망할 자는 사망으로 나아가고 칼을 받을 자는 칼로 나아가고 기근을 당한 자는 기근으로 나아가고 포로될 자는 포로됨으로 나아갈지니라 하셨다 하라. 나 여호와가 말하노라 내가 그들을 네 가지로 벌하리니 곧 죽이는 칼과 찢는 개와 삼켜 멸하는 공중의 새와 땅의 짐승으로 할 것이며
> (렘15;2-3)

이스라엘의 패역함 앞에 하나님께서 반드시 그들을 벌하시겠다는 결연한 의지를 예레미야의 입을 통해 이같이 나타내셨다. 그리고 그 뒤에 '그가 와서 애굽 땅을 치고 죽일 자는 죽이고 사로잡을 자는 사로잡고 칼로 칠자는 칼로 칠 것이라(렘43;11)' 하나님께서 애굽이 바벨론에게 정복될 것이라는 것을 예언하셨으므로 그 예언은 반드시 이루어지고 또한 이루어졌다.

요한은 이러한 구절을 인용해서 성도에게 주어지는 환난과 핍

박과 그 환난의 무게를 강조하고 있다. 또한 짐승에 의해 성도에게 주어지는 환난과 핍박의 최종 결정권자는 하나님이시다. 이 모든 것은 하나님의 허락 하에 주어지는 것이다. 그러기에 너희는 분명히 이 세상에서 사로잡히게 되고 칼(말씀)에 죽게 될 것이라는 그 말씀 안에 그만큼의 고난을 당하게 될 것이라는 것을 천명했다.

그러한 핍박이 올 때 성도들은 인내와 믿음으로 이겨내라는 거다.

분명 우리는 칼(말씀)을 맞는다. 그런데 이 모든 것들이 그리스도의 사랑에서 우리를 끊어내지 못한다. 그러기에 우리는 '누가 우리를 그리스도의 사랑에서 끊으리요 환난이나 곤고나 핍박이나 기근이나 적신이나 위험이나 칼이라(롬8;35)' 그러므로 그리스도의 사랑 아래서 이유 있는 환난과 핍박과 기근과 칼에 맞는 거다. 그러므로 그 환난과 핍박은 우리 아버지가 주시는 거니까 분명 우리에게 유익인 거다.

> 내가 보매 또 다른 짐승이 땅에서 올라오니 새끼 양같이 두 불이 있고 용처럼 말하더라. 저가 먼저 나온 짐승의 모든 권세를 그 앞에서 행하고 땅과 땅에 거하는 자들로 처음 짐승에게 경배하게 하니 곧 죽게 되었던 상처가 나은 자니라(계13;11-12)

11절부터는 땅에서 올라온 짐승에 관한 묘사가 나온다. 아울러 땅에서 올라온 짐승이 새끼 양 같다. 바다에서 올라온 짐승이 죽었다가 살아 난 것처럼 예수님을 흉내 내었는데, 여기서도 땅에서 올라온 온 짐승이 어린양 같은 모습을 하고 있다. 그런데 그 짐승이 용처럼 말한다. 그리고 그가 무엇을 숭배하게 하는지를 12절에서 보여준다.

그 땅에서 올라온 짐승은 처음 짐승, 바다에서 올라온 짐승을 경배하게 하는 자다. 바다에서 올라오는 짐승은 하나님이 아닌 이 땅의 힘과 물질을 추구하게 만드는 그 세력을 추종하게 만든다. 따라서 이 땅에서 올라오는 짐승의 정체가 '짐승이 잡히고 그 앞에서 이적을 행하던 거짓 선지자도 함께 잡혔으니 이는 짐승의 표를 받고 그의 우상에게 경배하던 자들을 이적으로 미혹하던 자라 이 둘이 산채로 유황불 붙는 못에 던지우고(계19;20)' 이같이 이단을 포함한 거짓 선지자들이다.

즉 하늘에서 떨어진 별이 교회로 들어와서 짐승과 하나가 된다. 즉 용이 그들한테 권세를 주는데 그게 바로 땅에서 올라온 짐승들이다, 이들은 전부 하늘에서 떨어진 타락한 별들이다. 이 짐승(신천지)의 소속은 교회를 잡아먹기 위한 일이다. 즉 한국교회에 대표라 할 수 있는 장로교, 감리교, 성결교를 포함한 전체 교회를 잡아먹는 일이다.

아담의 세계 때도 다른 짐승들이 많았으나 그 중에 뱀이 아담을 타락시켰다. 초림 때는 서기관과 바리새인들이 예수님을 따르지 못하게 하는 사역을 담당했다. 그게 바로 '뱀들아 독사의 새끼들아 너희가 어떻게 지옥의 판결을 피하겠느냐(마23;33)' 이와 같이 하나님의 사역을 못하게 하는 게 사탄이다. 하늘(타락한 영)에서 떨어진 별이 짐승한테 들어가서 그 짓을 하는 거다. 그러나 교회를 미혹하던 이러한 사단 마귀들은 사용기간이 끝나면 하나님에 의해, 용도 폐기처분된다.

> 또 저희를 미혹하는 마귀가 불과 유황 못에 던지우니 거기는 그 짐승과 거짓 선지자도 있어 세세토록 밤낮 괴로움을 받으리라
> (계19;10)

오늘날 무당 목사들을 포함한 잘못된 가르침으로 세상을 미혹하는 자들의 말로가 이렇다는 것을 보여주고 있다. 어둠의 세력의 맨 위에는 용, 옛 뱀, 사단 마귀가 있다. 그가 바다에서 올라온 짐승에게 권세와 힘을 주어 세상을 핍박하고 미혹하게 한다. 그 마귀의 세력을 추종하고 경배하게 하는 자들이 바로 땅에서 올라온 짐승이다. 그들이 교회 안에 들어와 있는 거짓 선지자(목사)들이다. 그러므로 성도라면 거짓 선지자들을 구별할 줄 알아야 한다. 하나님을 대적하는 사단은 항상 하나님이 아닌 다른 좋은 것들을 보여주며 그것들 속에서 평안과 행복을 찾으라고 미혹해 왔다. 예수를 이용해서 이 땅의 힘과 물질을 얻게 해주고 예수를 이용해서 이 땅에서 면류관을 얻게 해 줄 수 있다고 가르치는 자들은 전부 땅에서 올라온 짐승들이다. 그러므로 사단 마귀의 거짓교리로 유황 못(교회)에서 밤낮 수고만 하다 결국 사망으로 떨어진다.

> 예수를 시인하지 아니하는 영마다 하나님께 속한 것이 아니니 이것이 곧 적 그리스도의 영이니라 오리라 한 말을 너희가 들었거니와 이제 벌써 세상에 있느니라. 자녀들아 너희는 하나님께 속하였고 또 저희를 이기었나니 이는 너희 안에 계신 이가 세상에 있는 이보다 크심이라(요일4;3-4)

이 땅에 육신으로 오신 예수를 시인하지 않는 자들을 적그리스도라 한다. 예수가 하나님의 아들이라면 그리고 그가 정말 메시야라면 이 땅에 그렇게 초라하게 와서는 안된다고 가르치는 자들이 이단들이다. 만사형통의 힘 있는 자가 하나님의 아들이어야 예수가 진짜 하나님이다. 라고 생각하는 자들이 바로 예수를 부인하는 자들이다.

큰 이적을 행하되 심지어 사람들 앞에서 불이 하늘로부터 땅에 내려오게 하고, 짐승 앞에서 받은바 이적을 행함으로 땅에 거하는 자들을 미혹하며 땅에 거하는 자들에게 이르기를 칼에 상하였다가 살아난 짐승을 위하여 우상을 만들라 하더라(계13;13-14)

이같이 사단들은 하늘에서 불이 내려오게까지 할 정도의 큰 이적을 행한다. 또한 겉으로 보기에 다른 사람들보다 강해 보이게 하므로 우상을 만들게 하고 또 그 우상에게 생기를 준다. 전부 성령 하나님을 흉내 내고 있는 모습이다.

오늘날 성령이 얼마나 오해되고 곡해 되어있는가? 성령하면 기적이나 치유, 방언 이런 것들을 먼저 떠올린다. 그동안 많은 교회들이 성령집회라 하면서 사람들을 미혹시켜 왔다. 성령은 우리에게 예수 그리스도의 사역의 진위를 깨닫게 해주러 말씀으로 이 땅에 오신 분이다. 그러므로 말씀이 곧 성령이다. 말씀을 통해 죄가 무엇인지, 의가 무엇인지 가르쳐 주시는 것이 성경(성령)이다.

그런데 불이 하늘에서 땅으로 내려오고 있다. 첫 장막인 교회가 하늘이다. 이는 기적 같은 눈속임으로 미혹하는 모든 자들이 바로 땅에서 올라온 짐승들임을 나타낸 구절이다.

악한 자의 임함은 사단의 역사를 따라 모든 능력과 표적과 거짓 기적과, 불의의 모든 속임으로 멸망하는 자들에게 임하리니 이는 저희가 진리의 사랑을 받지 아니하여 구원함을 얻지 못함이니라 (살후2;9-10)

이와 같이 기적을 쫓아다니는 사람들은 멸망하는 자들이며 구원을 얻지 못한 자들이다. 그러기에 '거짓 그리스도들과 거짓 선지자들이 일어나서 이적과 기사를 행하여 할 수만 있으면 택하신 백성을 미혹케 하려 하리라. 너희는 삼가라 내가 모든 일을 너희에게 미리 말하였노라(막13;22-23)' 이와 같이 예수께서 분명하게 '기적이 있는 곳에 가지마라'고 일침을 가하셨다.

아울러 불(성령)은 그들의 말도 불(악령)이고, 예수님의 말씀도 불(성령)이다.

> 볼찌어다 내가 네 입에 있는 나의 말로 불이 되게 하고 이 백성으로 나무가 되게 하리니 그 불이 그들을 사르리라(렘5;14)

예수께서 이 땅에 오실 때 '내가 불을 땅에 던지러 왔노니 이 불이 이미 붙었으면 내가 무엇을 원하리요(눅12;49)' 이같이 불(말씀)을 던지러 오셨다. 그런데 이 불(말씀)이 붙었으면 할 일이 없는데 붙지 않았다. 예수님의 말씀이 불이다. 그러므로 교회에다 하나님의 말씀을 대언하는 거다. 성경에 비춰어 교회의 짐승(거짓목사)들한테 설교하는 게 불(성령)이다. 또한 사단들도 그들만의 교리(비진리)가 있다. 그러므로 그게 잘못된 교리(거짓교리)라는 것을 깨우치는 것이 바로 예수님의 말씀(불)이다. 교회 사람들은 불을 하나의 핵전쟁이라 생각하나 그게 바로 짐승들의 엉터리교리다. 그런 해석이 하나님의 백성을 망하게 한다.

> 네가 본 바 이 열 뿔과 짐승이 음녀를 미워하여 망하게 하고 벌거벗게 하고 그 살을 먹고 불로 아주 사르리라(계17;16)

이와 같이 짐승들이 교회에 깊이 침투해 들어가 그들의 거짓교리로 하나님의 백성들을 불살라 옷을 아주 벗기고 만다. 즉 교회를 망하게 하고 있다. 따라서 육신의 생각에 거하면 짐승들이 벌이는 이적에 전부 미혹 당한다. 그렇게 되면 미혹하는 자가 바로 사단마귀기 때문에 결국에 그들로 인해 유황(그들의 거짓 교리) 불못(교회)에서 괴로움만 당하다 영혼이 타 죽게 된다.

> 또 저희를 미혹하는 마귀가 불과 유황 못에 던지우니 거기는 그 짐승과 거짓 선지자도 있어 세세토록 밤낮 괴로움을 받으리라 (계20;10)

따라서 미혹하는 자가 마귀고 뱀족이다. 그러므로 '뱀이 그 간계로 하와를 미혹케 한 것같이 너희 마음이 그리스도를 향하는 진실함과 깨끗함에서 떠나 부패할까 두려워하노라(후11;3)' 이와 같이 그리스도의 말씀에서 떠나면 미혹을 받아 마음이 흐려진다. 성경 6000년의 역사 내내 '그러나 성령이 밝히 말씀하시기를 후일에 어떤 사람들이 믿음에서 떠나 미혹케 하는 영과 귀신의 가르침을 좇으리라 하셨으니(딤전4;1)' 육적 이스라엘이 미혹되어 그동안 영적 전쟁이 지금까지 끊이지 않았다.

> 머리는 곧 장로와 존귀한 자요 꼬리는 곧 거짓말을 가르치는 선지자라. 백성을 인도하는 자가 그들로 미혹케 하니 인도를 받는 자가 멸망을 당하는도다(사9;15-16)

이와 같이 거짓말을 가르치는 선지자가 바로 백성을 인도하는 목사라고 분명하게 밝히고 있다. 그러므로 목사한테 미혹 당하면 결국 멸망이다.

> 저가 권세를 받아 그 짐승의 우상에게 생기를 주어 그 짐승의 우상으로 말하게 하고 또 짐승의 우상에게 경배하지 아니하는 자는 몇이든지 다 죽이게 하더라(계13;15)

사단의 세력이 용한테 권세를 받았으므로 이와 같이 하나님의 삼위일체를 비슷하게 흉내 내고 있다. 따라서 용이나 옛 뱀 혹은 마귀의 권세가 우상(탐심)에게 생기를 주므로 사단이 그 힘으로 세상을 핍박하고 미혹하는 존재가 되었다. 바다에서 올라오는 짐승들이 곧 그 힘의 원리를 추구하게 하는 짐승의 세력을 추종하게 하고 따라가게 만드는 거짓 선지자들이다. 또한 그들의 가르침과 철학이 땅에서 올라오는 짐승이며 그들에게 미혹당하여 하나님만으로 만족하지 않고 이 땅의 힘과 물질의 복으로 자신의 행복과 만족의 근거를 삼으려는 모든 자들이 바로 짐승의 표를 받은 666이다. 그래서 사람의 수라고 표현했다. 자기들의 이익과 자기들의 이름을 위하여 육신의 생각으로 우상을 섬기게 가르치는 모든 자들이 전부 666의 표를 받은 자들이다.

아울러 생기는 하나님의 생기가 있고, 짐승들도 자기들의 사명을 주는 것도 생기다. 따라서 용이 권세를 주는 것도 생기다. 즉 용처럼 말하게 하는 거다. 우상(탐심) 자체가 곧 거짓 스승이다.

> 새긴 우상은 그 새겨 만든 자에게 무엇이 유익하겠느냐 부어 만든 우상은 거짓 스승이라 만든 자가 이 말하지 못하는 우상을 의지하니 무엇이 유익하겠느냐(합2;18)

> 그러므로 땅에 있는 지체를 죽이라 곧 음란과 부정과 사욕과 악한 정욕과 탐심이니 탐심은 우상숭배니라(골3;5)

탐심을 갖게 하는 그 자체가 '사람마다 우준하고 무식하도다 금 장색마다 자기의 조각한 신상으로 인하여 수치를 당하나니 이는 그 부어 만든 우상은 거짓 것이요 그 속에 생기가 없음이라(렘10;14)' 이와 같이 거짓이 우상이다. 돌부처가 우상이 아니고 돌부처가 복을 준다고 하는 그 말이 바로 우상이다. 따라서 건물(교회)이 우상화가 되면 안된다. 성경에서 죽인다는 것은 육체를 죽이는 것이 아니라 영을 죽이는 거다.

3. 신천지의 실체인 666

> 저가 모든 자 곧 작은 자나 큰 자나 부자나 빈궁한 자나 자유한 자나 종들로 그 오른손에나 이마에 표를 받게 하고(계13;16)

바다에서 올라온 짐승들과 땅에서 올라온 짐승들이 용이고 옛 뱀이며 사단마귀이다. 그 중에 특히 용의 영을 받은 들짐승(신천지)의 소속에서 그들만의 표가 따로 주어진다. 그게 바로 죽은 것 같았다가 다시 살아난 예수 그리스도를 그대로 흉내 낸 바다에서 올라온 한 짐승인 용(이만희 교주)이다. 그 용한테 권세를 받은 짐승들이 세상을 핍박 한다. 그리고 그 바다에서 올라온 짐승의 세력들을 추종하게 만드는 또 다른 짐승이 있는데 그들이 땅에서 올라온 짐승으로 엄청난 능력과 기적과 이적을 갖고 세상과 성도들을 미혹하고 있다. 따라서 땅에서 올라온 짐승이 거짓 선지자요, 적그리스도며, 궤휼의 역군들이다.

이들이 교회 안에 들어와 하나님의 백성들을 미혹하고 있다. 그들은 뿔 달린 악마적인 모습으로 다가가는 것이 아니라, 누구에게나 존경받는 광명한 천사의 모습으로 교회 안으로 들어 왔다.

그리고 땅에서 올라온 짐승들이 작은 자나 큰 자나 빈궁한 자나 자유한 자나 종들로 그 오른손이나 이마에 표를 받게 한다. 그런데 그 표가 바로 지옥으로 가게 하는 짐승의 표다. 그게 짐승의 소유권임을 나타내고 있는 표다.

요한은 당시 사람들이 쉽게 알아들을 수 있게 표의 개념을 인용했다. 당시 고대 사회에서는 군인과 노예들 그리고 신전 봉사자들에게 표를 찍었다. 그 표는 소유와 보호의 의미가 있다. 성전에서 우상을 섬기던 신전 제사장들 손에 찍힌 표가 그가 그 우상에게 속해 있다는 의미이고 노예의 손이나 이마에 찍혔던 표는 그 노예가 어떤 주인의 소유인지를 말해주는 표였다.

또한 하나님의 백성들한테도 '보석을 새기는 자가 인에 새김같이 너는 이스라엘 아들들의 이름을 그 두 보석에 새겨 금테를 둘리고(출28;11)' 이같이 지키고 보호하심의 표가 있다. 이는 이스라엘 백성이란 뜻에서 보석을 새기는 것이 하나님 아들들의 이름이다. 그게 인이다. 성도라면 '그의 증거를 받은 이는 하나님을 참 되시다하여 인쳤느니라. 하나님이 보내신 이는 하나님의 말씀을 하나니 이는 하나님이 성령을 한량없이 주심이니라(요3;33-34)' 이와 같이 하나님이 참되시다 하는 인을 받아야 한다. 하나님의 참되심을 받으려고 하면, 하나님의 증거의 말씀이 받아져야 한다.

> 이르시되 너는 예루살렘 성읍 중에 순행하여 그 가운데서 행하는 모든 가중한 일로 인하여 탄식하며 우는 자의 이마에 표하라 하시고. 늙은 자와 젊은 자와 처녀와 어린아이와 부녀를 다 죽이되 이마에 표 있는 자에게는 가까이 말라 내 성소에서 시작할찌니라 하시매 그들이 성전 앞에 있는 늙은 자들로부터 시작하더라. (겔9;4.6)

예루살렘이 바로 종교세계다. 잘못된 교회의 타락을 보고 탄식하며 우는 자들에게 표하라는 거다. 하나님의 인침을 받은 자 외에는 결국 나중에는 다 죽인다. 심판은 '그가 내게 이르시되 이스라엘과 유다 족속의 죄악이 심히 중하여 그 땅에 피가 가득하며 그 성읍에 불법이 찼나니 이는 그들이 이르기를 여호와께서 이 땅을 버리셨으며 보지 아니하신다 함이라(겔9;9)' 이와 같이 교회서부터 시작된다. 하나님께서는 함의 자손은 취급도 하지 않는다. 그러나 그들도 하나님의 말씀을 받으면 구원을 받을 수 있는데 그들이 따라오지 않는다. 인을 받는다는 것은 믿음으로 인을 받는 거다.

> 저가 할례의 표를 받은 것은 무할례시에 믿음으로 된 의를 인친 것이니 이는 무할례자로서 믿는 모든 자의 조상이 되어 저희로 의로 여기심을 얻게 하려 하심이라.(롬4;11)

아브라함 때의 표를 받은 것이 할례다. 그러나 오늘날은 예수 그리스도를 통해 믿음이 들어오면 그게 바로 믿음으로 인을 받는 거다. 그런데 사도들도 '그 안에서 너희도 진리의 말씀 곧 너희의 구원의 복음을 듣고 그 안에서 또한 믿어 약속의 성령으로 인치심을 받았으니(엡1;13)' 이와 같이 인치심을 받는다. 따라서 성도는 약속의 성령으로 인(도장)치심을 받으면 하나님의 소유권이다.

> 누구든지 이 표를 가진 자 외에는 매매를 못하게 하니 이 표는 곧 짐승의 이름이나 그 이름의 수라(계13;17)

매매는 설교다. 신천지의 조직에서는 그들한테 안수 받은 사람들만 그 교단에서 설교를 할 수 있다. 따라서 교리를 사기도 하고 팔기도 한다. 신천지는 짐승(이만희)한테 예배드리러 가고 싶어도 표가 없으면 그 안에 들어가지 못한다. 표가 있어야 짐승의 소굴에 들어갈 수 있다. 신천지의 성막 안에 들어가려면 그들만의 지문이나 카드가 있어야 들어갈 수 있다. 그래야 그 안에서 설교도 할 수 있다.

> 우는 자들은 울지 않는 자같이 하며 기쁜 자들은 기쁘지 않은 자같이 하며 매매하는 자들은 없는 자같이 하며(고전7;30)

장사는 매매로 사고파는 거다. 그들의 사고파는 상품이 바로 '그 상품은 금과 은과 보석과 진주와 세마포와 자주 옷감과 비단과 붉은 옷감이요 각종 향목과 각종 상아 기명이요 값진 나무와 진유와 철과 옥석으로 만든 각종 기명이요. 계피와 향료와 향과 향유와 유향과 포도주와 감람유와 고운 밀가루와 밀과 소와 양과 말과 수레와 종들과 사람의 영혼들이라(계18;12-13)' 영혼들이다. 이와 같이 사단들이 매매하는 것이 그들의 교리로 사람들의 상품이 즉 영혼들이다. 그러나 우리 주님의 상품(말씀)은 돈 없이 거져 먹는 포도주와 젖이다.

> 너희 목마른 자들아 물로 나아오라 돈 없는 자도 오라 너희는 와서 사먹되 돈 없이, 값없이 와서 포도주와 젖을 사라(사55;1)

물은 성령이 계시는 곳이다. 하나님께서 주시는 물(성령)은 공짜다. 그러므로 계시록 22장 17절에서 이와 같이 밝혔다. '성령과 신부가 말씀하시기를 오라 하시는도다 듣는 자도 오라 할 것이요 목마른 자도 올 것이요 또 원하는 자는 값없이 생명수를 받으라 하시더라' 이와 똑같다. 그러나 사단들은 말씀(거짓교리)을 갖고 장사를 한다.

따라서 성경에서 이름은, 바로 그 존재의 정체성을 의미하고 그 당사자 자신을 가리킨다. 아브라함은 열국의 아비, 모세는 건져낼 자, 예수는 구원자 등. 이와 같이 하나님의 백성들인 14만

4천에게는 하나님의 이름을 새겼다고 하신다. 이는 하나님 자신을 새겨 놓으셨다는 말이 된다. 그러기에 구원 받은 자 심령 안에는 성령 하나님이 계신다. 그 성령 하나님이 예수 그리스도의 영이시다. 그게 바로 예수 그리스도의 이름과 하나님의 이름을 받는 것이 된다.

그런데 짐승의 이름이 새겨졌다는 것은 사단 자신이 세상 사람들에게 새겨져 있다는 것이다. 타락한 인간들의 주인은 사단이다. 그들은 모두 사단의 사주를 받고 거기에 순종하며 살아간다. 그게 짐승의 이름을 받은 거다. 그 짐승의 이름이 모든 자에게 새겨져 있다는 것은 우리도 포함되었다는 뜻이 된다. 그러나 성도는 '아담 안에서 모든 사람이 죽은 것같이 그리스도 안에서 모든 사람이 삶을 얻으리라(고전15;22)' 그리스도 안에 있으므로 구원이 된 거다.

아담 이후의 모든 인간은 사단의 미혹에 넘어가 타락해 버렸다. 그래서 이들한테 짐승의 표, 즉 사단의 표를 주므로 모두 죽어야 할 이들이 그리스도로 인해 죽임을 면케 되었다. 하나님께서는 최초의 살인자인 가인에게 바로 그 표를 주셨다.

> 여호와께서 그에게 이르시되 그렇지 않다. 가인을 죽이는 자는 벌을 칠 배나 받으리라 하시고 가인에게 표를 주사 만나는 누구에게든지 죽임을 면케 하시니라(창4;15)

이와 같이 타락한 인간의 표본이라 할 수 있는 가인한테 하나님이 표를 주셨다. 가인은 분명 저주 받은 죄인이지만 주의 표를 주셨다. 이 표는 가인뿐 만 아니라 아담 안에 들어 있는 모든 죄인들에게 주신 저주의 표다. 이 표를 받은 모든 자들은 하나님을 대적하는 자들이다. 그래서 하나님께서 가인에게 표를 주시면서 세상이 너를 공격하지 않을 것이라고 하셨다. 이제 세상과 가인이 한편이라는 표가 주어졌기 때문에 가인은 세상으로부터 적대시 될 이유가 없다.

그러니까 짐승의 이름, 즉 짐승의 표를 받은 사람들은 바로 하나님을 대적하여 하나님께 영원히 저주 받게 되는 세상 전체를 말하는 것이다. 아담 안에서 태어나는 모든 자들은 전부 그 짐승의 표를 받게 된다.

그런데 그 중에 어떤 한 무리를 하나님께서 택하셨다. 그리고 그들의 심령 안에 예수 그리스도의 영을 새겨 버림으로 죄인인 우리의 모습은 보시지 않고 예수 그리스도라는 안경을 쓰시고 우리를 보게 된 거다. 그러므로 하나님의 눈에는 이제 짐승의 표를 받은 죄인들은 없어지고 예수의 이름을 받은 자들만 보아 주신다. 그게 바로 예수 그리스도의 이름, 하나님의 이름을 받은 14만 4천의 하나님의 아들들이다.

그렇지만 이 땅에서 인(도장)을 받으면, 그 교단의 이름이 들어있고, 이름 속에는 그들의 말이 들어 있다. 이게 다 사람의 수인데 그게 바로 666(6+6+6)으로 모두 열여덟 명이다.

우리나라 태극기의 건곤감리(乾坤坎離) 괘가 바로 열여덟이다. 건(☰ 3), 곤(☷ 6), 감(☵ 5), 리(☲ 4) 이 괘가 다 주작으로 공작이다. 신천지가 공작인데 666이 바로 신천지들의 표다. 이들의 사령장에 공작의 문형을 새겨 넣으므로 666의 실체임을 여실히 증명하고 있다. 이게 바로 용의 정체로 사신(四神)인 남방여신이다.

> 솔로몬의 세입금의 중수가 육백육십륙 금달란트요. 그 외에 상고와 무역하는 객상과 아라비아 왕들과 나라의 방백들에게서도 가져온지라(열왕10;14-15)

솔로몬은 앞서도 잠깐 언급했지만 첫 장막(교회)이다. 솔로몬의 세입금의 중수가 육백육십륙 금달란트다. 또한 상고와 무역하는 객상들이 가지고 온 것이 666인 금 달란트다. 백성들이 방패인데 그들의 교리로 방패를 만든 거다. 즉 솔로몬 때 스바여왕이 가져온 것으로 방패를 만들었는데 그게 전쟁 때의 방패다. 따라서 이들이 가지고 있는 방패는 귀신의 영이 가져다 준 것이지만, 우리의 방패는 구원의 투구와 성경의 검인 하나님의 말씀으로 방패를 만든 것이다.

> 그런즉 서서 진리로 너희 허리띠를 띠고 의의 흉배를 붙이고. 구원의 투구와 성령의 검 곧 하나님의 말씀을 가지라(엡6;14.17)

의의 흉배는 가슴과 배다. 믿음 속에는 그리스도의 말씀이 들어있다. 그러면 모든 것을 이길 수 있다. 일곱 머리 열 뿔도 잡을 수 있고 불의한 모든 것을 다 잡을 수 있다. 초림 당시에도 '예수께서 성전에 들어 가사 성전 안에서 매매하는 모든 자를 내어 쫒으시며 돈 바꾸는 자들의 상과 비둘기파는 자들의 의자를 둘러엎으시되(마21;12)' 성전 안에서 매매하는 자들을 이와 같이 예수께서 전부 다 내 쫒으셨다.

소와 양은 다 영혼들의 상품인데 성전(교회) 안에서 매매하는 자들을 즉 설교하는 자를 내 쫒으신 거다. 그러나 여기서의 '돈 바꾸는 자들의 상'은 교회단상에서 육신의 생각으로 설교하는 목사들과 비둘기파는 자들이다. 비둘기가 성령이다. 따라서 '비둘기파는' 자들은 즉 거짓 성령으로 눈속임을 하는 자들의 의자를 둘러엎으신 거다.

다른 나라에 비해 한국교회의 이단들이 유독 왕성하게 활동할 수 있는 이유에는 여러 가지 사유가 있겠지만 그 중, 태극기의 건곤감리에서도 충분히 엿볼 수 있다.

4. 666은 태극기

> 지혜가 여기 있으니 총명 있는 자는 그 짐승의 수를 세어보라 그 수는 사람의 수니 육백육십륙이니라(계13;18)

요한은 의도적으로 6이라는 숫자에 맞춰서 짐승의 표를 받은 자들을 나누어 놓았다. 느브갓네살이 만든 금 신상의 높이가 60규빗이고, 폭이 6규빗이다.

또한 '솔로몬의 세입금의 중수가 육백육십륙 금 달란트.(왕상10;14)'와 솔로몬의 타락을 지적한 '왕은 후궁이 칠백 인이요 첩이 삼백 인이라 왕비들이 왕의 마음을 돌이켰더라. 솔로몬의 나이 늙을 때에 왕비들이 그 마음을 돌이켜 다른 신들을 좇게 하였으므로 왕의 마음이 그 부친 다윗의 마음과 같지 아니하여 그 하나님 여호와 앞에 온전치 못하였으니(왕상11;3-4)'의 구절에서 666의 정체를 밝혀 놓았다. 원래 이스라엘 왕은 은과 금을 많이 갖고 말과 병거를 많이 두면 안된다. 그리고 아내가 많으면 안되는 게 하나님의 명령이었다.

> 왕된 자는 말을 많이 두지 말 것이요 말을 많이 얻으려고 그 백성을 애굽으로 돌아가게 말 것이니 이는 여호와께서 너희에게 이르시기를 너희가 이후에는 그 길로 다시 돌아가지 말 것이라 하셨음이며. 아내를 많이 두어서 그 마음이 미혹되게 말 것이며 은금을 자기를 위하여 많이 쌓지 말 것이니라(신17;16-17)

하나님께서 이런 명령을 내리신 것은 이스라엘의 진짜 왕은 하나님 한 분 뿐임을 주지시키기 위해서다. 그래서 그 나라 왕은 세상적인 힘으로 다스리는 것이 아니라 하나님의 다스림에 의존하고 순종해야 한다는 그런 뜻에서 당시 왕들이 힘으로 소유하고 있었던 은과 금과 말과 마병과 첩들을 갖지 못하게 한 것이다. 그런데 솔로몬은 그러한 하나님의 말씀을 모두 어겼다. 솔로몬의 타락이 바로 666으로부터 시작된 거다.

그러므로 666은 솔로몬이 하나님의 말을 듣지 않고 은과 금과 마병과 첩들로 자기의 힘을 과시하는 죄를 범한 것처럼 하나님이 아닌 이 땅의 힘과 보물을 추구하는 악한 세력과 기관과 방법들 전부를 가리켜 666이라 한다.

수천년 동안 오로지 인간을 속이는 것만 연구한 엄청난 힘을 가진 사단이 바로 성도들의 대적이다. 사단은 하나님의 이름을 위해 살아야 하는 사람들을 미혹해서 자기의 이름을 위해 살도록 부추기는 세력이다.

그러므로 짐승을 볼 수 있는 지혜가 있어야 한다. 666 금달란트 속에는 용의 입과 짐승의 입과 거짓 선지자가 있다. 이들이 하는 것은 육신의 생각으로 사람을 꾀는 일이다. 그러나 성도는 그리스도를 담는 그릇이어야 한다. 그렇게 되면 거짓말을 할 수가 없다.

그러므로 계시록 13장 18절의 666은 흔히들 얘기하는 바코드나 전자신분증이 아니고 교회 안에 짐승의 교리가 들어와서 영혼을 망하게 하는 것이 666이다. 따라서 666이 무엇인지 알 수 있는 사람들은 하나님께서 지혜를 주신 하나님의 백성들만 알 수 있는 내용이다. 최초에 아담한테 뱀의 말이 들어가서 하나님의 명을 어겼다면, 지금은 거짓말하는 영이 들어가서 하나님의 명을 어기게 하는 사단이 666이다. 그러므로 진리의 말씀으로 거듭난 사람들은 666의 실체를 정확하게 알기 때문에 사단(신천지)의 거짓말에 속지 않는다.

4년 전, 필자가 유○○ 목사님의 아리랑의 유래에 관한 책을 읽고 잠깐 흥미를 느낀 적이 있었다. 그런데 그 후로 의외의 곳에서 놀라운 사실을 발견하고 다시 아리랑과 계시록의 666과 태극기에 대해 관심을 갖기 시작했다. '알이랑'을 통해 우리나라가 하나님께서 말세에 감추어둔 영적 이스라엘임을 깨닫고 놀라움과 경외함을 감추지 못했다. 그러고 나자 지금 돌아가는 모든 국제 정세나 한민족의 흐름이 쉽게 파악되었다. '이제는 계시록을 밝힐 때다'의 책에서 언급했지만 필자는 주역을 오랫동안 연구했던 사람이다. 그러기에 태극기를 통해 천손민족인 우리나라가 기독교의 종주국임을 더욱 실감했다.

홍수 후 셈계의 일신신앙은 에벨로부터 벨렉과 욕단 이 두 형제의 자손에게서 계승되었다. 따라서 셈에게 내린 '복'이 아직도 완전히 소멸되지 않고 어느 한 때를 기다리며 흐르고 있다는 사실이다. 따라서 벨렉의 후손 중에 그의 6대손 아브라함이 하나님의 부름을 받고 그 하나님의 뜻에 따라 복의 근원인 믿음의 조상으로 계승되어 갔다면, 여기에 욕단의 후손도 마찬가지다. 셈족에게 내린 복이 소멸되지 않고 오늘날까지 때를 기다리며 매장되어 있는 데에는 하나님의 크신 섭리가 숨어 있다. 그러므로 때가 차면 완고한 벨렉계 유대인과 함께 선민 욕단의 후손도 그 존재가 드러나게 된다. 성경에서 살펴보면 벨렉계 유대민족으로 먼저 구원사역을 여셨고, 욕단 계열은 안식(회복)의 마지막 때를 위해 끝까지 감추어 두셨다. 그러나 지금이 그 마지막 때로 곧 열린다. 그렇게 생각한 이유에는 태극기나 아리랑의 유래에서 충분히 파악되었기 때문이다.

우리나라 태극기를 살펴보면 지금은 가운데 문형이 양극이나 원래는 그림처럼 삼태극이었다. 이는 천지인 일체 사상을 표현하고 있을 뿐 아니라 삼위일체 하느님의 사상과도 일치하고 있다. 이와 같이 한국인은 옛날부터 삼위일체 하느님을 알았고, 그 삼일신(三一神)이신 성부. 성자. 성령 하느님을 섬겼다는 사실 앞에서 하느님의 궁극적인 계획을 느낄 수 있었다,

문양의 빨강색은 양(陽)으로 천(天; 성부하느님)을 뜻하고, 파랑색은 음(陰)으로 지(地; 성령하느님)을 뜻하고, 노란색은 중(中)으로 인(人; 성자하느님)을 뜻한다. 따라서 태극기의 삼태극 사상은 만물의 근원이신 삼일신 사상임을 알 수 있다. 2000년전 메시야가 이 땅에 오셨을 때, 천군 천사들이 삼음절로 찬양을 하였듯이 하늘에는 영광, 땅에는 기쁨, 사람들 가운데는 평화라고 노래했다.

한국인은 아득한 옛날부터 이러한 천지인 일체의 아름답고 평화로운 세계가 회복되기를 희구하며 살아왔다. 천지인 사상은 사실상 하느님 나라의 핵심 주체이자 성경의 결론이라 할 수 있다, 아직까지 과학이 명확히 밝혀내지 못한 우주의 비밀을 태극기는 태극문양과 건곤감리 4괘로 압축하여 하늘의 비밀을 함축하고 있다. 이를 간단히 설명하면 우주가 형성되어 돌아가는 이치를 건태리진손감간곤(乾兌離震巽坎艮坤)이라는 8괘(八卦)를 통해 형성화 한 것이다. 이중 동서남북 4정위에 배치되어있는 건곤감

리(乾坤坎離)가 바로 태극기의 4괘로 하늘의 이치를 대변하고 있다. 우주가 올바로 순환운동을 하고 질서의 틀을 유지하려면 먼저 우주의 팽창과 수축을 조절하는 기운이 필요하다. 즉 천지자연의 부모인 건(乾;天)과 곤(坤;地), 그리고 그 부모를 대행하여 현실적으로 우주의 팽창, 수축의 질서를 잡아 운행하는 감(坎;水)과 리(離;火)괘가 천지일월을 관장하게 된다. 이게 바로 우주가 존재하게 되는 중추 축(築)의 원리다.

따라서 건(乾)괘는 우주의 순수 양의 기운 자체로 하늘을 의미하는 것이고, 곤(坤)괘는 순수 음 기운으로 땅을 의미한다. 건곤(乾坤)은 천지만물이 생장할 수 있는 우주의 근원이 되고, 천지자연이 운행하는데 필요한 실제의 기운은 물(坎;水)과 불(離;火)이 담당한다. 만물이 탄생하고 자라고 열매 맺고 죽는 과정을 주관하는 주체는 감(水;말씀)과 리(火;성령)로서 해와 달이 된다. 낮에는 양 기운에 의해 생명력과 활동성이 부여되고 밤에는 달의 음 기운에 의해 쉼을 얻을 수 있어 해달별이 된다. 이와 같이 우주와 인간의 질서를 바로 잡아 주는 해달별은 이스라엘의 상징이기도 하다. 바로 영적 이스라엘을 상징하는 해달별이 우리나라 태극의 근본 원리와 일치하고 있다는 사실이다. 이와 같이 태극기에는 우리 민족의 역사와 문화와 민족혼이 담겨있을 뿐 아니라 유일신인 하나님만을 섬겨왔던 일신신앙의 종주국이라는 것을 태극기를 통해서 충분히 엿볼 수 있다.

또한 조선(朝鮮)의 한자를 해부해 보면 조(朝)는 낮(日)이나 밤(月)이나 십자가(+)가 있으니 밤낮 예수 그리스도를 섬기는 복음의 나라를 뜻함이요, 선(鮮)은 물고기(魚)와 양(羊)이 상회(相會)하였으니 물고기는 성도를 상징하며 양은 예수님을 비유한다. 따라서 예수 그리스도와 함께 사는 성도의 나라임을 뜻한다.

> 천국은 마치 바다에 치고 각종 물고기를 모는 그물과 같으니. 그물에 가득하매 물가로 끌어내고 앉아서 좋은 것은 그릇에 담고 못된 것은 내어 버리느니라(마13;47-48)

앞에서 잠깐 설명했지만 한국인은 셈의 후손이며 욕단의 후손이다. 에벨로부터 셈계의 일신 신앙을 계승한 한국인의 조상 욕단 후손은 빛의 근원이신 하느님을 지극히 공경했었다. 또한 하늘 백성인 한민족은 하느님의 백성답게 밝고 환한 것을 유난히 좋아했다. 그리하여 아침에 해가 떠오르는 배달의 극동 아시아까지 수만리를 이동해 와서 하느님을 섬기는 백의민족답게 밝은 것을 좋아하였고 그러다보니 흰 옷을 즐겨 입었다. 태극기를 통해 한민족이 하나님 나라임을 확신할 수 있었던 이유에는 네 개의 괘상(卦象)을 통해 이와 같이 하나님의 계획을 읽을 수 있었기 때문이다. 하나님께서는 이미 태고 적부터 한국 백성을 통해 구원 사역을 펼치실 계획을 갖고 사람들 눈에 잘 띄지 않는 변방 구석진 모퉁이 작은 나라에 꼭꼭 숨겨 놓으셨다. 그러나 지금은 그 때가 차매 동방의 작은 나라 한국을 세계 속에 나타내시어 큰일을 계획하고 있으시다. 그러니 그 하나님의 섭리에 놀랍기만 할 뿐이다. 불과 50년 전만 해도 코리아가 어느 나라인지 세계인들이 알지 못했었다. 그러나 지금은 어떠한가! 한국처럼 교회가 많거나 목사를 수없이 많이 배출한 나라도 그리 많지 않다. 오죽하면 외국사람들이 우리나라를 방문하고 왜 그리 병원(✚)이 많으냐고 물을 정도로 교회 십자가가 어마어마하다. 어디 그뿐이랴. 몰각한 목사들이 거짓 성령을 빙자하여 으리으리하게 큰 대형교회를 지어놓고 수십 종류의 헌금 봉투를 만들어 교인들을 통 채로 삶아 먹고 있는 현상들만 보더라도 계시록을 열(開) 때임을 감지하게 된다. 왜 그러는가 하면, 태극기가 666을 나타내기 때문이다.

태극기의 4괘(四卦)인 건곤감리(乾坤坎離)는 부호(-)가 상6, 중6, 하6가 이와 같이 괘(卦)의 부호(-)의 666의 숫자와 정확하게 일치하고 있는 것을 엿볼 수 있다.

그랬기 때문에 한국이야말로 대륙의 동쪽 모서리 가장 구석진 변방 한쪽에 자리하고 있음에도 불구하고 빠른 시간 안에 급속도로 교회가 확산된 것이다. 뿐만 아니라 지금은 한국교회가 세계 그 어떤 나라보다 기독교의 문화가 왕성하게 펼쳐질 뿐 아니라, 오늘날 미국에 이어 한국이 세계 2위의 선교대국으로 우뚝 서 있다. 그만큼 교회가 급속도로 빠르게 확산된 이유에는 하나님의 섭리와 계획이 그 속에 감춰져 있기 때문이다. 또한 종교세계가 우리나라처럼 타락의 온상으로 독버섯처럼 번져나가는 극성스런 나라도 없다. 또한 각양의 종파와 각종의 이단들이 활개 치는 곳도 드물다. 666은 마귀를 상징하는 숫자이다. 마귀는 사단으로 창세 때는 뱀이요, 초림 때는 바리새인이요, 종말에는 큰 성 바벨론(대형교회)인 음녀(목사)들과 사단의 대표인 신천지다. 따라서 계시록 전체는 이단(신천지)과 바벨론(몰각한 목사)이 이기는 것 같지만 결국은 그리스도가 이기니 싸워 승리(하늘백성)하라는 요지다.

한국교회가 마귀의 숫자만큼이나 기하급수적으로 사단(이단과 거짓선지자)의 세력들이 빠르게 확산하는 것 같지만, 결국은 음녀(옛뱀;사단)와 하늘백성들을 가려내어 구원과 심판을 분리하시는 하나님의 의도가 분명하게 계획되어 있다. 그러기에 태극기에서 하나님의 위력을 더욱 실감하고 있다.

또 보매 다른 천사가 살아 계신 하나님의 인을 가지고 해 돋는 데로부터 올라와서 땅과 바다를 해롭게 할 권세를 받은 네 천사를 향하여 큰 소리로 외쳐 이르되 우리가 우리 하나님의 종들의 이마에 인치기까지 땅이나 바다나 나무들을 해하지 말라 하더라 내가 인침을 받은 자의 수를 들으니 이스라엘 자손의 각 지파 중에서 인침을 받은 자들이 십사만 사천이라(계7;2-4)

계시록 7장은 중간계시의 하나로, 계시록 7;2-4는, 바울이 말한바 '온 이스라엘이 구원을 얻으리라(롬11;26)'는 약속의 구체적 성취의 때와 방법에 관한 예언이다. 다시 말하면 육적 이스라엘과 영적 이스라엘인 한민족이 이 마지막 때에 어떠한 과정을 거쳐 심판을 받고 또 구원을 얻게 될 것인가에 대한 구체적인 제시 방안이다. 그런데 이 계시는 이사야 46;10-13과 짝으로서 이스라엘 구원은 선지자 이사야의 예언처럼 하느님께서 '해돋는 곳', 곧 동방에서 복음전도자들 통해 이루신다는 예언이다.

내가 동방에서 독수리를 부르며 먼 나라에서 나의 모략을 이룰 사람을 부를 것이라 내가 말하였은즉 정녕 이룰 것이요 경영하였은즉 정녕 행하리라. 마음이 완악하여 의에서 멀리 떠난 너희여 나를 들으라(사46;11)

그러니까 하느님은 오래 전에 선지자 이사야를 통해 하신 말씀을 마지막 기록의 선지자인 사도 요한을 통해 다시 한번 계시록에서 재확인시켜 준 거다. 거짓의 아비인 사단은 하나님의 말씀을 늘 변개하고 왜곡시켜 왔다. 인류를 멸망시키기 위해 하나님의 말씀을 가장 많이 변질시켜 왔던 666의 마귀들의 번식이 가장 빠르게 확산되기 쉬운 곳이 바로 한국교회이다.

> 성령이 밝히 말씀하시기를 후일에 어떤 사람들이 믿음에서 떠나 미혹케 하는 영과 귀신의 가르침을 좇으리라 하셨으니. 자기 양심이 화인 맞아서 외식함으로 거짓말하는 자들이라(딤전4;1–2)

미혹케 하는 영은 거짓 교리의 원천 곧 타락한 천사인 귀신의 영들을 가리킨다. 미혹케 하는 영의 시초는 에덴동산에 하와와 아담이었다. 여자를 먼저 미혹하여 가장 좋은 과실에 손을 대지 못하도록 하므로 하나님이 자기를 속이고 있다고 믿게 만들었다. 이와 같이 사단은 여자를 속여 하나님의 지시에 불순종하도록 꼬드겼다. 따라서 거짓 교사(목사)들이 서식하기 좋은 곳이 한국교회로 이단(짐승)들의 집단체제가 떼거지로 활개 치고 있는 것을 볼 때 더욱 실감하는 바다. 한국교회처럼 귀신들의 활동 무대가 크고 넓은 곳도 없다. 그러다보니 사람들을 유혹함에도 타의 추종을 불허할 만큼 그 수위가 꽤나 높다. 한국교회가 강도떼들의 소굴이요, 도적떼들의 본향으로 되어버린 이유도 알고 보면, 욕단계 선조들의 계시의 영에 의해 만들어진 태극기의 건곤감리(☰ ☷ ☵ ☲)에서 여실히 엿볼 수 있다. 그러니 이 또한 하나님의 섭리고 계획이란 걸 어찌 부인할 수 있겠는가?

이러한 사단의 미혹에 이끌리게 한 곳이 처음 시작인 동쪽의 에덴이라면, 시작한 곳에서 끝을 마무리해야 한다. 그러기에 성경 곳곳에서 밝히고 있는 해 돋는 곳, 즉 동방에서 하나님의 구원사역이 마무리됨을 감지할 수 있는 거다.

> 만군의 여호와가 이르노라 해 뜨는 곳에서부터 해 지는 곳까지의 이방 민족 중에서 내 이름이 크게 될 것이라 각처에서 내 이름을 위하여 분향하며 깨끗한 제물을 드리리니 이는 내 이름이 이방 민족 중에서 크게 될 것임이니라(말1;11)

해 뜨는 곳, 곧 동방의 어느 한 나라에서 말일에 주의 이름이 가장 높임을 받게 될 것이다. 따라서 벨렉의 후손 유대민족과 더불어 천손민족으로 택함을 받은 셈족의 욕단의 후손이 때가 차면 동방에서 왕들의 길이 예비 될 것이다.

> 또 여섯째 천사가 그 대접을 큰 강 유브라데에 쏟으매 강물이 말라서 동방에서 오는 왕들의 길이 예비되었더라(계16;12)

여기서의 '동방'은 왕들의 출처이며 7장의 '해 돋는 데 동방'은 천사의 출처이다. 또한 7장에서 말하는 하나님의 인이란 복음을 듣고 믿을 때 구원의 보증으로 받는 성령의 인이다. 그 인치는 사역자로 묘사되는 천사가 복음을 전하는 영이다. 따라서 동방의 독수리가 복음의 전도자로 이끄는 것이 전체 성경의 요지고 계시록의 진위다. 아울러 한국은 예루살렘의 정동쪽으로 이스라엘과 같은 위도상에 있으며 또한 지리상으로는 이스라엘이 아시아의 서쪽에 위치해 있다. 그렇다면 한국은 아시의 동쪽(극동)에 정확히 그 끝에 위치하고 있다. 또한 한국이 가장 먼 땅 끝이며 팔레스타인(이스라엘)로부터 정확히 해 돋는 곳에 위치하고 있다.

> 오직 성령이 임하시면 너희가 권능을 받고 예루살렘과 온 유대와 사마리아와 땅끝까지 이르러 내 증인이 되리라 하시니라(행1;8)

이와 같이 성령이 임하면 복음이 땅 끝까지 전할 것이라는 예수 그리스도의 말씀처럼 바로 해 돋는 곳, 곧 아시아 변방 땅 끝에 위치한 동방(한국)에서 복음의 선진들에 의해 이를 회복해 나갈 것임을 충분히 예측 할 수 있다.

14장
승리한 자들의 보상

1. 십사만 사천이 부르는 노래

> 또 내가 보니 보라 어린양이 시온 산에 섰고 그와 함께 십사만 사천이 섰는데 그 이마에 어린양의 이름과 그 아버지의 이름을 쓴 것이 있도다(계14;1)

어린양과 하나님의 백성 14만 4천이 시온 산에 서 있다. 시온 산은 모세가 율법을 받은 시내 산과 대조되는 산이다. 시내산은 율법을 지키지 않는 죄인들은 모두 하나님에 의해 죽게 되는 산이다. 반면에 시온 산은 은혜의 산이다. 시온 산의 다른 이름이 모리아 산이다. 모리아 산은 아브라함이 죽어야 할 이삭을 하나님 앞에 번제로 드리려 할 때 하나님께서 어린 양을 대신 죽게 하고 죽어야 할 이삭이 살아난 은혜가 베풀어진 산이다. 따라서 시온산은 의와 평화와 메시야의 왕국을 상징하는 은혜의 산, 축복의 산이다.

아울러 14만 4천의 하나님의 백성들의 이마에 어린양의 이름과 그 아버지의 이름이 있다. 그러므로 14만 4천의 이마(정신)에는 생각과 마음에 예수님의 이르신 말씀이 새겨있다. 아버지의 말씀이 곧 아버지의 이르심(이름)이다. 따라서 모든 성경에 나타내고 있는 메시야 즉 예수님의 말씀을 들으라는 거다

오늘날 교회 안에서 기도하는 사람들이 '예수님의 이름으로 기도합니다.' 하는데 실제로는 예수님의 이름이 없는 사람들이 그렇게 기도하고 있다. '예수님의 이름'을 먼저 알아야 그 이름으로 기도할 때 하나님께서 응답하신다. 따라서 '이름' 속에는 하나님의 이르신 말씀이 들어 있다. 그러므로 아버지와 아들과 성령이 말씀하신 것으로 씻어 세례를 받는 것이 이마에 어린양의 이름과 아버지의 이름을 받는 그것이다. 하나님의 이름과 성령의 이름이 이마에 기록된 자들만이 주님의 이름으로 기도할 수 있다.

또한 '내가 보니'는 사도요한이 봤는데 어떻게 봤느냐 하면 '주의 날에 내가 성령에 감동하여 내 뒤에서 나는 나팔 소리 같은 큰 음성을 들으니(계1;10)' 감동하여 깨달아 본 것이다. 감동하면 누구나 깨달아 들어진다. 따라서 일곱 교회에 편지 보내는 사건 또한 성령에 감동을 입어야 한다. 말씀이 받아지면 감동을 입고 그 감동에 의해 내 정신이 움직여진다.

성도는 또한 생각과 마음에 하나님의 말씀이 기록되어 있어야 한다. 그러므로 '섰다' 속에는 정지의 의미가 담겨 있어 흔들리면 안된다. 성도가 빛을 만나면 다른 데로 흔들리지 않고 생명수 샘으로 인도하는 주님만 따라가게 된다. 이들이 십사만 사천의 하나님의 백성들로 확고부동함의 뜻이 담겨 있다.

아울러 계시록 14장을 깨달으려면 7장과 21장을 함께 봐야 이해가 쉽다. 따라서 어린양이 시온산에 섰다의 어린양은 하나님의 제물이 된 분이다. 우리도 진정한 그리스도인이라면 하나님의 제

물 안으로 들어가야 한다. 자기 십자가를 지고 하나님과 하나가 되는 게 제물이다. 또한 시온산은 다윗성이다. 다윗성은 새로운 왕을 상징하는데 시온 산에는 언약궤가 있다. 시온산에 어린양이 섰고 그와 함께 하나님의 백성인 14만 4천이 있다. 이는 사람이 있는 게 아니고 영들이 있는 거다. 즉 성도들의 이마에 생각과 마음에 어린양의 이름(하나님의 말씀)이 들어 있는 것이 바로 말씀이 '시온 산에 섰고' 의 의미이다.

> 이에 솔로몬이 여호와의 언약궤를 다윗 성 곧 시온에서 메어 올리고자 하여 이스라엘 장로들과 모든 지파의 두목 곧 이스라엘 자손의 족장들을 다 예루살렘으로 소집하니(대하5;2)

다윗성은 언약궤다. 언약궤 속에는 아론의 싹 난 지팡이가 있고 만나가 있고 항아리가 있다. 다윗 성은 사울이고 새로운 목자가 다윗성이다. 따라서 다윗이 새로운 목자다.

> 내가 하늘에서 나는 소리를 들으니 많은 물소리도 같고 큰 뇌성도 같은데 내게 들리는 소리는 거문고 타는 자들의 그 거문고 타는 것 같더라(계14;2)

거문고는 성경말씀이다. 새 노래는 새로운 말씀이다. 구속을 받은 14만 4천 외에는 능히 이 노래(진리의 말씀)를 배울 자가 없다. 모든 성경은 죄의 문제로 구속 곧 죄 사함에 관한 내용이다. 그러기에 하나님께서는 죄인의 기도는 듣지 않으신다. 죄에서 건짐 받은 사람만이 죄 사함을 얻어 그리스도의 옷으로 갈아입고 신령과 진정으로 예배드릴 수 있다. 거문고는 하나님의 말씀을 타는 것으로 그 자체가 믿음이고 그 속에 하나님의 비밀이 숨어 있다. 즉 영들과 함께 있어야 하늘의 세계를 볼 수 있다. 그러한 자들만이 이 세상의 교회를 향해 짐승(사단)의 세계와 하늘(성령)의 세계를 구별하여 판단할 수 있다.

> 저희가 보좌와 네 생물과 장로들 앞에서 새 노래를 부르니 땅에서 구속함을 얻은 십사만 사천 인밖에는 능히 이 노래를 배울 자가 없더라. 이 사람들은 여자로 더불어 더럽히지 아니하고 정절이 있는 자라 어린양이 어디로 인도하든지 따라가는 자며 사람 가운데서 구속을 받아 처음 익은 열매로 하나님과 어린양에게 속한 자들이니.(계14;3-4)

새 노래는 새로운 말씀이다. 거기에는 어린양과 모세의 노래를 부르는 곳이다. 또한 장로는 이십사 장로인데 영계의 장로다. 따라서 하나님의 보좌는 천천만만의 영들이 하나님과 어린양을 시위하고 있고 그 보좌 주위에 이십사 장로들이 있다. 여기에 네 생물과 또 일곱 영이 있다. 이게 보좌의 형상도다. 여기는 죄사함을 받은 구속된 백성만 가게 된다.

네 생물은 송아지 같고, 인자 같고, 독수리 같고, 사자 같다. 인자는 만물의 영장이고, 사자는 들짐승의 왕이고, 독수리는 날짐승의 왕이며 소는 집짐승의 왕이다. 이 하늘(영계) 보좌에서 하나님의 종, 모세의 노래, 어린양의 노래가 바로 십사만 사천이 부르는 그들의 신령한 새 노래이다. 우리도 마찬가지다.

'여자로 더불어'의 여자는 그야말로 정절이 있는 어린양에 속한 여자다. 그러나 '또 일곱 대접을 가진 일곱 천사 중 하나가 와서 내게 말하여 가로되 이리오라 많은 물 위에 앉은 큰 음녀의 받을 심판을 네게 보이리라(계17;1)'절의 음녀와, '또 천사가 내게 말하되 네가 본 바 음녀의 앉은 물은 백성과 무리와 열국과 방언들이니라(계17;15)' 여기서의 여자(음녀)와의 차원은 확연하게 다른 여자다. 다시 말해 하와에 속하지 않았다는 뜻이다. 그러므로 하나님께 속한 자는 하나님의 말씀만 듣는다. 무엇보다 죄가 있으면 '하나님께 속한 자는 하나님의 말씀을 듣나니 너희가 듣지 아니함은 하나님께 속하지 아니하였음이로다(요8;47)' 이와 같이 하나님의 말씀이 들어가지 않는다는 사실이다.

이 교회가 하나님께 속해 있지 않기 때문에 이단이나 거짓선지자들이 판을 치고 있는 거다. 목사는 자기 사상이나 생각을 버리고 하나님의 말씀만 그대로 대언해야 한다. 그리고 성도들은 그리스도의 말씀만 온전히 들어야한다.

> 첫 사람은 땅에서 났으니 흙에 속한 자이거니와 둘째 사람은 하늘에서 나셨느니라. 무릇 흙에 속한 자는 저 흙에 속한 자들과 같고 무릇 하늘에 속한 자는 저 하늘에 속한 자들과 같으니
> (고전15;47-48)

원래 첫 사람 아담은 땅에서 났으므로 흙에 속한 자다. 따라서 육신의 형상을 입었으나 실상은 하나님의 형상으로 지어진 자다. 그러므로 '하나님이 그들에게 복을 주시며 그들에게 이르시되 생육하고 번성하여 땅에 충만하라, 땅을 정복하라, 바다의 고기와 공중의 새와 땅에 움직이는 모든 생물을 다스리라 하시니라(창1;28)' 이와 같기 때문에 에덴동산에서 하나님과 함께 거닐 수 있었다. 하나님이 계신 곳이 바로 낙원(천국)이다. 그런데 명을 어기므로 모든 사람들이 지성소(천국)로 가는 길이 차단되었다. 그러나 그 길은 믿음의 선진들한테 그리스도의 영으로 다시 열어놓으셨다. 그리고 그들에게 다시 생육하고 번성하여 모든 생물을 다스리라는 영생의 복을 다시 부어 주셨다. 즉 하나님께서 에

언해 놓으신 그대로 아브라함한테 다시 생육하고 번성하며 충만하여 정복하라는 다스림의 복을 주셨는가 하면 이삭한테는 예수님의 그림자로 아브라함한테 주신 복을 그대로 내려 주셨다. 또한 야곱은 마지막 때에 새 하늘과 새 땅의 백성들이 받을 복을 예표로 주셨다. 그들이 바로 하늘에 속한 둘째 사람들이다. 아울러 구속 죄사함을 얻은 자들이 바로 하늘에 속한 14만 4천의 영계들이다. 따라서 그 영을 받을 수 있는 그릇들도 다 똑 같다. 여자가 교회다. 지금 교회에 많은 목사들이 하나님의 말씀과 육신의 생각으로 말씀을 전하고 있는데 그들이 음녀다. 그러나 여기서의 여자는 더럽히지 않고 그야말로 정절이 있는 하나님 보시기에 흠이 없는 여자다. 이는 사람보기에는 약하고 별 볼일 없는 흠집투성이나 하나님 보시기에 흠이 없는 여자(교회)라는 거다. 이들이 바로 하나님이 택하신 백성들이다.

> 오직 너희는 택하신 족속이요 왕 같은 제사장들이요 거룩한 나라요 그의 소유된 백성이니 이는 너희를 어두운 데서 불러내어 그의 기이한 빛에 들어가게 하신 자의 아름다운 덕을 선전하게 하려 하심이라(벧전2;19)

속죄함을 받은 백성들만이 왕 같은 제사장들이요 거룩한 나라의 소유된 백성들이다. 이들만이 하나님께 영광과 경배의 찬송이 자동으로 올려 진다. 그러므로 성도라면 내 영혼이 항상 보좌 앞으로 올라가야 주께 노래하게 된다.

> 술 취하지 말라 이는 방탕한 것이니 오직 성령의 충만을 받으라. 시와 찬미와 신령한 노래들로 서로 화답하며 너희의 마음으로 주께 노래하며 찬송하여(엡5;18-19)

'술 취하지 말라'는 것은 비 진리에 취한 방탕에의 경고를 말함이다. 하늘 보좌로 올라간 영혼들은 성령이 충만해 신령한 노래로 항상 감사예배를 드리게 된다. 그리스도와 함께 예배드리는 것이 바로 감사 그 자체로 우리가 드리는 제사다. 신령과 진정으로 감사의 예배를 드리는 자들이 곧 천국의 제자들이다. 그러기 때문에 새것(신약)과 옛 것(구약)이 자기 곳간(정신)에서 내오는 것처럼 성경이 충만하게 열려진다.

> 예수께서 가라사대 천국에 제자된 서기관마다 마치 새것과 옛것을 그 곳간에서 내어오는 집주인과 같으니라(마13;52)

따라서 모세의 노래나 어린양의 노래는 예수님의 말씀이 새것이고, 옛것은 구약의 모세의 노래다. 이런 것들을 곳간에서 주인처럼 갖다 먹는 게 우리의 일이다.

> 그 입에 거짓말이 없고 흠이 없는 자들이더라(계14;5)

여자(하와)로 인해 더럽힌 자가 아담이다. 고로 뱀이 음녀다. 지금 교회들이 뱀의 말을 토하면 그게 음녀다. 아담은 원래 하나님의 말씀을 받았던 사람이다. 그런데 아담한테 뱀(사단)의 말(육신의 생각)이 들어가니까 보암직도 먹음직도 탐스럽게 보였다. 그러니까 여자가 그걸 따 먹었다. 하와(하나님의 백성)한테 실제로 뱀(사단)의 말(탐심)이 들어가서 음녀(교회)가 되었다. 뱀의 식물이 흙이다. 그러므로 육신의 생각으로 토하면 그게 음녀임을 알아야 한다.

따라서 여자(교회)에 대해 예수께서 잘 설명해 주신 데가 현장에서 간음한 여자의 이야기다. '서기관들과 바리새인들이 간음

중에 잡힌 여자를 끌고 와서 가운데 세우고. 모세는 율법에 이러한 여자를 돌로 치라 명하였거니와 선생은 어떻게 말하겠나이까. 저희가 이렇게 말함은 고소할 조건을 얻고자 하여 예수를 시험함이라 예수께서 몸을 굽히사 손가락으로 땅에 쓰시니. 저희가 묻기를 마지 아니하는지라 이에 일어나 가라사대 너희 중에 죄 없는 자가 먼저 돌로 치라 하시고. 여자 외에 아무도 없는 것을 보시고 이르시되 여자여 너를 고소하던 그들이 어디 있느냐 너를 정죄한 자가 없느냐. 대답하되 주여 없나이다 예수께서 가라사대 나도 너를 정죄하지 아니하노니 가서 다시는 죄를 범치 말라.(요 8;3.5-7.10-11)' 그 여자가 계시록 17장 1절의 간음한 여자였으나 그 여자가 어린양의 인도함으로 인해 구속을 받은 계시록 14장 4절의 여자이다. 그러므로 그 입에 거짓말이 없고 흠이 없는 여자다. 고로 예수님과 교회(여자)가 대화한 구속에 관한 이야기들의 바로 간음한 음녀의 얘기다.

> 또 일곱 천사가 가진 일곱 천사중 하나가 와서 내게 말하여 가로되 이리 오라 많은 물 위에 앉은 큰 음녀의 받을 심판을 네게 보이리라. 또 천사가 내게 말하되 네가 본 바 음녀의 앉은 물은 백성과 무리와 열국과 방언들이니라. 또 네가 본 바 여자는 땅의 임금들을 다스리는 큰 성이라 하더라(계17;1.15.18)

따라서 이 음녀가 바로 종교세계인 교회다. 또한 18절의 여자(교회)가 육신의 생각으로 말씀(성경)을 전하는 큰 성(대형교회)들이다. 거짓(탐심)으로 교회를 다스리는 거짓 영들의 숫자가 많은 물 위에 앉은 음녀(목사)들이다. 따라서 그들의 거짓 영이 사상과 생각에 들어가면 안된다. 음녀가 곧 성(목자)인데 그들의 거짓교리가 마음 안에 들어가면 신랑(예수)을 만날 수가 없다. 정결한 깨끗한 처녀만이 한 남편한테 중매 될 수 있다.

> 내가 하나님의 열심으로 너희를 위하여 열심 내노니 내가 너희를 정결한 처녀로 한 남편인 그리스도께 드리려고 중매함이로다 (고후11;2)

말씀으로 깨끗이 씻어져야 그리스도 안으로 간다. 음녀의 교리가 들어가면 그게 바로 간음이고 바벨(혼잡)이다. 따라서 우리는 '너희는 내가 일러준 말로 이미 깨끗하였으니(요15;3)' 이와 같이 예수님의 말씀으로 깨끗케 된 자가 정결한 처녀가 되어 주님과 연합될 수 있다.

모든 게 하나다. '평안의 매는 줄로 성령의 하나 되게 하신 것을 힘써 지키라(엡4;3)' 예수께서 '나와 아버지가 하나인 것'처럼 우리도 내 생각과 사상이 그리스도와 하나가 되어야 정절을 지킬 수 있다. 이들이 바로 하나님과 어린양께 속한 자들이다. 이들만이 하나님의 말씀에 순종하고 생명의 길로 따라가므로 그 입에 거짓말이 나올 수가 없다. 이게 흠이 없는 자들이고, 주님 말씀 외에는 그 어느 것도 우리를 생명으로 인도할 길이 없음을 인지한 자들이다

2. 세 천사가 전하는 말

> 또 보니 다른 천사가 공중에 날아가는데 땅에 거하는 자들 곧 여러 나라와 족속과 방언과 백성에게 전할 영원한 복음을 가졌더라 (계14;6)

'또 보니'는 요한의 환상장면의 전환으로 복음을 가진 다른 천사가 등장한다. 그런데 그 천사가 갖고 있는 복음은 땅에 거하는 자들에게 전해질 것이라고 기록하고 있다. 계시록에 '땅에 거하는 자들이' 자주 등장하는데 그 땅에 거하는 자들이 바로 '여러 나라와 족속과 방언과 백성' 이라고 밝히고 있다. 이는 계시록 7장에서의 '셀 수 없는 무리'들과 똑같다. 따라서 땅에 거하는 것이 지금 내가 어디에 살고 있는가를 알아야 한다. 공중은 하늘과 땅의 중간세계인 교회다. 땅에 거하는 자들이 영원한 복음을 전하는데 그 내용이 7절이다. 이 복음의 말씀을 교회에 전해야 한다. 그렇지 않으면 모두가 시험을 받는다.

> 그가 큰 음성으로 가로되 하나님을 두려워하며 그에게 영광을 돌리라 이는 그의 심판하실 시간이 이르렀음이니 하늘과 땅과 바다와 물들의 근원을 만드신 이를 경배하라 하더라(계14;7)

복음이란 복된 소식이다. 그런데 그 천사가 전하는 복음의 내용이 심판이다.

심판은 정죄냐, 정죄치 아니하냐. 둘 중에 하나다. 따라서 이 심판의 날은 어떤 자들한테는 영벌(永罰)이지만 그리스도 예수 안에 있는 자들한테는 영생이란 복된 날이 된다. 여기에는 정죄함이 없다. 즉 죄를 정할 수가 없다.

> 그러므로 이제 그리스도 예수 안에 있는 자에게는 결코 정죄함이 없나니. 이는 그리스도 예수 안에 있는 생명의 성령의 법이 죄와 사망의 법에서 너를 해방하였음이라.(롬8;1-2)

심판은 정죄다. 심판의 권세가 '또 인자됨을 인하여 심판하는 권세를 주셨느니라(요5;27)' 이와 같이 예수님께 있다. 따라서 그리스도 안에 있는 자들은 그 안에 생명의 성령의 법이 움직이기 때문에 정죄가 없다. 그러나 이 종교세계는 회칠한 무덤이 되어 지금 무너지고 있다. 그러므로 이미 심판이 시작되었다.

> 또 다른 천사 곧 둘째가 그 뒤를 따라 말하되 무너졌도다 무너졌도다 큰 성 바벨론이여 모든 나라를 그 음행으로 인하여 진노의 포도주로 먹이던 자로다 하더라(계14;8)

둘째 천사가 바벨론이 무너졌다고 외친다. 바벨론은 하나님과 대적하는 악의 세력을 총칭한다. 그런데 그 바벨론인 마귀의 세력이 모든 나라(교회)에게 먹인 진노의 포도주가 '그도 하나님의 진노의 포도주를 마시리니(계14;10)' 이와 같이 하나님의 진노의 포도주다. 이는 마귀가 먹이는 진노의 포도주는 원래 하나님의 것이라는 말이다. 그러니까 마귀가 세상 사람들을 미혹해서 진노의 포도주를 먹게 만든다는 것은 하나님의 진노가 하나님의 허락 하에 하나님의 심판의 도구인 마귀를 통해 전달되는 것이란 뜻이다.

그러므로 모든 것은 하나님의 계획과 작정 하에 움직여지는 것으로 지금 하나님의 나라가 회복될 때까지 마귀를 도구로 사용하고 있을 뿐이다. 그러니까 하나님의 진노의 포도주 잔을 마시게 되는 자들이 이미 정해져 있다는 것과 일맥상통한다. 천지만물을 만드신 분이 하나님이시다. 모든 피조물들은 심지어 사단마귀나 천사까지도 그분의 작정과 섭리 하에 사용되기도 하고 용도 폐기 처분하기도 한다. 그러므로 모든 천사는 하나님이 후사들을 위해 부리는 영들이다. 따라서 이 영이 사도요한한테 증거한 내용이 계시록이다. 성도라면 그걸 깨달아야 우리한테 함께하신 영이 동행한다는 것을 깨닫는다. 지금 우리는 무너지는 큰 성 바벨론(대형교회)들을 바라보면서 회개하고 거기서 속히 나와야 한다. 바벨(하나님의 말씀과 육신의 생각)은 섞였다는 것도 되고 신(神)들의 문도 된다. 신도 하나님의 신(信)과 사단의 신(神)이 있다. 참 하나님은 한 분뿐이다. 또한 용의 영(靈)도 신(神)이다. 그 신(神)이 '유다야 네 신들이 네 성읍의 수효와 같도다 너희가 예루살렘 거리의 수효대로 그 수치되는 물건의 단 곧 바알에게 분향하는 단을 쌓았도다(렘11;13)' 이같이 교회 숫자와 똑같다.

> 네가 만든 네 신들이 어디 있느뇨 그들이 너의 환난을 당할 때에 구원할 수 있으면 일어날 것이니라 유다야 너의 신들이 너희 성읍 수와 같도다(렘2;28)

이와 같이 오늘날의 교회현상과 똑같다. 외형적으로는 교회 같으나 실제는 바알(우상) 신을 섬기고 있다. 왜 유독 한국 교회에만 교파가 그리 많은가? 이는 저마다 자기들의 신을 주장하고 있기 때문에 교파가 많은 거다. 그러나 하나님의 말씀으로 세워진 진리의 성읍은 딱 한 군데밖에 없다. 이곳에서만 '또 내가 하늘에 열린 것을 보니 보라 백마와 탄자가 있으니 그 이름은 충신과 진실이라 그가 공의로 심판하여 싸우더라(계19;11)' 공의로 싸울 수 있는 충신과 진실이 나올 수 있다. 충신은 충성스런 믿음이고 진실은 거짓이 없는 믿음이다. 교회에서 거짓선지자들과 싸우는 것이 충신과 진실이다. 그러므로 그 입에서 나오는 말은 성경과 똑같아야 한다. 그렇지 않으면 거짓 선지자들을 이길 수가 없다.

> 너희가 사람의 미혹을 받지 않도록 주의하라. 많은 사람이 내 이름으로 와서 이르되 나는 그리스도라 하여 많은 사람을 미혹케 하리라(마24;4-5)

거짓 선지자가 이 땅에 너무나 많다. 그러므로 하나님의 포도주는 예수님의 말씀이다. 만국이 교회고 왕은 교회 목사들인데 이들이 음행하여 여기를 심판하신다. 하나님의 말씀과 세상 것이 섞인 것이 간음이고 음행이다. 이런 교회들이 지금 마지막 때가 되니까 다 무너지고 있는 거다.

그러므로 '저가 모든 자 곧 작은 자나 큰 자나 부자나 빈궁한 자나 자유한 자나 종들로 그 오른손에나 이마에 표를 받게 하고(계13;16)' 특히 신천지에서 안수 받으면 그게 오른손이나 이마에 666의 표를 받은 것이 된다.

또한 계시록 16장 13절에 개구리 같은 세 더러운 영이 있다. 용의 입과 짐승의 입과 거짓 선지자의 입이 666이다. 그러므로 세 더러운 영의 입에서 나오는 말들이, 용(신천지)의 영을 받은 그 교리인가 아닌가를 봐야 하고 짐승(이단)의 입에서 나오는 말인가, 또는 거짓선지자(목사)의 입에서 나오는 말인가를 분별할 줄 알아야한다. 그걸 깨닫지 못하면 그게 바로 짐승이다. 개구리 같은 세 더러운 영이 666의 실체이므로, 이들의 정체를 깨달아야 영적 전쟁에서 싸워 이길 수 있다. 오늘날 교회들과 사단(세 더러운 영)들과의 전쟁을 하는 것이 아마겟돈의 전쟁터다. 이걸 깨닫지 못하니까 중동의 전쟁만 생각한다. 이 세력이 지금 엄청 나게 크다. 이게 귀신의 영들이고 여길 보고 바벨론이라 한다. 성경에서의 모든 전쟁은 '우리의 씨름은 혈과 육에 대한 것이 아니요 정사와 권세와 이 어두움의 세상 주관자들과 하늘에 있는 악의 영들에게 대함이라(엡6;12)' 이같이 육적 전쟁을 빌려다가 하나님의 말씀과 교리 전쟁을 비유하여 설명한 거다. 첫 장막이 교회이다. 교회에 악(사단)이 들어와서 악(이단)의 영들과의 싸움이다. 영적 전쟁에서 승리자는 오직 예수 그리스도 한분뿐이다.

또 다른 천사 곧 셋째가 그 뒤를 따라 큰 음성으로 가로되 만일 누구든지 짐승과 그의 우상에게 경배하고 이마에나 손에 표를 받으면. 그도 하나님의 진노의 포도주를 마시리니 그 진노의 잔에 섞인 것이 없이 부은 포도주라 거룩한 천사들 앞과 어린양 앞에서 불과 유황으로 고난을 받으리니(계14;9-10)

짐승(신천지)을 경배하고 이마나 손에 표를 받은 사람은 하나님의 진노의 포도주를 마신 자가 되므로 이미 심판이 시작되었음을 경고한 내용이다. 11절에서 '고난의 연기가 세세토록 올라가는' 이러한 표현은 구원받지 못한 죄인들은 지금 이 세상에서 우상한테 경배하고 있으므로 이미 그들은 이 땅에서 심판을 받고 있는 중이라는 뜻이다. 그러기에 이마에나 손에 표를 받고 있는 사람들은 밤낮 쉼을 얻지 못하고 속절없이 헛것에만 경배하고 있다.

포도주가 심판의 말씀이다. 진노의 말씀도 포도주고, 생명의 말씀도 포도주다. 그러나 여기는 심판받는 포도주다. 하나님의 진노의 포도주에는 구원의 말씀이 섞이지 않은 포도주라, 여기에 진노의 대접을 쏟을 때 불과 유황으로 심판을 받는다. 바벨론을 하나님께서 심판하실 때, 음녀하고 일곱 머리 열 뿔도 함께 심판하는데 거기서는 하나도 건짐을 받을 수가 없다. 하나님의 말씀을 따라가야 하는데 진노의 포도주 잔에 취하다 보니 따라오지 않아 심판을 당한다.

서기관들과 바리새인들이 간음 중에 잡힌 여자를 끌고 와서 가운데 세우고. 모세는 율법에 이러한 여자를 돌로 치라 명하였거니와 선생은 어떻게 말하겠나이까. 저희가 이렇게 말함은 고소할 조건을 얻고자 하여 예수를 시험함이라 예수께서 몸을 굽히사 손가락으로 땅에 쓰시니. 저희가 묻기를 마지 아니하는지라 이에 일어나 가라

사대 너희 중에 죄 없는 자가 먼저 돌로 치라 하시고(요8;3.4-7)

현장에서 간음한 여자를 서기관과 바리새인들이 송사를 하는데 그 이유가 예수님을 고소하기 위함이다. 그런데 예수께서 '너희 중에 죄 없는 자가 먼저 돌로 치라' 하니까 양심의 가책을 받고 다 돌아섰다. 그때 "너를 정죄한 자가 누가 있느냐?" 하시고는 '나도 너를 정죄하지 않으니 다시는 죄를 범치 말라' 이렇게 말씀 하셨다. 이는 심판자가 예수님이라는 뜻이다. 이와 같이 예수님의 심판은 말씀(성경)으로 하신다.

나를 저버리고 내 말을 받지 아니한 자를 심판하실 이가 있으니 곧 나의 한 그 말이 마지막 날에 저를 심판하리라(요12;48)

예수님의 말씀이 즉 성령의 말씀이다. 그러므로 말씀에 의해 심판하신다. 이 말씀의 능력이 마지막 날에 그 진가가 발휘되어 말씀의 분량대로 심판을 시작하신다.

이는 하나님의 영광의 광채시오 그 본체의 형상이시라 그의 능력의 말씀으로 만물을 붙드시며 죄를 정결케 하는 일을 하시고 높은 곳에 계신 위엄의 우편에 앉으셨느니라(히1;3)

하나님의 말씀은 살았고 운동력이 있어 그 어떤 검보다 예리하다. 따라서 말씀에 능력이 있기에 이 말씀이 생각과 마음에 기록되면 그 말씀 그대로 이루어간다. 그러나 사단(이단)인 짐승(신천지)들도 그들만의 교리가 있는데 사단(거짓선지자)들의 교리는 밤낮 쉼을 얻지 못하는 고난의 연속이다 그 고난의 연기가 세세토록 올라가리로다 짐승과 그의 우상에게 경배하고 그 이름의 표를 받는 자는 누구든지 밤낮 쉼을 얻지 못하리라 하더라(계14;11)

성도가 하나님이 아닌 세상 것을 추구하며 헛된 것을 바라고 좇고 있다면 그들이 바로 밤낮 쉼을 얻지 못하고 사는 인생들이다. 그러나 예수 그리스도의 말씀 안에 거하는 사람은 수고하고 무거운 짐을 주님께 선부 맡길 수 있어 쉼을 얻는다.

아울러 집짐승(교회)들이나 일곱 머리 열 뿔인 들짐승(이단)들은 자기들만의 조직체를 구성해 놓고 교인들을 꼼짝 못하게 한다. 특히 신천지는 표를 주고받으면서 매매(교리장사)를 한다. 그러므로 표가 없으면 그 안에 들어가 교리 장사를 할 수가 없다. '누구든지 이 표를 가진 자 외에는 매매를 못하게 하니 이 표는 곧 짐승의 이름이나 그 이름의 수라(계13;17)' 이와 같이 이만희의 조직체가 바로 666이며 이만만의 귀신들의 집단체제들이다. 즉 계시록 13장 16절에서 18절까지가 이단(신천지)들의 실체인 남방 여신이다.

스바여왕이 솔로몬의 명예를 듣고 와서 어려운 문제로 솔로몬을 시험코자 하여 예루살렘에 이르니 수원이 심히 많고 향품과 많은 금과 보석을 나아와 실었더라 저가 솔로몬에게 나아와 자기 마음에 있는 것을 다 말하매(대하9;1)

일곱 머리 열 뿔의 조직체가 계시록 13장에서 여러 번 반복하여 신천지라 말했지만, 하나님께서 이들을 지금 무섭게 심판하는 장면을 보면서 성도라면 이것을 깨달아 알아야 한다.

예수님의 멍에를 메면 아주 가볍다. 왜냐하면 그리스도 예수 안에 있으면 무거운 짐을 내려놓고 쉬게 만드시는 분이 하나님이시기 때문에 예수님의 멍에를 메면 가벼운 거다. 그러나 이단은 밤낮 쉬지 않고 일을 하게끔 한다. 그러기에 이들의 영혼에는 쉼이 없다.

> 내 아버지께서 모든 것을 내게 주셨으니 아버지 외에는 아들을 아는 자가 없고 아들과 또 아들의 소원대로 계시를 받는 자 외에는 아버지를 아는 자가 없느니라. 수고하고 무거운 짐진 자들아 다 내게로 오라 내가 너희를 쉬게 하리라. 나는 마음이 온유하고 겸손하니 나의 멍에를 메고 내게 배우라 그러면 너의 마음이 쉼을 얻으리니. 이는 내 멍에는 쉽고 내 짐은 가벼움이라 하시니라(마11;27-30)

가장 무거운 게 하나님 앞에 죄 짐이다. 자기를 보면 죄 밖에 보이는 게 없고 탐심만 가득했던 기억만 남는다. 그러나 그 짐을 주님께 맡기면 마음의 쉼을 얻는다, 왜냐하면 우리의 무거운 짐을 주님께서 다 해결해 주셨기 때문에 굳이 내가 지고 갈 필요가 없다. '나 곧 나는 나를 위하여 네 허물을 도말하는 자니 네 죄를 기억지 아니하리라.(사43;25)' 하나님께서 이와 같이 분명하게 약속하셨는데도 불구하고 오늘날 많은 교회들이 무거운 죄 짐을 힘겹게 지고 다닌다.

> 염소와 송아지의 피로 아니 하고 오직 자기 피로 영원한 속죄를 이루사 단번에 성소에 들어가셨느니라(히9;12)

이와 같이 내 죄 짐이 예수님의 십자가로 인해 영원히 해결되었다. 그러므로 우리는 그 죄를 다시는 기억지 않으신다는 그 말씀을 믿고 신앙생활에 임해야 영혼의 자유를 얻는다. 그래야 우리가 서 있는 곳이 어린양이 계신 시온 산임을 깨달을 수 있고, 그래야 그와 함께 속한 십사만 사천의 대열에 합류할 수 있다.

> 성도들의 인내가 여기 있나니 저희는 하나님의 계명과 예수 믿음을 지키는 자니라.(계14;12)

태초에 하나님께서 인간들을 창조하시고 그 인간들에게 만물을 다스리는 왕권을 주셨다. 그러면서 선악과를 먹지 말라는 명령을 내렸다. 선악과는 단순히 저주의 과일이라 명령을 내린 것이 아니다. 선악과는 모든 인간은 만물보다 절대 상위에 있는 존재이지만 그 모든 복을 누리기 위해서는 하나님이라는 존재의 절대하위에 있을 때만 그 복이 유효하다는 것을 상징한 거였다. 즉 너는 내 말을 지켜야 하는 자라는 것을 나타낸 말이다. 그런데 인간들은 하나님마저 우습게 여기고 자신들이 왕이 되고 싶어 하는 그 자체가 타락이다. 그러니까 타락은 하나님의 말씀대로 순종하고 살아가야 할 자들이 그 계명을 버리고 자기들의 의도와 계획과 야망으로 살아가는 그 탐심 자체가 바로 다른 신을 섬기는 우상이다.

구원받은 성도한테 하나님이 요구하는 계명이 바로 시내 산에서 모세한테 직접 새겨주신 십계명이다. 그중 제일 첫 번째 계명이 '너는 나 외에 다른 신들을 섬기지 말라' 이것이다.

바리새인들은 회칠한 무덤처럼 살긴 했지만 이 계명들을 정확하게 지켜냈던 자들이다. 그렇지만 예수께서 그 하나님의 계명들을 지키는 것은 단순히 밖으로 드러나는 행동만이 아니라 생각까지도 포함한다고 마태복음 5장 21절부터 45절까지에서 율법에 대해 다시 정의해 주셨다.

그러면서 그래야 하나님 아버지의 아들이 된다고 딱 잘라 말씀하셨다. 하나님의 계명은 겉으로 드러나는 행위뿐만이 아니라 마음까지도 다스려야 하는 거다. 게다가 하나님의 계명은 '누구든지 온 율법을 지키다가 그 하나에 거치면 모두 범한 자가 되나니(약2;10)' 이와 같이 하나라도 어기면 모두 어긴 것이 된다고 했다. 이러한 하나님의 말씀을 듣고 순종하는 것이 바로 믿음이다.

그러므로 성도한테 가장 중요한 게 믿음이다. 그런데 12절에 보면 하나님의 계명을 지키는 것과 예수 믿음이 함께 붙어 있다.

이는 예수를 믿는다는 것은 우리가 그 예수 그리스도의 삶과 사역이 우리 것이 되었다는 것을 믿는 것이다. 우리가 지켜야 할 하나님의 계명을 우리 주님께서 이미 모두 지켜내셨고 완성시키셨다는 것을 믿는 그것이다. 그러므로 내 안에 믿음이 있는가. 없는가, 점검부터 해야 한다. 따라서 믿음이 온 후로는 은혜 아래 있다. 은혜는 사랑을 입는 거다.

은혜는 또한 '그리스도 예수 안에 있는 구속으로 말미암아 하나님의 은혜로 값없이 의롭다 하심을 얻은 자 되었도다(롬3;24)' 이와 같이 값없이 거저 받는 것이 은혜고 하나님의 의다. 그러기에 성도들이야말로 존귀한 자다.

> 땅에 있는 성도는 존귀한 자니 나의 모든 즐거움이 저희에게 있도다. 이는 네 영혼을 음부에 버리지 아니하시며 주의 거룩한 자로 썩지 않게 하실 것임이니이다(시16;3.10)

이와 같이 성도들은 보배로운 피로 썩지 않는 질그릇에 담아 있기 때문에 존귀한 자들이다. 따라서 하늘나라에서 쉬게 되는 성도들은 그들의 행한 일을 근거로 쉬게 된다고 명시되어 있다.

> 또 내가 들으니 하늘에서 음성이 나서 가로되 기록하라 지금 이

> 후로 주 안에서 죽는 자들은 복이 있도다 하시매 성령이 가라사대 그러하다 저희 수고를 그치고 쉬리니 이는 저희의 행한 일이 따름이라 하시더라(계14;13)

주 안에서 죽은 자들이 복이 있다고 했기 때문에 우리는 죽어야 한다. 왜냐하면 우리의 수고가 끝나고 드디어 쉼이 허락되는 순간이 왔기 때문이다. 그래서 죽는 자들이 복이 있다. 이는 육이 죽는 게 아니고 내 생각이 죽는 것으로 바울도 날마다 죽는다고 자랑했다. 자기 생각이 죽어 있어야 그 안에 그리스도께서 임하신다. 무엇보다 계시록에는 일곱째에 복이 있다. 그 중에 하나가 주 안에서 죽은 자들이다. 그래야 '아무든지 나를 따라오려거든 자기를 부인하고 자기 십자가를 지고 나를 좇을 것이니라(마16;24)' 자기를 부인하고 주님을 좇을 수 있다. 주님의 제자가 되면 쉼을 얻을 수 있고 그래야 하나님의 일을 행한다. 하나님의 일은 '하나님의 보내신 자를 믿는 것이 하나님의 일이니라(요6;29)' 이와 같이 주님을 믿는 것이 바로 하나님의 일이다. 믿으니까 기록된 말씀이 항상 함께 하신다.

> 스데반이 성령이 충만하여 하늘을 우러러 주목하여 하나님의 영광과 및 예수께서 하나님 우편에 서신 것을 보고. 말하되 보라 하늘이 열리고 인자가 하나님 우편에 서신 것을 보노라 한 대. 저희가 돌로 스데반을 치니 스데반이 부르짖어 가로되 주 예수여 내 영혼을 받으시옵소서하고. 무릎을 꿇고 크게 불러 가로되 주여 이 죄를 저들에게 돌리지 마옵소서 이 말을 하고 자니라(행7;55-56.59-60)

예수께서 스데반을 맞이하시기 위해 하늘에 서 계셨다. 그랬기에 예수께서 십자가에서 기도하신 내용을 스데반도 똑같이 할 수 있었다. 그러므로 이 세상(육신의 생각)에 메이면 안된다.

3. 마지막 수확

> 또 내가 보니 흰 구름이 있고 구름 위에 사람의 아들과 같은 이가 앉았는데 그 머리에는 금 면류관이 있고 그 손에는 이한 낫을 가졌더라(계14;14)

구름 위에 사람의 아들 같은 이가 등장하고 머리에 금 면류관을 쓰고 계시며 손에는 이한 낫을 갖고 있다. 사람의 아들 같은 이가 인자이신 예수님이시다.

> 내가 또 밤에 이상 중에 보았는데 인자 같은 이가 하늘 구름을 타고 와서 옛적부터 항상 계신 자에게 나아와 그 앞에 인도되매. 그에게 권세와 영광과 나라를 주고 모든 백성과 나라들과 각 방언 하는 자로 그를 섬기게 하였으니 그 권세는 영원한 권세라 옮기지 아니할 것이요 그 나라는 폐하지 아니할 것이니라(단7;13-14)

구름을 타고 계신 '사람의 아들과 같은 분'이 왕이신 예수 그리스도를 지칭한다. 구름은 영들이다. 하나님은 '볼지어다 구름을 타고 오시리라 각인의 눈이 그를 보겠고 그를 찌른 자들도 볼 터이요 땅에 있는 모든 족속이 그를 인하여 애곡하리니 그러하리라 아멘(계1;7)' 이같이 항상 구름 가운데 강림하신다.

그 인자 같은 이가 이 세상에 다시 오시는 날이 인류 최후의 심판의 날이다. 그분은 심판을 하러 오시기 때문에 손에 이한 낫을 갖고 계신다. 성경에서 낫(심판)은 추수와 연관이 있다. 추수는 구원을 상징하는 것과 심판을 상징하는 두 가지가 있다. 여기서의 이한 낫은 심판의 낫이다.

> 너희는 낫을 쓰라 곡식이 익었도다 와서 밟을 지어다 포도주 틀이 가득히 차고 포도주 독이 넘치니 그들의 악이 큼이로다(욜3;13)

> 내가 다시 눈을 들어 날아가는 두루마리가 보이더라. 그가 내게 묻되 네가 무엇을 보느냐 히기로 내가 대답하되 날아가는 두루마리를 보나이다 그 장이 이십 규빗이요 광이 십 규빗이니이다. 그가 내게 이르되 이는 온 지면에 두루 행하는 저주라 무릇 도적질하는 자는 그 이편 글대로 끊쳐지고 무릇 맹세하는 자는 그 저편 글대로 끊쳐지리라(슥5;1-3)

날아가는 두루마리를 온 지면에 두루 행하는 저주라고 했다. 낫은 저주와 심판을 상징한다. 그런데 15절에서 어떤 다른 천사가 이한 낫을 들고 계신 예수 그리스도께 명령을 하고 있다.

> 또 다른 천사가 성전으로부터 나와 구름 위에 앉은 이를 향하여 큰 음성으로 외쳐 가로되 네 낫을 휘둘러 거두라 거둘 때가 이르러 땅에 곡식이 다 익었음이로다 하니. 구름 위에 앉으신 이가 낫을 땅에 휘두르매 곡식이 거두어지니라(계14;15-16)

이와 같이 낫을 휘둘러 이제 익을 대로 다 익어버린 땅의 곡식을 거두라고 명령한다. 예수께 명령할 수 있는 분은 하나님밖에 없다. 그렇다면 그 천사가 하나님이 계신 성전에서 나왔다는 표현에서 이 천사가 하나님의 명령을 전달하고 있는 영이다. 따라서 이한 낫이 바로 말씀이다. 말씀으로 거두어서 심판하신다는 뜻이다. 따라서 거둘 때가 이르렀다는 것은 추수(심판) 할 때를 가리키는 거다. 곡식을 거두라는 장면에서 추수과정을 읽을 수 있어야 한다. 알곡은 곡간에 두는데, 그 알곡 속에는 세 가지의 열매가 있다. 하나는 반만 띄운 쭉정이고 하나는 못된 것, 즉 육신의 생각만 꽉 찬 깜부기와 같은 것이고, 하나는 아주 알찬 알곡이다. 그러므로 키질하면 쭉정이와 깜부기는 다 날라가 버린다. 따라서 알곡은 곡간에 고이 보관하지만, 쭉정이나 깜부기는 꺼지지 않는 유황 불못에 던져 태워버린다. 이는 사단의 조직체들은 말씀으로 아주 불살라 태워버리시겠다는 뜻이다. 또한 심판 받을 죄인들을 가리켜 '땅의 곡식이 다 익었다' 라고 표현하고 있다. 이 말은 최후의 심판은 이 땅의 죄가 최절정에 달해 온 땅에 관영하게 될 그때에 일어난다는 암시다.

> 또 다른 천사가 하늘에 있는 성전에서 나오는데 또한 이한 낫을 가졌더라. 또 불을 다스리는 다른 천사가 제단으로부터 나와 이한 낫 가진 자를 향하여 큰 음성으로 불러 가로되 네 이한 낫을 휘둘러 땅의 포도송이를 거두라 그 포도가 익었느니라 하더라(계14;17-18)

불을 다스리는 천사가 제단으로부터 나왔다는 표현은 8장에서 본 어떤 천사가 떠오른다. 제단 곁에서 금향로를 가지고 성도들의 기도를 받아서 하나님 앞으로 올라가서 제단 위의 불을 향로에다가 담아서 땅에다가 쏟은 천사다. 그 천사가 불을 땅에다 쏟았더니 뇌성과 음성과 번개와 지진이 일어났다. 역시 하나님의 심판을 상징하는 장면이다.

바로 그 심판의 천사가 또 다른 이한 낫을 가진 자에게 외친다. 포도가 익었으니 포도를 추수해서 포도주 틀에 넣고 밟아라. 무서운 하나님의 심판을 명령하고 있다. 이와 같이 하나님께서 마지막 때에 죄인들을 진노의 포도주 틀에 넣고 밟으실 것이라는 내용을 이사야서를 통해 익히 알고 있다.

> 만민 중에 나와 함께한 자가 없이 내가 홀로 포도주 틀을 밟았는데 내가 노함을 인하여 무리를 밟았고 분함을 인하여 짓밟았으므로 그들의 선혈이 내 옷에 뛰어 내 의복을 다 더럽혔음이니(사63;3)

이스라엘은 두 번의 추수가 있다. 봄철에는 빌의 곡식추수가 있고, 가을철에는 포도의 추수가 있다. 물이 귀한 중동 지방은 포도주를 음료수로 마셨다. 가을철에 포도를 수확하게 되면 그 포도를 커다란 이중 돌로 된 포도주 틀에 쏟아 넣고 그 위에 올라가서 포도를 짓밟는다. 그러면 포도의 즙이 아래로 내려오게 되는데 그 즙을 받아서 포도주를 담갔다. 포도주 틀에서 포도를 밟는 과정에서 옷은 무론하고 온 몸이 온통 피처럼 빨갛게 물들었다.

그 장면을 연상케 하므로 요한은 심판과 저주를 포도주 틀을 밟는 것으로 표현해 놓았다. 20절에 '성 밖에서 그 틀이 밟히니 틀에서 피가 나서 말굴레까지 닿았고 일천육백 스다디온에 퍼졌더라(계14;20)' 이와 같이 포도주 틀을 밟는데 거기서 피가 난다고 묘사하고 있다. 또한 불은 '볼찌어다 내가 네 입에 있는 나의 말로 불이되게 하고 이 백성으로 나무가 되게 하리니 그 불이 그들을 사르리라(렘5;14)' 즉 말씀(성령)이다.

예레미아의 입에 있는 '나의 말'로는 하나님의 심판의 말씀이다. 예수님도 '내가 불을 땅에 던지러 왔노라 이 불이 이미 붙었으면 내가 무엇을 원하리요.(눅12;49)' 이와 같이 불을 땅에 던지러 오셨는데 그 불(말씀)이 붙었으면 괜찮았다. 왜냐하면 잘못된 것은 소멸되고 알곡은 불에 의해 정금으로 만들어지기 때문이다.

> 내가 너를 권하노니 내게서 불로 연단한 금을 사서 부요하게 하고 흰옷을 사서 입어 벌거벗은 수치를 보이지 않게 하고 안약을 사서 눈에 발라보게 하라(계3;18)

이는 말씀으로의 연단이다. 흰옷은 피 뿌린 말씀이다. 이한 낫 또한 예리한 낫(말씀)이다. 또 '불을 다스리는 다른 천사가 제단으로부터 나와' 에서의 제단은 제물이 있는 곳이다. 예수께서 우리를 온전케 하시기 위해 제물이 되신 분이다. 그분이 예리한 낫(말씀)으로 말씀의 심판을 하시겠다고 경고하신 거다.

> 이 뜻을 좇아 예수 그리스도의 몸을 단번에 드리시므로 말미암아 우리가 거룩함을 얻었노라. 저가 한 제물로 거룩하게 된 자들을 영원히 온전케 하셨느니라(히10;10.14)

하나님께서 준비한 제물로 우리를 거룩한 자로 만들어 영원히 온전케 하셨다는 말씀이다. 그야말로 은혜의 복음이다.

> 천사가 낫을 땅에 휘둘러 땅의 포도를 거두어 하나님의 진노의 큰 포도주 틀에 던지매. 성 밖에서 그 틀이 밟히니 틀에서 피가 나서 말굴레까지 닿았고 일천육백 스다디온에 퍼졌더라(계14;19-20)

성도는 전부 그리스도 예수 안에 소속된 자들이다. 일천 육백 스다디온은 서울에서 부산까지의 거리다. 그 피가 '일천육백 스다디온에 퍼졌다' 라는 말은 심판의 범위가 전 세계에 걸쳐 완전하게 이어나게 됨을 상징한 거다.

또한 그 심판이 세상 권세를 잡고 있는 세상 왕과 관련이 있다는 것을 알 수 있다. 세상 왕들과 하나님을 대적하는 자들이 므깃도 골짜기에 모여 하나님께 전멸 당하게 되는 유명한 전쟁이 계시록 16장에 나오는 아마겟돈(영적) 전쟁이다. 그 최후의 전쟁 즉 영적 전쟁으로 이 땅의 모든 악한 세력이 심판을 받아 불못에 던져지게 되는 그 모습이 계시록 14장의 결론으로 등장하고 있다.

따라서 지금은 들포도가 있고 추수된 포도나무가 있다. 위 구절은 들포도를 거두어 심판하는 거다. 지금 연속해 출간되고 있는 필자의 책들이 어쩌면 들포도인 신천지와 거짓목사들을 심판하는 것인지 모른다. 그들은 사난의 영이라 하늘의 비밀인 계시록을 열 수 없다. 그러기 때문에 그동안 계시록을 갖고 헛소리만 늘어놓았다. 그러나 이제 그들의 실체가 코로나19로 인해 세상에 훤히 드러났고, 또한 필자가 앞으로도 계속해 출간하게 되는 책들에 의해 그들의 정체가 낱낱이 밝혀질 것이다. 이제 신천지가 용(사단)의 실체임이 밝혀진 이상 그들의 조직체 또한 천년동안 무저갱에 갇혀 지낼 것이다.

하나님의 비밀이 곧 예수 그리스도시다. 예수님을 부인하는 자들은 그야말로 그리스도의 영(말씀)이 없기 때문에 이제는 그들의 거짓된 교리가 더 이상 통하지 않게 된다. 왜냐하면 사단의 포도나무는 쓸개 포도요, 포도주가 독이요, 독사의 악독이기 때문에, 예수 그리스도의 반석과 비교가 되지 않음을 대적도 스스로 판단하기 때문이다.

> 대적의 반석이 우리의 반석과 같지 못하니 대적도 스스로 판단하도다. 그들의 포도나무는 뱀의 소산이라 그들의 포도는 쓸개포도니 그 송이는 쓰며. 그들의 포도주는 뱀의 독이요 독사의 악독이라.
> (신32;31-33)

15장
거룩한 어린양을 향한 노래

1. 어린양의 노래

> 또 하늘에 크고 이상한 다른 이적을 보매 일곱 천사가 일곱 재앙을 가졌으니 곧 마지막 재앙이라 하나님의 진노가 이것으로 마치리로다(계15;1)

여기서 '마지막 재앙'이란 단어의 뜻은 마지막 환상이란 뜻이다. 계시록은 재앙의 크기나 그 재앙이 미치는 범위를 점진적으로 표현하였다. 처음 인의 재앙에서는 4분의 1이 날아가고, 두 번째 나팔 재앙에서는 3분의 1이 날라 갔다. 그리고 세 번째 대접재앙에서는 모든 것이 멸망하게 된다. 이것은 그 재앙이 날이 갈수록 커지고 넓어질 것이라는 의미다. 그런 면에서 모든 것이 다 날아가는 이 대접 재앙의 환상에서 마지막이란 단어를 등장시킨 것이다. 따라서 하늘의 크고 이상한 다른 이적은, 마지막에 대접을 쏟는 내용으로 하나님의 진노가 여기서 마친다.

천사는 부리는 영이다. 그런데 일곱 천사가 일곱 재앙을 가졌는데 마지막 재앙이다. 예수님이 초림 때는 마태 23장의 7화(禍)가 있는데 이 7화는 서기관과 바리새인한테 심판한 내용이다. 그러나 계시록 15장의 재앙은 하늘에 있는 교회에다 하는 거다. 이게 마지막 재앙이다. 계시록 15장의 전체 내용은 짐승과 그의 우상과 그의 수를 이기고 벗어난 자들이 지성소에 올라가 하나님께 경배 드리는 내용이다. 유리바다 가에 서서 하나님의 거문고를 가지고 모세의 노래와 어린양의 노래를 부르고 있는 모습으로 거문고가 바로 하나님의 말씀이다.

> 또 내가 보니 불이 섞인 유리바다 같은 것이 있고 짐승과 그의 우상과 그의 이름의 수를 이기고 벗어난 자들이 유리바다 가에 서서 하나님의 거문고를 가지고.(계15;2)

여기는 지성소다. 유리바다는 예수 그리스도의 사역으로 재창조된 수정같이 맑은 하늘의 바다를 상징한다. 그런데 그 바다가 불이 섞인 유리바다 같은 거다. 그 유리바다가 불이 섞인 것 같이 보였다는 것은 이제 곧 심판이 땅으로 쏟아질 것을 상징한 거다. 그 유리바다 가에 짐승과 그의 우상과 그의 이름의 수를 이기고 벗어난 하나님의 백성들이 서서 찬양을 하고 있다. 그런데 아직 심판의 대접은 쏟아지지 않았다. 이 심판의 대접은 예수 그리스도께서 부활하시고 승천하신 때부터 이 세상을 심판하러 다시 오실 그때까지의 기간 동안 쏟아지는 거다. 그런데 그 전에 이미 성도들은 유리바다 가에 서 있다. 이 말은 성도는 그 대접 재앙, 전쟁, 기근, 질병, 자연재해 같은 대접 재앙에 노출된다 해도 그것이 우리를 바꿔놓을 수 없다. 도리어 그러한 환난과 고통들이 오히려 유리바다 가의 완성된 하나님의 백성들로 만들어 가는데 필연적이란 걸 보여준 거다. 그러한 하나님의 백성들을 짐승과 그 짐승의 우상과 그의 이름의 수를 이긴 자들이라고 표현했다. 그의 이름의 수가 바로 짐승의 이름의 수인 666이다. 666은 신천지를 비롯하여 하나님을 대적하는 악한 세력을 총칭한다. 그 자들을 이기고 올라온 자들이 바로 하나님의 백성이다. 라는 거다.

유리바다가 상징하는 것은 궁창 아래의 짐승이 올라오는 그 바다와 대조해서 그 저주의 바다가 물러간 새 하늘과 새 땅의 상징이다. 따라서 유리바다는 하나님의 보좌 앞에 있는 유리같이 투명한 바다라 여기서는 거짓이 훤히 드러나기에 생각과 마음에 주님만 담고 있어야 된다.

그리스도의 말씀을 받아 내 마음이 온전히 주님만 향할 때 산제사를 드릴 수 있다. 산제사는 내 영이 살아 있어야만 드릴 수 있는 제사다. 우리의 영이 살아 있어야 일곱 머리 열 뿔의 짐승들을 이기고 올라 갈 수 있다.

또한 불이 섞인 유리바다는 섞인 것이 하나도 없어야 한다. 이 세상은 하나님의 영과 세상 것이 함께 동행하기 때문에 항상 같이 돌아간다. 그러므로 유리바다는 '또 여러 형제가 어린양의 피와 자기의 증거하는 말을 인하여 저를 이기었으니 그들은 죽기까지 자기 생명을 아끼지 아니하였도다(계12:11)' 와 같이 이긴 자들한테 어린양이 항상 함께 하시는 곳이다.

따라서 이 세상을 이기는 방법은 믿음 하나 밖에 없다. 그러므로 성경을 여는 것도 예수님의 말씀뿐이다. 사람이 연구해서는 절대 열리지 않는다. 성경 자체가 성령의 감동으로 기록된 책이라 그리스도의 영(말씀)이 아니면 열리지 않는다. 사도요한은 하나님과 직통할 수가 없다. 그러므로 하나님 앞으로 갈수 있는 길은 오직 어린양의 인도에 의해서만 갈수 있다. 따라서 일곱인으로 봉한 책을 뗄 수 있는 분도 예수님이다. 예수님만이 세상을 이긴 분이다.

그러므로 진자는 이긴 자의 종이 된다. 촛대(교회)가 짐승(사단)한테 졌다. 지는 이유가 성경을 모르기 때문이다. 그래서 교회들이 '저희에게 자유를 준다 하여도 자기는 멸망의 종들이니 누구든지 진 자는 이긴 자의 종이 됨이니라(벧후2;19)' 이렇듯이 들짐승인 신천지한테 지고 있는 거다. 멸망의 종들은 전부 사람을 돈으로 미혹시킨다. 성도가 짐승한테 미혹을 받지 않으려면 늘 깨어 있어야 한다. 늘짐승(신천지)은 우는 사자같이 교회들을 끌어 가기위해 호시탐탐 노리고 있다.

이 교회에 세 가지 더러운 영들이 항상 교회를 미혹시키고 있다. 거기엔 용의 입과 짐승의 입과 거짓선지자의 입에 거짓말 하는 영을 하나님께서 두었기 때문이다.

> 여호와께서 말씀하시길 누가 아합을 꾀어 그를 길르앗 라못에 올라가서 죽게 할꼬 하시니 하나는 이렇게 하겠다 하고 또 하나는 저렇게 하겠다 하였는데. 한 영이 나아와 여호와 앞에 서서 말하되 내가 그를 꾀겠나이다. 여호와께서 그에게 이르시되 어떻게 하겠느냐 이르되 내가 나가서 거짓말하는 영이 되어 그의 모든 선지자들의 입에 있겠나이다 여호와께서 이르시되 너는 꾀겠고 또 이르리라 나가서 그리하라 하셨은즉(열왕22;20-22)

하나님은 영이시기 때문에 반드시 사람을 들어서 일을 하신다. 모든 선지자의 입에 거짓말 하는 영이 되어 하나님께서 시키시는 그대로 거짓말을 하겠노라고 했다. 그러기 때문에 오늘날 대부분의 목사들이 '여호와께서 그 손을 내밀어 내 입에 대시며 내게 이르시되 보라 내가 내 말을 네 입에 두었노라(렘1;9)' 와 같이 거짓말을 그토록 천연덕스럽게 하는 거다. 예레미야의 입에 하나님의 말씀을 두었다고 하셨다. 그러므로 예레미야는 하나님 말씀만 대언하게 된다. 참 선지자는 하나님의 심부름꾼이라 하나님의 말씀만 대언하기 때문에 꼭 그 말만 전하지만, 거짓 선지자는 그 입에 육신의 생각이 들어가 세상 것을 섞어 전한다.

> 여호와께서 내게 이르시되 그들의 말이 옳도다. 내가 그들의 형제 중에 너와 같은 선지자 하나를 그들을 위하여 일으키고 내 말을 그 입에 두리니 내가 그에게 명하는 것을 그가 무리에게 다 고하리라.(신18;17)

이와 같이 하나님께서는 뭔가를 계획하고 실행에 옮기실 때는, 반드시 선지자의 입을 통해 하나님의 명을 전하신다.

> 하나님의 종 모세의 노래, 어린양의 노래를 불러 가로되 주 하나님 곧 전능하신 이시여 하시는 일이 크고 기이하시도다 만국의 왕이시여 주의 길이 의롭고 참 되시도다.(계15;3)

모세와 어린양을 얘기한다. 따라서 모세의 노래는 구약의 말씀이다. 이는 구약전체의 내용이나 이천년 전에 예수님께서 전하신 내용 모두가 하나로 연결되어 있다. 아울러 이 지구상의 모든 교회는 만국의 왕이신 주께 경배하는 거다. 말씀이 육신이 되셨기 때문에 말씀에 경배하는 거다. 지금도 주님을 만나려면 말씀을 심령에 담으면 만나진다.

모세의 노래는 이스라엘 백성들이 홍해를 무사히 건넌 뒤에 불렀던 노래이다. 그 모세의 노래를 어린양의 노래라고도 한다. 이는 모세와 이스라엘이 홍해를 건너 구원을 받은 것은 예수 그리스도의 죽으심으로 인해 하나님의 백성들에게 일어나게 될 구원을 미리 상징하고 있는 것을 보여준 거다. 따라서 출애굽 사건은 예수 그리스도로 말미암아 우리에게 주어지게 될 영적 출애굽을 가시적으로 성도한테 소개하고 있다. 그래서 유리바다 가에서 하나님의 백성들이 부르는 노래를 모세의 노래, 어린양의 노래라고 부른 거다. 따라서 모세는 구약의 대표고, '우리가 다 그의 충만한 데서 받으니 은혜 위에 은혜러라. 율법은 모세로 말미암아 주신 것이요 은혜와 진리는 예수 그리스도로 말미암아 온 것이라(요1;16-17)' 어린양은 은혜의 대표다. 은혜와 진리가 성도한테 그리스도의 말씀으로 와야 믿음이 온 거다. 모세하면 율법인데 이는 이스라엘한테 죄를 깨닫게 하기 위해 준거다.

> 그러므로 율법의 행위로 그의 앞에 의롭다 하심을 얻을 육체가 없나니 율법으로는 죄를 깨달음이니라. 이제는 율법 외에 하나님의 한 의가 나타났으니 율법과 선지자들에게 증거를 받은 것이라. 곧 예수 그리스도를 믿음으로 말미암아 모든 믿는 자에게 미치는 하나님의 의니 차별이 없느니라(롬3;20-22)

죄를 해결하려면 이 구절을 깨달아야 한다. 우리는 율법을 지킬 수가 없다. 율법은 죄가 이런 것이라는 것을 깨닫게 하기 위해 주신 것이지 지키라고 준 것이 아니다. 그러니까 십자가의 은혜 안으로 들어가라는 거다. 믿음(성령)에 거한 자들은 하나님의 말씀이 들어오면 하나님의 대언자 밖에 할 수 없다. 또한 하나님의 명을 받은 자는 그 명만 전해야 한다. 잘못 전하면 전하는 자나 받는 자 모두가 심판을 받는다. 그러나 명하는 말씀에 순종하면 그게 복이다.

> 내가 내 자의로 말한 것이 아니요 나를 보내신 아버지께서 나의

> 말할 것과 이를 것을 친히 명령하여 주셨으니. 나는 그의 명령이 영생인줄 아노라 그러므로 나의 이르는 것은 내 아버지께서 내게 말씀하신 그대로 이르노라(요12;49-50)

주의 이름은 예수님이 우리한테 이르신 말씀이다. 그러므로 명하는 말씀을 가감하면 안된다. 예수께서 하나님아버지의 말씀을 그대로 전하셨듯이 우리도 성경 말씀 그대로를 전해야 한다. 그러나 사단들은 가중한 것들의 어미라 음행의 더러운 것들만 가득하여 거짓만 전한다. 그러기에 '내가 보니 바다에서 한 짐승이 나오는데 뿔이 열이요 머리가 일곱이라 그 뿔에는 열 면류관이 있고 그 머리들에는 참람된 이름들이 있더라(계13;1)' 이같이 바다가 세상인데 바다에서 올라온 사단들의 머리들에는 참람된 이름들만 가득하다.

따라서 참람된 이름들은 신천지의 이만희가 자기가 보혜사니, 구원자니 하는 이런 헛소리들이 바로 참람된 이름들이다. 이들이 세상을 미혹시키고 있다.

> 거짓 그리스도들과 거짓 선지자들이 일어나 큰 표적과 기사를 보이어 할 수만 있으면 택하신 자들도 미혹하게 하리라(마24;24)

예수께서 사람의 미혹을 받지 않도록 주의하라 하셨다. 오늘날 대형교회 목사들이 거의 대부분이 성령을 받았다고 하나 그들이 받은 것은 성령이 아니라 거짓 악령이다. 성령 받았다고 하는 목사들을 살펴보면 대부분 신을 받은 사람이다. 한얼산의 이천석. 용문산에 나운목. 영등포교회에 104세에 사망한 방지일. 전도관의 박태선. 통일교의 문선명. 순복음교회의 조용기. 이북에서 마귀의 사역을 맡고 온 목사가 모두 일곱 사람이다. 이들 목사는 그

동안 귀신의 장난질로 많은 재산을 축적했다. 따라서 이 땅은 안개와 같은 곳이다. 그래서 돈이 많으면 많을수록 고통이 심하고 구린내가 날 수밖에 없다.

무엇보다 모세의 노래와 어린양의 노래를 부를 수 있는 자들은 '그러므로 천국의 제자된 서기관마다 마치 새것과 옛것을 그 곳간에서 내어오는 집주인과 같으니라' 와 같다. 천국 자체가 예수님이시기 때문에 '천국은 좋은 씨를 제 밭에 뿌린 사람과 같으니(마13;24)' 이들만이 구약이나 신약을 자유자재로 갖다 먹을 수 있다.

천국의 제자는 예수 그리스도의 씨가 심령에 뿌려져 있는 자들이다. 그러므로 하나님 나라의 비밀을 온전히 깨달아 알 수 있다. 따라서 모세와 어린양의 노래를 자유자재로 깨달아 부를 수 있는 자가 온전케 된 자로 그들이 천국의 제자들이다. 온전케 된 자들이 십일조를 냈을 때 쌓을 곳이 없도록 영생 양식을 부어주시는 거다.

> 만군의 여호와가 이르노라 너희의 온전한 십일조를 창고에 들여 나의 집에 양식이 있게 하고 그것으로 나를 시험하여 내가 하늘 문을 열고 너희에게 복을 쌓을 곳이 없도록 붓지 아니하나 보라
> (말3;10)

십일조는 수입의 십분의 일을 하나님께 헌금으로 바치는 것이 아니라 온전한 마음, 즉 온전하려면 온전케 하신 이인 하나님의 말씀으로 살아가는 것이 진정한 십일조의 의미다. 그런 사람한테 영생이란 복을 쌓을 곳이 없도록 부어주신 다는 것이지, 이 세상의 것인 물질의 복을 준다는 것이 아니다.

그러므로 하늘에 계신 너희 아버지의 온전하심과 같이 너희도 온전하라(마5;48)

온전하려면 결점이 없어야 하고 깨끗해야 된다. 그게 이루어져야 주님께 경배의 노래를 부를 수 있다. 그들이 말씀을 증거 할 때 그게 바로 바른 노래다.

너희는 내가 일러준 말로 이미 깨끗하였으니(요15;3)

주님이 일러준 말씀으로 깨끗케 된 자들이 바로 마음이 청결한 자다. 그러므로 하나님을 보려면 말씀이 하나님이다. 그 말씀이 믿어지면 하나님이 내 심령 안으로 들어오신다. 진리가 들어오기 때문에 그런 자들은 성경 갖고 거짓말을 할 수 없다. 말씀이 비치면 빛의 아들이다. 이걸 깨달으려면 무엇보다 영(말씀)으로 봐야 한다. 생명의 말씀을 보고 듣고 깨달은 것을 증거 하는 것이 노래 부르는 거다.

예수님 자체가 '그 옷과 그 다리에 이름 쓴 것이 있으니 만왕의 왕이요 만주의 주라 하였더라(계19;16)' 이같이 만왕의 왕이시므로 믿음이 있는 자가 이기는 자다. 철장 권세는 말씀으로 다스리는 거다. 말씀으로 모든 것을 하시기 때문에 예수님의 말씀이 심령 안에 들어오면 영혼이 은총 입은 자들이 된다. 그리스도 예수 안에 있는 자들이 온전한 십일조를 드릴 때 하늘 문이 열린다. 또한 그런 자들이 '또 복음이 먼저 만국에 전파되어야 할 것이니라(막13;10)' 복음을 전해야 만국으로 전파된다. 만국이 교회다. 사마리아와 땅 끝까지 복음이 전파되어야 하나님의 임재(영)를 볼 수 있다. 따라서 하나님은 선지자들한테 행하실 일을 먼저 나타내시고 강림하신다는 사실이다. 그러므로 모든 성경은 그 종 선지자한테 전하지 않고 행하는 일이 없다.

> 주 여호와께서 자기의 비밀을 그 종 선지자들에게 보이지 아니하시고는 결코 행하심이 없으시리라(암3;7)

모세가 올라간 곳이 시내산인데 하나님이 내려오신 곳이다. 노아의 가족이 방주로 건짐을 받고, 무지개의 언약으로 찾아오신 임재의 산이 아라랏산이다. 이와 같이 하나님의 신이 임재하는 곳에는 어디든지 주님이 함께 하는 산이다. 거기에서 하나님의 비밀이 나온다. 하나님의 비밀이 그리스도다. 비밀(그리스도의 말씀)을 만나면 그 안에 지혜와 지식의 모든 보화가 있다. 이들이 지성소로 올라간 자들이다. 거기 가면 새 언약의 말씀들이 가득 나온다. 하나님 앞으로 가는 길이 '예수께서 가라사대 내가 곧 길이요 진리요 생명이니 나로 말미암지 않고는 아버지께로 올 자가 없느니라(요14:6)' 이와 같이 예수 그리스도만이 천국의 문(길)이다. 주님은 의롭고 참되시며 거짓이 없는 분이시다.

> 주여 누가 주의 이름을 두려워하지 아니하며 영화롭게 하지 아니하오리이까 오직 주만 거룩 하시니이다. 주의 의로우신 일이 나타났으매 만국이 와서 주께 경배 하리이다 하더라(계15;4)

주의 이름이 주님의 말씀이다. 하나님께 예배드리려면 진리의 영이 와서 드려야 만방이 그 진리 앞에 무릎을 꿇는다. 따라서 '영화롭게'는 하나님께 영광을 돌린다는 말이다. 하나님께 찬양하고 있다는 것은 하나님의 백성들은 하나님께 영광을 돌리는 사람으로 살아야 함을 나타내고 있다. 또한 그렇게 살고 있으며, 또 그 사실을 찬양하는 자들이라는 것을 보여준 거다. 아울러 성도가 어떻게 살아야 하나님께 영광이 되는지 그걸 알아야 지금 우리가 이런 찬양을 부를 수 있다. 그리스도인들의 목표는 나의 구원이 아니라 하나님께의 영광이다. 성경은 우리가 하나님께 영광을 돌리는 삶을 살기 전에 이미 우리에게 먼저 하나님께서 영광을 주셨다고 말씀하신다.

> 내게 주신 영광을 내가 저희에게 주었사오니 이는 우리가 하나가 된 것같이 저희도 하나가 되게 하려 함이니이다(요17;22)

주님께서 우리에게 영광을 주셨다고 하셨다. 그러면 그 영광의 내용은 무엇인가?

> 모든 일을 그 마음의 원대로 역사하시는 자의 뜻을 따라 우리가 예정을 입어 그 안에서 기업이 되었으니. 이는 그리스도 안에서 전부터 바라던 우리로 그의 영광의 찬송이 되게 하려 하심이라
> (엡1;11-12)

우리가 하나님의 예정을 입어 그 안에서 기업이 된 것같이 우리가 구원을 받은 것 자체가 하나님께서 우리에게 주신 영광이다. 그런데 예수님도 '내게 주신 영광을 저희에게 주었다' 라고 하셨다. 그러므로 예수님 또한 하나님께 영광을 받으셨다는 것을 알 수 있다. 그럼 예수께서 받으신 영광은 어떤 영광일까?

> 하나님이 죄를 알지도 못하신 자로 우리를 대신하여 죄를 삼으신 것은 우리로 하여금 저의 안에서 하나님의 의가 되게 하려 하심이니라(고후5;21)

주님은 우리를 대신하고 우리의 죄가 되시려고 이 땅에 오셨다. 그래서 그분은 하나님이 의롭게 만드시지 않으면 영원히 지옥에 갈 수밖에 없는 자리까지 낮아지셨다. 그런데 하나님께서 그 아들을 사망에서 살리시고 그를 의롭게 만드셨다. 예수님은 그렇게 구원을 받으신 것이다. 그리고 그 안에 들어 있는 하나님이 예정하신 모든 하나님의 백성들을 의롭게 만들어 주셨다. 그래서 우리 주님이 가장 먼저 하나님으로부터 영광을 받으셨고 그 안에 들어있는 우리가 함께 영광을 받게 된 거다.

그러면 하나님의 영광을 받은 자의 삶은 어떤 삶이어야 하는가? 바로 예수 그리스도의 순종의 삶이어야 한다. 그런 자들만이 둘째 하늘에 올라가 '삼가 이 소자 중에 하나도 업신여기지 말라 너희에게 말하노니 저희 천사들이 하늘에서 하늘에 계신 내 아버지의 얼굴을 항상 뵈옵느니라(마18:10)' 이와 같이 아버지의 얼굴을 항상 볼 수 있기 때문에 신령과 진정으로 예배드릴 수 있다. 그러므로 이들한테는 하늘에서 부리는 천사가 늘 동행해 따라다닌다.

2. 증거장막의 성전

> 또 이 일 후에 내가 보니 하늘에 증거 장막의 성전이 열리며. 일곱 재앙을 가진 일곱 천사가 성전으로부터 나와 맑고 빛난 세마포 옷을 입고 가슴에 금띠를 띠고(계15:5-6)

대접 재앙이 세상에 부어지게 되는 이유와 근거, 그리고 그 대접 재앙이 가지고 있는 성격에 대해 기술되어 있다. 따라서 '또 이 일 후에 내가 보니 하늘에 증거 장막의 성전이 열리며' 여기서 '내가보니' 는 유리 바닷가에서 모세의 노래, 어린양의 노래를 부르는 하나님의 백성들을 그리던 장면에서 증거 장막의 성전으로 시선이 옮겨진다. '증거 장막의 성전'은 민수기에 잘 나타나 있다.

> 모세가 그 지팡이들을 증거의 장막 안 여호와 앞에 두었더라. 이튿날 모세가 증거의 장막에 들어가 본즉 레위 집을 위하여 낸 아론의 지팡이에 움이 돋고 순이 나고 꽃이 피어서 살구 열매가 열렸더라(민17;7-8)

성경에서는 성막, 그 중에서도 하나님의 임재가 있는 성소를 가리켜 증거의 장막이라 부른다. 왜 그곳을 증거의 장막이라 부르는가?

> 내가 네게 줄 증거판을 궤 속에 둘지며. 속죄소를 궤 위에 얹고 내 네게 줄 증거판을 궤 속에 넣으라. 거기서 내가 너와 만나고 속죄소 위 곧 증거궤 위에 있는 두 그룹 사이에서 내가 이스라엘 자손을 위하여 네게 명할 모든 일을 네게 이르리라(출25;16-22)

하나님은 십계명 돌판을 증거판이라고 부르시고 그 증거판이 들어 있는 벧궤를 증거궤라 부른다. 그리고 그 증거궤가 들어 있는 성막을 증거 장막이라 부른다. 그러니까 증거 장막은 십계명 돌판과 아주 밀접한 관련이 있다.

십계명 돌판은, 거룩과 공의, 사랑과 용서 같은 하나님의 속성과 하나님 자신을 증거하는 돌판이다. 그리고 그 증거판이 들어 있는 벧궤도 역시 하나님의 공의와 은혜와 거룩하심을 나타내는 상자다. 벧궤의 위에 점도 없고 흠도 없는 제물의 피가 뿌려짐으로써 죄인들이 죄 사함을 받게 되는 사랑과 은혜가 동시에 드러나는 하나님을 증거하는 궤다. 그 법궤가 들어 있는 성막과 성소 역시 하나님의 심판과 용서, 즉 하나님의 임재와 거룩이 증거되는 곳이다. 그 하나님의 공의와 심판, 사랑과 용서가 동시에 나타난 곳이 예수 그리스도시다. 그러므로 예수 그리스도를 증거장막, 곧 성전이라 부른다.

> 예수께서 대답하여 가라사대 너희가 이 성전을 헐라 내가 사흘 동안에 일으키리라. 유대인들이 가로되 이 성전은 사십 육년 동안에 지었거늘 네가 삼일 동안에 일으키겠느뇨 하더라. 그러나 예수는 성전 된 자기 육체를 가리켜 말씀하신 것이라.(요2;19-21)

예수께서 스스로를 가리켜 성전이라 하셨다. 따라서 성전, 증거 장막은 하나님의 속성과 임재와 구원과 심판을 동시에 나타낸 거다. 그래서 그 하나님의 임재가 증거되는 그 성막과 성전, 그리고 그 안의 모든 것들이 거룩하게 구별되어 취급되었다.

> 그들로 증거막과 그 모든 기구와 그 모든 부속물을 관리하게 하라 그들은 그 장막과 그 모든 기구를 운반하며 거기서 봉사하며 장막 사면에 진을 칠지며. 장막을 운반할 때에는 레위인이 그것을 걷고 장막을 세울 때에는 레위인이 그것을 세울 것이요 외인이 가까이 오면 죽일지며. 이스라엘 자손은 막을 치되 그 군대대로 각각 그 진과 그 곁에 칠 것이나. 레위인은 증거막 사면에 진을 쳐서 이스라엘 자손의 회중에게 진노가 임하지 않게 할 것이라 레위인은 증거막에 대한 책임을 지킬지니라 하셨음이라.(민1;50-53)

이같이 하나님의 증거장막, 성소는 아무나 범접할 수 있는 곳이 아니다. 거룩한 곳이고 하나님의 임재가 있는 곳이기 때문이다. 그런데 그 증거 장막의 성전이 열렸다. 성전이 열렸다는 것은 이제 하나님의 은혜와 사랑으로 거룩한 하나님의 백성들의 구원을 완성하실 것이고 거룩치 못한 것들은 심판하실 것이라는 것을 동시에 보여주는 장면이다.

> 너희가 하나님의 성전인 것과 하나님의 성령이 너희 안에 거하시는 것을 알지 못하느뇨. 누구든지 하나님의 성전을 더럽히면 하나님이 그 사람을 멸하시리라 하나님의 성전은 거룩하나 너희도 그러하니라.(고전3;16-17)

성도는 예수 그리스도의 공로로 하나님이 거하실 처소가 되었다. 즉 우리 자신이 하나님의 성전이 된 거다. '용이 여자에게 분노하여 돌아가서 그 여자의 남은 자손 곧 하나님의 계명을 지키며 예수의 증거를 가진 자들로 더불어 싸우려고 바다 모래 위에 섰더라(계12;17)' 이같이 예수의 증거를 가진 자들을 가리켜 하나님의 계명을 지킨 자라고 한다.

따라서 그 일곱 재앙을 쏟아 부을 천사들이 바로 그 하나님의 임재를 나타내는 성전으로부터 나온다는 것은 심판은 철저하게 하나님의 뜻에 의해 일어나는 것이라는 것을 보여주고 있다.

> 네 생물 중에 하나가 세세에 계신 하나님의 진노를 가득히 담은 금 대접 일곱을 그 일곱 천사에게 주니. 하나님의 영광과 능력을 인하여 성전에 연기가 차게 되매 일곱 천사의 일곱 재앙이 마치기까지는 성전에 능히 들어갈 자가 없더라.(계15;7-8)

네 생물은 천상의 그룹이다. 그 네 생물에게서 일곱 천사가 하나님의 진노가 담긴 금 대접을 받는다. 이 금 대접은 '책을 취하시매 네 생물과 이십사 장로들이 어린양 앞에 엎드려 각각 거문고와 향이 가득한 금 대접을 가졌으니 이 향은 성도의 기도들이라(계5;8)' 이같이 네 생물과 이십사 장로가 갖고 있는 그 금대접이 여기서의 금 대접과 같은 대접이다. 그런데 그 금 대접 안에 성도들의 기도가 들어 있다. 그 성도들의 기도는 빨리 악이 멸해지고 하나님 나라가 속히 완성되기를 간절히 바라는 기도였다. 성도들의 기도가 담겨있던 그 금 대접을 일곱 천사가 받아서 16장부터 세상에 쏟는 거다.

그러니까 세상에 임하는 하나님의 심판은 전부 우리 성도들의 기도의 응답으로 쏟아지게 된다. 그 기도에는 내 밖에 있는 악한 세력뿐만 아니라 내 안에 있는 죄된 습관, 더러운 집착, 중독 이러한 것들을 버리고 하나님이 원하시는 장성한 분량으로 완성되게 해달라는 염원도 함께 들어 있다.

또한 금 대접은 연회에서 포도주를 담는 그릇을 말한다. 성경은 그 그릇을 '잔'이라고 부른다. 그런데 성경에서는 주로 '포도주 잔을 마신다'라는 표현을 '하나님의 진노와 심판에 던져진 자들'을 가리킬 때 쓴다.

> 대접으로 포도주를 마시며 귀한 기름을 몸에 바르면서 요셉의 환난을 인하여는 근심치 아니하는 자로다.(암6;6)

하나님께서 죄에 빠진 이스라엘을 가리켜 '대접으로 포도주를 마시는 자들'이라고 표현 하셨다. 그런데 14장에서 그 진노의 포도주 잔은 하나님의 진노가 담긴 잔이기도 하지만 사단의 수하에 있는 죄인의 무리가 악으로 말미암아 스스로 마시는 진노의 포도주 잔이기도 하다.

또 다른 천사 곧 둘째가 그 뒤를 따라 말하되 무너졌도다 무너졌도다 큰 성 바벨론이여 모든 나라를 그 음행으로 인하여 진노의 포도주를 먹이던 자로다 하더라. 또 다른 천사 곧 셋째가 그 뒤를 따라 큰 음성으로 가로되 만일 누구든지 짐승과 그의 우상에게 경배하고 이마에나 손에 표를 받으면. 그도 하나님의 진노의 포도주를 마시리니 그 진노의 잔에 섞인 것이 없이 부은 포도주라 거룩한 천사들 앞과 어린양 앞에서 불과 유황으로 고난을 받으리니
(계14;8-10)

또한 대접재앙은 말세의 기간 동안에 예수 그리스도의 십자가의 은혜에서 제외된, 짐승에게 경배하고 이마에나 손에 표를 받은 마귀를 추종하는 무리들이 받는 재앙이다. 그러므로 하나님의 진노의 손길 아래 놓인 죄인들이 스스로 그들의 악함으로 파멸되어지는 모습이기도 하다. 그 대접 재앙의 원형이 이사야서에 나온다.

여호와의 손에서 그 분노의 잔을 마신 예루살렘이여 깰찌어다 깰찌어다 일어설찌어다 네가 이미 비틀걸음 치게 하는 큰 잔을 마셔 다하였도다. 네가 낳은 모든 아들 중에 너를 인도할 자가 없고 너의 양육한 모든 아들 중에 그 손으로 너를 이끌 자도 없도다. 이 두 가지 일이 네게 당하였으니 누가 너를 위하여 슬퍼하랴 곧 황폐와 멸망이요 기근과 칼이라 내가 어떻게 너를 위로하랴. 네 아들들이 곤비하여 그물에 걸린 영양같이 온 거리 모퉁이에 누웠으니 그들에게 여호와의 분노와 네 하나님의 견책이 가득하였도다. 그러므로 너 곤고하며 포도주가 아니라도 취한 자여 이 말을 들으라. 네 주 여호와, 그 백성을 신원하시는 네 하나님이 이같이 말씀하시되 보라 내가 비틀걸음 치게 하는 잔 곧 나의 분노의 큰 잔을 네 손에서 거두

어서 너로 다시는 마시지 않게 하고. 그 잔을 너를 곤고케 하던 자들의 손에 두리라 그들은 일찍 네게 이르기를 엎드리라 우리가 넘어가리라 하던 자들이라 너를 넘어가려는 그들의 앞에 네가 네 허리를 펴서 땅 같게, 거리 같게 하였느니라 하시니라(사51;17-23)

이같이 하나님께서 패역한 이스라엘에게 진노의 포도주 잔을 마신 자라고 하신다. 그런데 그렇게 진노의 포도주 잔을 마시고 하나님의 심판과 멸망으로 떨어질 사들 중에서 어떤 무리, 즉 영적 이스라엘인 하나님의 백성들에게는 하나님께서 그 진노의 포도주 잔을 거두시고 거기에 선택되지 못한 마귀의 무리에게만 그 진노의 포도주 잔을 마시게 하고 있다. 그 일이 십자가에서 일어났다. 예수께서 어떤 무리를 대신해서 그 진노의 포도주 잔을 마셔 버리신 거다.

조금 나아가사 얼굴을 땅에 대시고 엎드려 기도하여 가라사대 내 아버지여 만일 할 만하시거든 이 잔을 내게서 지나가게 하옵소서 그러나 나의 원대로 마옵시고 아버지의 원대로 하옵소서 하시고 (마26;39)

그 결과 성도들은 그 진노의 잔과 상관없는 자들이 되었고 나머지는 하나님의 진노의 잔을 영원히 마시게 된다. 따라서 금 대접을 주었는데 진노의 말씀을 담았다. 심판은 뭘로 하겠느냐? 하나님은 말씀으로 창조했다. 그래서 말씀으로 심판하신다. 우리의 심령조차도 하나님께서 창조하셨다. 하나님이 진실이면 예수님도 진실이시므로 우리도 진실해야 한다. 그래서 대언의 영을 받은 사람들만이 진실과 충신이다. 예수의 증거는 대언의 영이다. 우리의 증거는 예수님을 증거하는 거다. 즉 대언의 영이 생기고, 따라서 우리는 '또 내게 이르시되 너는 이 모든 뼈에게 대언하여 이르기를 너희 마른 뼈들아 여호와의 말씀을 들을찌어다(겔37;4)' 이와 같이 생기의 대언자다. 여호와의 말씀을 들어야 한다. 듣지 않으면 영혼이 회복이 되지 않는다. 그러므로 '살리는 것은 영이니 육은 무익하니라 내가 너희에게 이른 말이 영이요 생명이라(요6;63)' 이같이 생기가 들어가야 산다. 예수님 말씀 자체가 생기다. 육이 죽었다 살아나는 것을, 영이 죽었다 살아나는 것으로 비유해서 설명했다. 그러므로 이 땅의 모든 사람들은 하나님 보시기에 다 죽었다. 그러나 예수 안에 있으면 '아담 안에서 모든 사람이 죽은 것같이 그리스도 안에서 모든 사람이 삶을 얻으리라(고전15;22)' 이같이 영혼이 죽지 않는다. 그러므로 그리스도 안에 있는 자들은 무슨 독을 마시든지 해가 없다. 이 세상 교리가 독이다. 그걸 깨닫지 못하면 성전에 연기가 가득차서 하나님의 영광과 능력으로 인하여 일곱 재앙이 마칠 때까지 성전에 들어가지 못한다.

제5부

심판하는 한국교회

16장
패망하는 대형교회

1. 진노의 일곱대접

아브라함은 모리아산, 노아는 아라랏산, 모세는 시내산, 예수님은 감람산에서 하나님의 모든 역사는 이와 같이 산에서 역사하셨다. 다시 말해 산이 조직체다. 따라서 주님이 거느리는 산이 시온산이다. 산상 시온에서 그리스도의 말씀을 좇는 자들은 주님께서 모든 것을 알게 하시므로 이들이 믿음의 선진들이다.

> 보혜사 곧 아버지께서 내 이름으로 보내실 성령 그가 너희에게 모든 것을 가르치시고 내가 너희에게 말한 모든 것을 생각나게 하시리라. 이제 일이 이루기 전에 너희에게 말한 것은 일이 이룰 때에 너희로 믿게 하려 함이라(요14;26.29)

믿음이 있는 자들만이 예수 그리스도의 영에 의해 사단의 정체를 알게 된다. 그러므로 모든 재앙에서 벗어나 심판에 이르지 않는다. 거기에는 믿음의 주가 우리를 지키고 보호해 주시므로 천사들의 음성을 들을 수 있기 때문이다. 따라서 계시록 16장은 심판장이다.

> 또 내가 들으니 성전에서 큰 음성이 나서 일곱 천사에게 말하되 너희는 가서 하나님의 진노의 일곱 대접을 땅에 쏟으라 하더라 (계16;1)

이 진노의 대접을 첫 장막인 땅에 쏟으라 하시는데, '그의 머리 하나가 상하여 죽게 된 것 같더니 그 죽게 되었던 상처가 나으매 온 땅이 이상히 여겨 짐승을 따르고(계13;3)' 이와 같이 땅이 사람이다. 사람을 '그러나 여호와여 주는 우리 아버지시니이다 우리는 진흙이요 주는 토기장이시니 우리는 다 주의 손으로 지으신 것이라(사64;8)' 이와 같이 흙으로 만들어서 땅으로 비유했다. 땅은 백성이고 하늘은 지도자다. 그리고 주님이 토기장이시다. 그릇이 사람인데 성도는 그리스도의 말씀을 담는 그릇이 되어야 한다.

> 주께서 가라사대 가라 이 사람은 내 이름을 이방인과 임금들과 이스라엘 자손들 앞에 전하기 위하여 택한 나의 그릇이라.(행9;15)

이같이 사도바울은 하나님이 택한 그릇이다. 우리도 주님께서 택한 그릇이 되어 거기에 진리를 담은 그릇이 되어야 한다. 그리고 또 하나의 그릇은 하나님이 깨버리는 모압 그릇이 있다.

> 모압은 예로부터 평안하고 포로도 되지 아니하였으므로 마치 술의 그 찌끼 위에 있고 이 그릇에서 저 그릇으로 옮기지 않음 같아서

그 맛이 남아 있고 냄새가 변치 아니하였도다. 그러므로 나 여호와가 말하노라 날이 이르리니 내가 그 그릇을 기울일 자를 보낼 것이라 그들이 기울여서 그 그릇을 비게 하고 그 병들을 부수리니 (렘48;11–12)

이와 같이 우리는 대접이 사람이란 걸 알아야 한다. 그러므로 진노의 말씀을 담아 쏟아 버리는 것이 심판이다. 하나님은 영이시기 때문에 하나님의 일을 하시기위해서 반드시 사람한테 성령을 담아 역사를 하신다. 그러므로 사람한테 하나님의 영을 담으면 하나님의 사람이 되고, 마귀도 사람한테 귀신의 영이 침투해 들어가면 사단이 된다.

초림 당시 베드로, 요한, 야고보는 주님의 영을 받은 제자들이다. 그러므로 그들은 그리스도의 말씀만 온전히 전하고 갔다. 오늘날도 주의 종이라 한다면 자기(육신)가 죽어야 하나님(성령)의 일을 감당할 수 있다. 그런데 이 땅의 목사들은 바벨론인 세상 교리가 많이 들어가서 사단의 역사만 한다. 성경말씀의 자기 생각이 섞이면 사단한테 미혹 당한다. 그러므로 성경 갖고 육신의 생각이 들어가면 그게 바로 사망이고 하나님과 원수가 된다. 따라서 성도라면 '큰 집에는 금과 은의 그릇이 있을 뿐 아니요 나무와 질그릇도 있어 귀히 쓰는 것도 있고 천히 쓰는 것도 있나니(딤후2;20)' 이와 같이 하나님께로부터 귀한 그릇으로 쓰임받기를 원해야 한다. 금 그릇은 자기를 완전히 없애고 금 같은 보배로운 말씀만 담는 그릇이고, 나무와 질그릇도 깨끗이 하면 보배로운 질그릇을 소유한 자가 된다. 그러려면 빛(말씀)을 우리 그릇(심령) 안에 담아야 한다.

어두운 데서 빛이 비취리라 하시던 그 하나님께서 예수 그리스도의 얼굴에 있는 하나님의 영광을 아는 빛을 우리 마음에 비취셨느니라. 우리가 이 보배를 질그릇에 가졌으니 이는 능력이 심히 큰 것이 하나님께 있고 우리에게 있지 아니함을 알게 하려 함이라 (고후4;6-7)

우리는 보배로운 질그릇을 소유해야 한다. 생각과 마음에 그리스도 말씀이 들어가면 하나님의 능력의 빛을 비취므로 어둠이 물러간다. 따라서 보배를 가지면 소유자가 되어 하나님의 능력을 받게 된다. 이런 자들만이 지금 교회가 잘못 가고 있는 이들을 향해 '회개하라 천국이 가까이 왔다'고 외칠 수 있다. 그렇지 않으면 가중한 일로 인하여 진노의 일곱 대접을 쏟아 부으신다.

이르시되 너는 예루살렘 성읍 중에 준행하여 그 가운데서 행하는 모든 가중한 일로 인하여 탄식하며 우는 자의 이마에 표하라 하시고(겔9;4)

하나님께서 교회들의 잘못된 것을 보고 탄식하는 자한테 에스겔 선지자한테 여기다가 표 즉 말씀을 갖고 인치라는 거다. 그 나머지는 심판하라는 거다. 인을 맞으려면 '위로부터 오시는 이는 만물 위에 계시고 땅에서 난 이는 땅에 속하여 땅에 속한 것을 말하느니라 하늘로서 오시는 이는 만물 위에 계시나니(요3;31)' 예수님의 증거의 말씀이 받아져야 한다. 모든 소유권이 주님한테 있다. 그러므로 심판은 하나님의 인 맞은 자들한테는 할 수가 없다. 그러므로 하나님의 종들의 이마에 인치기 까지 심판을 보류하고 계신 하나님의 은혜의 사랑을 깨우쳐야 한다.

가로되 우리가 우리 하나님의 종들의 이마에 인치기까지 땅이나

> 바다나 나무나 해하지 말라 하더라. 내가 인 맞은 자의 수를 들으니 이스라엘 자손의 각 지파 중에서 인 맞은 자들이 십사만 사천이니 (계7;3-4)

따라서 심판은 애굽(세상)에만 하신다. 그러므로 성도라면 예수님의 말씀으로 인을 맞아야 한다. 그러려면 생각과 마음에 주님의 말씀만 고스란히 담고 있어야 한다. 심판은 정죄다. 심판하는 권세는 예수님한테만 있다. 아울러 계시록 16장의 전체의 내용은 하나님의 진노의 말씀을 일곱 대접에 담아 땅에 쏟으라는 거다. 마지막 재앙인 일곱 재앙을 포함한 모든 재앙은 말세의 기간 동안에 이 세상에 일어날 심판과 재앙의 내용을 각기 다른 관점에서 반복적으로 기록해 놓았다. 그 재앙이 처음에 삼분의 일에서 점차 전체로 확산되어가고 있다.

> 첫째가 가서 그 대접을 땅에 쏟으매 악하고 독한 헌데가 짐승의 표를 받은 사람들과 그 우상에게 경배하는 자들에게 나더라. (계16;2)

첫째 대접이 땅에 쏟아지니까 악하고 독한 헌데가 악한 사람들한테 생겼다. 또한 첫째 나팔 재앙에서는 '첫째 천사가 나팔을 부니 피 섞인 우박과 불이 나서 땅에 쏟아지매 땅의 삼분의 일이 타서 사위고 수목의 삼분의 일도 타서 사위고 각종 푸른 풀도 타서 사위더라(계8;7)' 둘 다 재앙이 땅에 쏟아졌다. 그런데 재앙이 쏟아진 곳이 666의 짐승의 표를 받은 자들과, 우상에게 경배하는 자들인데 그들이 '또 내가 보매 개구리 같은 세 더러운 영이, 용의 입과 짐승의 입과 거짓 선지자의 입에서 나오니(계16;13)' 전부 짐승의 표를 받은 자들이다. 우상(탐심)이 거짓 스승이다. 그러므로 거짓 스승에 메이면 안된다. 바다가 이 세상 종교이다. 따라서 성경 말씀 갖고 거짓말이 나오는 종교인들은 전부 우상을 섬기는 자들이다.

> 바벨론 왕 벨사살 원년에 다니엘이 그 침상에서 꿈을 꾸며 뇌 속으로 이상을 받고 그 꿈을 기록하며 그 일의 대략을 진술하니라. 다니엘이 진술하여 가로되 내가 밤에 이상을 보았는데 하늘의 네 바람이 큰 바다로 돌려 불더니. 큰 짐승 넷이 바다에서 나왔는데 그 모양이 각각 다르니(단7;1-3)

큰 짐승이 나오는 바다가 네 짐승인 네 왕이다. 바다에서 나오는 짐승이 '저가 모든 자 곧 작은 자나 큰 자나 부자나 빈궁한 자나 자유한 자나 종들로 그 오른손에나 이마에 표를 받게 하고(계13;16)'이다. 이들로 인해 세상에 있는 교회의 영들이 다 죽는다. 교회에 하나님의 영이 없어 사명을 못하면 그게 죽는 거다. 즉 '아담 안에서 모든 사람이 죽은 것 같이 그리스도 안에서 모든 사람이 삶을 얻으리라(고전15;22)' 이와 같이 아담 안에 있는 자들이 다 죽었다. 그러므로 하나님의 영이 함께 하지 않으면 누구나 죽는다. 그러나 여기에 '내가 진실로 진실로 너희에게 이르노니 내 말을 듣고 또 나 보내신 이를 믿는 자는 영생을 얻었고 심판에 이르지 아니하나니 사망에서 생명으로 옮겼느니라(요5;25)' 이같이 예수님의 말씀이 들어가면 다시 산다. 따라서 세상에 있는 영혼들은 다 죽지만 예수 그리스도를 믿는 자들은 영생을 얻는다.

> 둘째가 그 대접을 바다에 쏟으매 바다가 곧 죽은 자의 피 같이 되니 바다 가운데 모든 생물이 죽더라. 셋째가 그 대접을 강과 물 근원에 쏟으매 피가 되더라.(계16;3-4)

영계에도 네 생물이 있다. 절의 문 입구에 사천왕이 있다. 하나님의 영계도 사천왕인 네 생물이 있다. 하나는 사자 같고, 송아지 같고, 인자 같고, 독수리 같다. 이게 영계에 있는 네 생물이다. 그러나 바다(세상) 가운데 있는 생물들은 이 땅의 짐승들이다. 이곳에 첫째 대접을 바다에 쏟으니까 피같이 되었다.

그러나 두 번째 나팔 재앙에서는 '둘째 천사가 나팔을 부니 불붙는 큰 산과 같은 것이 바다에 던지우매 바다의 삼분의 일이 피가 되고. 바다 가운데 생명 가진 피조물들이 삼분의 일이 죽고 배들의 삼분의 일이 깨어지더라(계8;8-9)' 와 같이 대접 재앙과 바다가 죽은 자의 피같이 되었다.

이는 인의재앙과 나팔재앙에서 이미 충분히 설명했듯이 전쟁, 기근, 질병, 자연재해와 같이 바다(세상)가 피가 되었다. 그러니까 그것보다는 이 재앙으로 말미암아 믿는 자들과 믿지 않는 자들에게 어떠한 결과가 초래하는가에 더 초점을 맞추어야 한다. 따라서 이 대접 재앙은 영적인 면에 비중을 두고 해석해야 한다. 이 일곱 재앙들은 분명 이 말세의 기간 동안에 믿는 자와 믿지 않는 자들에게 공히 내리는 하나님이 허락하신 재앙이다.

그런데 그 재앙이 짐승의 표를 받은 사람들과 우상에게 경배하는 자들에게만 내렸다. 이는 이 땅에 내리는 재앙의 영적인 국면을 설명하고 있다. 성도들도 똑같이 재앙에 노출되어 있지만 그것이 우리에게는 심판과 재앙이 아니라 오히려 회개하고 돌아설 수 있는 은혜의 수단이 된다는 것을 시사하고 있다.

그래서 그 재앙이 666인 짐승의 표, 즉 구원받지 못한 죄인들과 우상을 숭배하는 자들에게만 임한다고 기록한 것이다. 그래서 대접이 바다(세상)에 쏟아지니까 바다가 피같이 되었다. 성경에서 바다는 세상이요 물은 저주, 심판, 죄, 악, 그 악의 세력을 상징한다. 그래서 새 하늘과 새 땅에는 '다시 바다가 있지 않고'와 같은 다른 유리바다가 존재하고 있는 거다. 물에 대해서는 계시록 17장에서 세상을 미혹하는 음녀가 물 위에 앉아 있는 것으로 표현 했다.

> 또 일곱 대접을 가진 일곱 천사 중 하나가 와서 내게 말하여 가로되 이리 오라 많은 물 위에 앉은 큰 음녀의 받을 심판을 네게 보이리라(계17;1)

이와 같이 그 물이라는 것이 구체적으로 어떤 것인지에 대해 '또 천사가 내게 말하되 네가 본바 음녀의 앉은 물은 백성과 무리와 열국과 방언들이니라(계17;15)' 이와 같이 자체적으로 해석에 주고 있다. 그러니까 하나님의 진노의 대접이 바다에 쏟아졌다는 것은, 하나님의 택함에서 제외된 악의 세력을 좇는 세계 모든 거민들에게 하나님의 진노의 대접이 쏟아졌다는 거다.

그리고 세 번째 대접은 강과 물에 쏟아졌다. 따라서 세 번째 나팔은 '셋째 천사가 나팔을 부니 횃불 같이 타는 큰 별이 하늘에서 떨어져 강들의 삼분의 일이 여러 물 샘에 떨어지니. 이 별 이름은 쑥이라 물들의 삼분의 일이 쑥이 되매 그 물들이 쓰게 됨을 인하여 많은 사람이 죽더라.(계16;10-11)' 강과 물 샘에 떨어졌다.

이 재앙은 출애굽에서 첫 번째 재앙과 흡사하다. 애굽 사람들이 신으로 섬기고 있던 나일 강을 피로 만들어 버리셨다는 것은 그들이 섬기는 신을 죽여 버린 거다. 그러니까 바다와 강과 물에 떨어지는 대접재앙은 하나님을 알지 못하는 악한 무리들이 신으로 섬기는 것들을 하나님께서 죽여 버리는 재앙인 거다. 따라서 피같이 되었다는 것은 죽었다는 것이다. 즉 셋째 대접을 강과 물 근원에 쏟자 피가 된 것은, '나팔 가진 여섯째 천사에게 말하기를 큰 강 유브라데에 결박한 네 천사를 놓아 주라 하매(계9;14)' 여기서의 큰 강은 유브라데스 강인데, '네가 시홀의 물을 마시려고 애굽 길에 있음은 어쩜이며 또 그 하수를 마시려고 앗수르 길에 있음은 어쩜이뇨(렘2:18)' 유브라데스 강 자체가 바로 하수다. 하수는 비 진리다. 이는 바벨론의 비진리가 마른다는 뜻이다. 강이 피가 된 것은 진리의 말씀이 없으니까 교인들이 다 떠난 거다.

> 내가 들으니 물을 차지한 천사가 가로되 전에도 계셨고 시방도 계신 거룩하신 이여 이렇게 심판하시니 의로우시도다.(계16;5)

세 번째 대접이 쏟아지고 난 뒤 물을 차지한 천사가 등장한다. 물을 차지한 천사가 '하나님의 심판은 의로우시다'라고 선포를 한다. 이는 예수께서 십자가에 달리시므로 그 심판이 참되고 의로우시다고 한 거다. 이는 '큰 소리로 불러 가로되 거룩하고 참되신 대 주재여 땅에 거하는 자들을 심판하여 우리 피를 신원하여 주지 아니하시기를 어느 때까지 하시려나이까.(계6:10)' 바로 이 기도와 같은 거다. 그러므로 성도라면 사단의 세계에서 빠져나와야 한다. 무엇보다 예수님의 피 뿌린 말씀을 받은 자들만 하나님께 나오고, 또한 그들만이 성령(말씀)을 마음에 받들어 모신다. 하나님께서는 주님의 말씀을 듣는 것을 가장 기뻐하신다. 그러므로 성도의 기도는 육이 몸담고 있는 이 땅의 것이 아니라, 내 정신이 가있는 시온산인 하늘의 도성에서 하나님과 함께 거하길 바라는 그런 기도여야 한다.

> 그러나 너희가 이른 곳은 시온 산과 살아 계신 하나님의 도성인 하늘의 예루살렘과 천만 천사와(히12;22)

살아계신 하나님이 계신 곳이 하늘의 예루살렘이다. 여기에는 천천만만의 영들이 있다. 지성소에 올라간 자들은 아벨의 피보다 더 진한 피가 우리의 심령 안에 흐르고 있다. 그러므로 말씀이 육신이 되어 이 땅에 오신 주님의 말씀이 우리를 인도할 때 거기가 바로 천만 천사(영)가 거하는 하나님의 도성이다.

> 이방들이 분노하매 주의 진노가 임하여 죽은 자를 심판하시며 종 선지자들과 성도들과 또 무론대소하고 주의 이름을 경외하는 자들에게 상 주시며 또 땅을 망하게 하는 자들을 멸망시키실 때로소이다(계11;18)

누구나 하나님의 영이 없으면 죽은 자다. 주님의 말씀이 내 심령 안에 있으면 생명이 있는 자고, 생명이 있는 자가 주의 이름을 경외하게 된다. 또한 그 심판이 의로운 또 다른 이유가 '저희가 성도들의 선지자들의 피를 흘렸으므로 저희도 피를 마시는 것이 합당하다' 이게 하나님의 심판의 의로우신 이유다. 악은 악대로, 선은 선대로 심판과 구원의 확실성을 갖고 계신 분이기에 의로우신 거다.

> 그 여자는 자주 빛과 붉은 빛 옷을 입고 금과 보석과 진주로 꾸미고 손에 금잔을 가졌는데 가증한 물건과 그의 음행의 더러운 것들이 가득하더라. 그 이마에 이름이 기록되었으니 비밀이라, 큰 바벨론이라, 땅의 음녀들과 가증한 것들의 어미라 하였더라. 또 내가 보매 이 여자가 성도들의 피와 예수의 증인들의 피에 취한지라 내가 그 여자를 보고 기이히 여기고 크게 기이히 여기니. (계17;4-6)

악한 세력들이 바로 성도들로 하여금 피를 흘리게 한 자들이다. 그러기 때문에 그들도 역시 그 피에 상응하는 재앙을 그들의 시간 속에서 지금 받고 있다. 따라서 악인들에게 앞으로 영원한 심판을 받게 될 것임을 선언함과 동시에 그 일은 하나님의 의로우심의 발현이기에 필연적이라는 것을 피력한 거다.

하나님의 의(義)는 하나님과 하나님의 백성들과의 관계에서 그 관계가 요구되는 것을 성실하게 수행해 내는 것이 하나님의 의다. 하나님은 하늘의 백성들한테 피를 흘리게 한 악한 무리들을 그냥 두지 않는다. 그러기에 천사가 '하나님은 의로우시다'고 말한 것이다.

> 그 죄는 하늘에 사무쳤으며 하나님은 그의 불의한 일을 기억하신지라. 그가 준 그대로 그에게 주고 그의 행위대로 갑절을 갚아주고 그의 섞은 잔에도 갑절이나 섞어 그에게 주라.(계18;5-6)

이와 같이 하나님은 이렇게 자기 백성들의 편이라 철저하게 복수해 주시는 하나님이시다. 또한 바벨론을 심판하는 일이 의로운 일이다. 하나님이 하시는 일은 잘못된 게 하나도 없고 참되고 의로운 일만 하신다.

> 저희가 성도들과 선지자들의 피를 흘렸으므로 저희로 피를 마시게 하신 것이 합당하나이다 하더라. 또 내가 들으니 제단이 말하기를 그러하다 주 하나님 곧 전능하신 이시여 심판하시는 것이 참되시고 의로우시도다 하더라.(계16;6-7)

그러므로 성도는 사단의 세계에서 속히 나와야 한다. 예수님의 피 뿌린 말씀을 받은 자들은 심판하시기 전에 깨닫고 주님께로 나온다. 그런 자들은 하나님의 말씀을 심령에 받들어 모신다. 따라서 성도는 하나님의 형상을 닮은 영이다. 그러므로 그리스도의 형상을 정신에 담은 자들은 신. 구약을 마음대로 갖다 먹을 수 있다. 혹여라도 성도가 음녀들의 것을 탐하고 있다면 그것을 다 버리고 주님의 말씀만 담아야 예수의 피를 마신 자로 인정받고, 주님 앞에 합당한 자로 바로 설 수 있다. 그러기 위해선 반드시 흰옷을 입어야 한다.

> 그러나 사데에 그 옷을 더럽히지 아니한 자 몇 명이 네게 있어 흰옷을 입고 나와 함께 다니리니 그들은 합당한 자인 연고라(계3;4)

흰옷은 세마포 옷이다. '그에게 허락하사 빛나고 깨끗한 세마포를 입게 하셨은즉 이 세마포는 성도들의 옳은 행실이로다(계19;8)' 세마포는 이와 같이 성도들의 옳은 행실이다. 합당한 자들이 바로 그리스도의 옷을 입은 자들이다. 그들한테는 그리스도의 향내가 난다.

또한 합당한 사람 속에 합류하려면 '이 책을 펴거나 보거나 하기에 합당한 자가 보이지 않기로 내가 크게 울었더니(계5;4)' 어린양만이 이 책을 떼시는 분이다. 이 책을 뗄 수 있는 자 안에 들어가려면 예수님의 말씀을 갖다 먹어야 한다. 그래야 하늘의 영계들에 속한 자가 되어 영혼의 눈이 떠진다. 또한 그러려면 불로 연단된 말로 부요하게 해야 한다. 흰옷은 예수님의 깨끗한 말씀의 옷이다. 영혼의 눈이 떠지려면 실로암에 가서 깨끗이 씻어야 한다. 예수님 자체가 실로암이고 다윗샘이다. 우리가 진정으로 회개하고 죄사함을 받으면 예수님께서 문(말씀)을 열어 주신다. 그러면 우리 심령에 그리스도의 말씀(영)이 들어온다. 그러므로 성도는 예수님의 양식이 곧 나의 양식이 된다.

> 내게는 너희가 알지 못하는 먹을 양식이 있느니라. 나의 양식은

나를 보내신 이의 뜻을 행하며 그의 일을 온전히 이루는 이것이니라(요4;32.34)

예수님의 양식 자체가 하나님의 뜻과 하나님의 일을 온전히 행하는 그 일이다. 성도는 그러한 아들을 보고 믿는 일이다. 그러면 내 영혼이 자동으로 하늘로 올라간다. 이게 하나님의 뜻이고 하나님의 비밀이다. 예수 그리스도야말로 하나님의 비밀의 소유자다. 그러므로 그 속에 지혜와 지식의 모든 보화가 다 담겨 있다. 그 보화야말로 수정같이 맑은 생명수로 우리의 심령에 날마다 생수(말씀)의 강으로 흘러넘친다. 주님이 하나님께 순종만 하셨듯이 우리도 순종만 하면 의롭다 하시고 영화롭게 하여 하나님 아들의 나라로 옮겨주신다.

주께 합당히 행하여 범사에 기쁘시게 하고 모든 선한 일에 열매를 맺게 하시며 하나님을 아는 것에 자라게 하시고. 그가 우리를 흑암의 권세에서 건져내사 그의 사랑의 아들의 나라로 옮기셨으니(골1;10.13)

이게 성도들의 사명이다. 이 일들은 내가 하는 게 하니라 그리스도의 말씀이 임하면 그가 하신다. 선한 일이 하나님의 일이기에 우리는 그 일을 기쁘게만 받아들이면 된다. 성도들의 영혼 속에는 보이지 않는 하나님의 형상을 입고 있기에 자동으로 선한 열매를 맺게 하여 주신다.

네 째가 그 대접을 해에 쏟으매 해가 권세를 받아 불로 사람들을 태우니. 사람들이 크게 태움에 태워진지라 이 재앙들을 행하는 권세를 가지신 하나님의 이름을 훼방하며 또 회개하여 영광을 주께

돌리지 아니하더라(계16;8-9)

이 넷째 대접의 재앙에서 성도들은 보호를 받게 될 것이라는 것이 7장에서 미리 나왔다.

그러므로 그들이 하나님의 보좌 앞에 있고 또 그의 성전에서 밤낮 하나님을 섬기매 보좌에 앉으신 이가 그들 위에 장막을 치시리니. 저희가 다시 주리지도 아니하며 목마르지도 아니하고 해나 아무 뜨거운 기운에 상하지 아니할지니. 이는 보좌 가운데 계신 어린양이 저희의 목자가 되사 생명수 샘으로 인도하시고 하나님께서 저희 눈에서 모든 눈물을 씻어 주실 것임이러라(계7;15-17)

이렇게 무시무시한 대접재앙 한 가운데서도 하나님의 어린양, 예수 그리스도의 장막으로 덮여진 성도들은 전혀 해를 입지 않는다는 하나님의 약속이다. 애굽에 열 가지 재앙이 내릴 때 이스라엘이 그 재앙에서 벗어날 수 있었던 것은 하나님께서 구별해 놓으신 고센 땅에 머물러 있었기 때문이다. 그러므로 내 영혼이 지성소에 머물러 있는 사람들은, 몸은 비록 이 땅에 살고 있지만 이미 하늘의 유리바다 가에서 하나님을 찬양하고 있기 때문에 그 무서운 대접 재앙 속에서도 안전한 거다.

또 다섯째가 그 대접을 짐승의 보좌에 쏟으니 그 나라가 곧 어두워지며 사람들이 아파서 자기 혀를 깨물고. 아픈 것과 종기로 인하여 하늘의 하나님을 훼방하고 저희 행위를 회개치 아니하더라
(계16;10-11)

다섯 번째 대접이 짐승의 보좌에 쏟아지니까 그 나라가 곧 어

두워진다. 애굽의 아홉 번째 재앙과 흡사하다. 대접이 쏟아지자 사단의 나라가 어두워진다. 이 어두움은 '빛이 어두움에 비취되 어두움이 깨닫지 못하더라(요1;9)' 사단의 나라를 어두움, 흑암이라 부른다.

> 그의 형제를 미워하는 자는 어두운 가운데 있고 또 어두운 가운데 행하며 갈 곳을 알지 못하나니 이는 어두움이 그의 눈을 멀게 하였음이니라(요일2;11)

그러니까 그 악한 무리들이 다섯 번째 재앙을 받고 있다는 증거이다. 그리고 그들은 이제 영원한 흑암 속으로 던져지게 된다. 그들은 지금도 칠흑 같은 어두움 속에서 눈이 멀어 살고 있다. 그럼에도 '그들이 회개치 아니하더라' 이와 같이 하나님께서 그 저주 받을 자들을 그대로 흑암 속에 놔두고 계신 것을 알 수 있다. 어두움에 눈이 먼 자들을 깨닫게 하여 회개를 목적으로 하나님의 재앙이 이들한테 내려지고 있다는 것을 알아야 한다. 그게 하나님께서 대접 재앙을 통해 흑암에서 회개케 하여 아들의 나라로 옮기게 하기 위함이다.

회개란 육신의 생각에서 돌이켜 예수 그리스도의 말씀 안에서 다시 눈을 뜨는 것이 진정한 회개다. 그러므로 하나님의 진노의 대접은 자기 혀를 깨물 정도로 아프고 종기로 인하여 고통 중에 있으므로 세상 사람들에게는 불같은 저주의 심판이지만 성도에게는 회개의 촉매가 되는 은혜의 대접이다.

> 또 여섯째가 그 대접을 큰 강 유브라데에 쏟으매 강물이 말라서 동방에서 오는 왕들의 길이 예비되더라(계16;12)

대접재앙은 눈이 멀어 암흑 속에 살고 있는 세상에게는 진노의 대접이요, 하나님의 은혜로 눈을 뜬 성도에게는 은혜의 대접으로 선용이 된다. 그게 진리다. 그래서 흑암 속에 사는 자들은 대접이 쏟아져도 여전히 회개하지 않지만 하나님의 백성들은 회개하고 돌아서는 은혜의 손길위에 있다.

그러므로 여섯 번째 대접이 유브라데에 쏟아지니까 강물이 말라 버린다. 유브라데의 강이 나오면 그게 곧 애굽 강과 연결된 것으로 보면 된다. 따라서 유브라데가 앞서도 잠깐 언급했지만 애굽 강에 붙어 있는 하수다.

> 그날에 여호와께서 아브람으로 더불어 언약을 세워 가라사대 내가 이 땅을 애굽강에서부터 그 큰 강 유브라데까지 네 자손에게 주노니(창15;18)

하나님께서 아브라함한테 가나안 땅을 주시겠다고 언약하는 장면이다. 그 가나안 땅의 동쪽 경계가 바로 유브라데 강이다. 유브라데와 애굽은 육체다. 그러므로 애굽 강은 육체를 가리키는 거다.

> 애굽은 사람이요 신이 아니며 그 말들은 육체요 영이 아니라 여호와께서 그 손을 드시면 돕는 자도 넘어지며 도움을 받는 자도 엎드러져서 다 함께 멸망하리라. 여호와께서 이같이 내게 이르시되 큰 사자와 젊은 사자가 그 식물을 움키고 으르렁거릴 때에 그것을 치려고 여러 목자가 불러 왔다 할찌라도 그것이 그들의 소리로 인하여 놀라지 아니할 것이요 그들의 떠듦을 인하여 굴복지 아니할 것이라 이와 같이 나 만군의 여호와가 강림하여 시온 산과 그 영 위에서 싸울 것이며.(사31;3)

애굽에 가나안 칠족이 있다. 악한 자가 사는 데가 가나안 칠족이다. 지금 같으면 일곱 머리 열 뿔의 족속이다. 즉 교회에 가나안 칠족이 들어 왔는데 나중에 하나님께서 싸워주신다고 했다. 즉 이들을 교회에서 싹 쓰리 하신다.

따라서 그 유브라데 강 너머에 이스라엘을 망하게 만든 바벨론과 앗수르의 두 나라가 있다. 바벨론은 악의 세력을 상징하는 나라로 등장한다. 북 이스라엘이 앗수르에게 망했고 남유대는 바벨론에게 망했다. 그렇게 그 큰 강 유브라데는 이스라엘과 대적들과의 경계와 전선을 상징한다. 그 유브라데 강이 마르고 동방으로부터 오는 왕들의 길이 예비 되었다는 것은 이스라엘과 그 대적들과의 전쟁이 있을 것을 예고한 장면이다.

> 가뭄이 물 위에 임하여 그것을 말리우리니 이는 그 땅이 조각한 신상의 땅이요 그들은 우상에 미쳤음이니라. 그러므로 사막의 들짐승이 시랑과 함께 거기 거하겠고 타조도 그 중에 깃들일 것이요 영영히 거민이 없으며 대대에 거할 자가 없으리라. 나 여호와가 말하노라 나 하나님이 소돔과 고모라의 그 이웃 성읍들을 무너지게 한 것같이 거기 거하는 사람이 없게 하며 그 중에 우거하는 아무 인자가 없게 하리라.(렘50;38-40)

> 그러므로 여호와께서 이같이 말씀하시되 보라 내가 네 송사를 듣고 너를 위하여 보수하여 그 바다를 말리며 그 샘을 말리리니. 바벨론이 황폐한 무더기가 되어서 시랑의 거처와 놀람과 치솟거리가 되고 거민이 없으리라(렘51;36-37)

하나님께서 악의 상징인 바벨론의 멸망을 예언하시면서 그들의 멸망을 '강과 물과 바다를 말리운다' 라는 말로 표현을 하셨다.

그러나 이 구절은 단순히 전쟁만을 의미하지는 않는다.

'모세가 바다 위로 손을 내어민대 여호와께서 큰 동풍으로 밤새도록 바닷물을 물러가게 하시니 물이 갈라져 바다가 마른땅이 된지라(출14;21)' 이와 같이 단순히 전쟁만을 상징하는 것이 아니라 하나님께서 이스라엘을 대적들의 손에서 건져내서 그들에게 새 땅을 선물하시는 것까지 포함되어 있다.

> 곧 위에서부터 흘러내리던 물이 그쳐서 심히 멀리 사르단에 가까운 아담 읍 변방에 일어나 쌓이고 아라바의 바다 염해로 향하여 흘러가는 물은 온전히 끊어지매 백성이 여리고 앞으로 바로 건널새. 여호와의 언약궤를 멘 제사장들은 요단 가운데 마른 땅에 굳게 섰고 온 이스라엘 백성은 마른 땅으로 행하여 요단을 건너니라.
> (수3;16-17)

이렇게 구약에서 강이 마르고 물이 마른다는 구절은 거의 대부분 하나님께서 하나님의 대적들을 모두 심판해서 전멸시키고 나서 하나님의 백성들을 안전하게 구해 내는 사건을 이렇게 표현했다. 오늘날 많은 교인들이 자기들이 깨달았다고 하나 실상은 어두운 자들이다. 그런데도 지금의 교회가 자기들의 행위를 회개치 않는다. 그러기에 '유브라데 강이 마른다' 라는 표현으로, 하나님이 대적들과 성도들이 서로 대적하여 '큰 날에 전쟁을 위하여 그들을 모으더라' 로 묘사한 거다. 그러나 이 전쟁은 그야말로 하나님께서 대적들을 심판하시는 심판의 전쟁이지만 반면에 우리를 구원하시는 전능의 손길이기도 하다. 아울러 교회가 하나님을 등지고도 회개치 않으니까 요한은 육적 강을 빌려다가 이와 같이 회개를 촉구하는 심판을 나타내었다.

따라서 오늘날도 이단들의 조직체에 진노의 대접을 쏟으므로 하나님의 백성들한테는 그걸 보고 회개하고 돌아서라는 권면의 권고가 될 수 있다. 지금은 짐승의 보좌인 일곱 머리 열 뿔의 조직인 신천지의 집하장에 코로나가 진노의 대접을 쏟는 심판의 장면이 될 수 있으나, 그에 앞서 어떻게 보면 지금 필자가 증거하고 있는 '너희들이 바로 용의 영을 받은 악하고 더러운 영이다' 라는 것을 이 책을 통해 증거하는 것 또한 대접을 쏟는 일이 될지 모른다.

또한 강이 제자다. 큰 강 유브라데 강은 하수의 강이나 하나님의 강은 성경에 이름과 같이 그 배에서 생수의 강이 흐른다. 따라서 예수님의 제자가 강이다.

> 나를 믿는 자는 성경에 이름과 같이 그 배에서 생수의 강이 흘러나리라. 이는 그를 믿는 자의 받을 성령을 가리켜 말씀하신 것이라(예수께서 아직 영광을 받지 못하신 고로 성령이 아직 저희에게 계시지 아니하시더라)(요7;38-39)

다윗 샘은 하나이지만 예수님의 열두 제자를 상징하는 또 다른 열두 강이 있다. 따라서 예수님의 강에서는 '길 가운데로 흐르더라 강 좌우에 생명나무가 있어 열두 가지 실과를 맺히되 달마다 그 실과를 맺히고 그 나무 잎사귀들은 만국을 소성하기 위하여 있더라(계22;2)' 이와 같이 만국을 소성시키는 생명수의 강물이 흐르지만 땅에서는 하수(오물)가 흐른다. 따라서 하늘 보좌의 강가에는 생명나무가 있고 열두 가지 실과(영적 이스라엘)가 달마다 맺히고 있다.

> 강좌우 가에는 각종 먹을 실과나무가 자라서 그 잎이 시들지 아니하며 실과가 끊치지 아니하고 달마다 새 실과를 맺으리니 그 물이 성소로 말미암아 나옴이라 그 실과는 먹을 만하고 그 잎사귀는

약 재료가 되리라(겔47;12)

이와 같이 생명나무 실과는 에스겔서에 잘 나타나 있다. 물이 성전에서부터 나오는데 성전 자체가 예수님이다.

따라서 대접을 큰 강 유브라데에 쏟는 것은 거기에 하나님이 감추어놓은 악한 짐승의 보좌가 하나 있는데 거기다 쏟는 거다. 그동안 마지막 때를 위해 하나님께서 사단(신천지)들을 필요에 의해 잠시 놓아둔 거다. 따라서 '강물이 말라서 동방에서 오는 왕들의 길이 예비되더라' 지금 이 교회가 타락하니까 그걸 잡아먹기 위해 귀신이 영들이 교회에 출몰한 거다.

교회가 하나님의 말씀을 배도하니까 용한테 권세를 주어 개구리 같은 세 더러운 영(사단)들의 입을 치시는 거다. 따라서 성경은 하나님께서 동방에서 사람을 창조하셨기 때문에 배도한 영들 또한 동방에서 심판 하신다. 그러기에 '동방에서 오는 왕들의 길이 예비되더라' 이렇게 밝히신 거다.

> 여호와 하나님이 흙으로 사람을 지으시고 생기를 그 코에 불어 넣으시니 사람이 생령이 된지라. 여호와 하나님이 동방의 에덴에 동산을 창설하시고 그 지으신 사람을 거기 두시고(창2;7-8)

사람을 흙으로 지으시고 하나님의 생기를 불어 넣어 주셨다. 그래서 사람한테 거짓말이 들어가기 전에는 아담이 생령이 되었다. 그런데 사단(뱀)에 의해 범죄하니까 생령이 떠났다. 성경의 창조의 목적은 천지(하나님의 백성)를 동방에서 시작했기 때문에 반드시 동방에서 다시 회복해야 한다. 그러기 때문에 동방에는 아주 오랜 옛적부터 하나님을 섬기는 동방의 풍속이 있다. 즉 천신을 모시는 풍속이다.

주께서 주의 백성 야곱 족속을 버리셨음은 그들에게 동방 풍속이 가득하며 그들이 블레셋 사람같이 술객이 되며 이방인으로 더불어 손을 잡아 언약하였음이라(사2;6)

그래서 오늘날의 모든 종교가 점치는 무당종교가 되었다. 특히 교회의 기도가 전부 무당의 진언과 같은 소리다. 그 이유가 동방 풍속 때문이다. 우리나라가 유독 교회가 급속도로 많아지고 빠른 속도로 커진 이유도 알고 보면 동방의 풍속인 기복신앙 때문이다. 교회 가서 기도하고 헌금 많이 하면 하나님께서 다 들어주신다고 하니까 그리로 몰리는 거다. 교회가 성경에서 말하는 복의 개념을 모르니까 절과 똑같이 기도시켜 소원 성취를 빌게 한다. 그게 오늘날 한국 교회의 실상이다. 그러나 그 중에 동방 풍속에서 독수리가 하나 나온다.

내가 동방에서 독수리를 부르며 먼 나라에서 나의 모략을 이룰 사람을 부를 것이라 내가 말하였은즉 정녕 이룰 것이요 경영하였은즉 정녕 행하리라(사46;11)

독수리가 네 생물 중에 하나이다. 먼 나라는 이방이다. 이곳에서 사람을 세워 하나님의 모략을 경영하여 행할 것이라는 뜻을 이사야 선지자를 통해 밝혀 놓으셨다. 성경은 모두 한 가지 주제를 명확하게 그려내기 위해 그물처럼 연결이 되어 있다. 무엇보다 계시록을 해석함에 있어 구약의 연구를 바탕으로 하지 않고 상상력을 동원하여 해석하면 신천지가 그랬던 것처럼 배가 산으로 갈 수밖에 없다.

2. 세 더러운 영들의 실체

> 또 내가 보매 개구리 같은 세 더러운 영이 용의 입과 짐승의 입과 거짓 선지자의 입에서 나오니. 저희는 귀신의 영이라 이적을 행하여 온 천하 임금들에게 가서 하나님 곧 전능하신 이의 큰 날에 전쟁을 위하여 그들을 모으더라(계16;13-14)

사탄의 삼위일체가 용의 입과, 짐승의 입과 거짓선자자의 입에서 나오는 귀신의 영들이다. 개구리 같은 세 더러운 영들의 심판이 출애굽의 열 가지의 재앙에서 하나님께서 미리 다 나타내셨다. 따라서 애굽(세상)왕 바로한테 내린 재앙의 속성이 인간한테 다 들어 있는 사탄의 영들이다.

그동안 한국교회에 유명한 이단(사탄의 영)들의 정체만 보더라도 이 더러운 영들의 악행이 얼마나 무섭고 악한지 알 만한 사람들은 다 알고 있다. 전도관, 통일교, 여호와의 증인, 대순진리교, 하나님의 교회, 구원파 등등에서 그중 특히 사탄을 대표하는 종합세트가 바로 신천지다.

지금 신천지의 교단에서 용 보좌가 공작으로 되어 있는데 이런 조직체의 구성이 바로 위의 구절에서 말하는 귀신의 영인 용의 조직이다. 그 조직체한테 한번 걸려들었다 하면 그물망처럼 되어 있어 거기서 빠져나오기가 매우 힘들다. 따라서 그들한테 말(교리)을 받으면 그 자체가 귀신의 영을 받은 짐승이 되는 거다. 짐승이 되는 것은 왜 되겠는가? 짐승도 집짐승(교회)과 들짐승(이단)의 두 종류가 있다. 집짐승은 개, 돼지들이고 들짐승은 집짐승(교회)을 잡아먹는 이단들로 특히 신천지다. 이들한테 집짐승들이 잡아먹히는 이유가 교회 안에 말씀이 없어서다. 그래서 그런 교회들을 하나님께서 들짐승한테 잡아먹으라고 한 것이다.

들의 짐승들아 삼림 중에 짐승들아 다 와서 삼키라(사56;9)

이와 같이 하나님께서 들짐승을 보고 집짐승을 잡아먹으라고 하셨다. 그러기 때문에 지금 교회마다 현관 입구에 개조심(신천지)이라고 써있다. 왜 그러는가? 교회가 탐욕이 심하니까 벙어리 개라 신천지를 보고도 '저게 너희들을 잡아먹는 짐승이니 그 짐승한테 속으면 안된다' 이렇게 짖어야 하는데 성경을 모르니까 짖지를 못한다. 왜 짖지 못하냐 하면 목사가 소경이라 무지하여 성경을 이해 못해 벙어리 개가 되어서 그렇다.

그 파숫군들은 소경이요 다 무지하며 벙어리 개라 능히 짖지 못하며 다 꿈꾸는 자요 누운 자요 잠자기를 좋아하는 자니. 이 개들이 탐욕이 심하여 족한 줄을 알지 못하는 자요 그들은 몰각한 목자들이라 다 자기 길로 돌이키며 어디 있는 자이든지 자기 이만 도모하며(사56;10-11)

교회가 집짐승(개)이다 보니 탐욕이 심하여 일할 생각을 하지 않고 누워 잠만 자면서 꿈만 꾸기 때문이다. 목사의 일은 성경말씀을 깨닫는 거다. 깨달아 알아야 말씀을 그대로 대언할 수 있는데 깨닫지 못하니까 육신(탐심)의 생각으로 성경을 전하니 전부 신천지한테 끌려갈 수밖에 없다.

용(신천지)의 실체는 상상으로만 있는 짐승이라 신천지의 교리 역시 성경의 실제가 없는 이만희가 계룡산에서 공작을 받고 상상하여 꾸며낸 거짓교리들이다. 그러기 때문에 신천지는 그야말로 교회들을 잡아먹기 위해 피가 터지게 공부시킨다. 교회의 대부분이 소경, 귀머거리, 벙어리들만 있으니까 이들이 성경을 갖고 들이대면 모르니까 그대로 잡아먹힌다. 교회가 보이지 않고 들리지 않으니까 신천지가 던지는 미끼에 덥석 물게 된다. 그러니까 악을 행하는 자가 짐승이고, 몰각한 목자들이 개니까 이들을 전부 조심하라는 뜻이다.

하나님도 성경 6000년의 역사를 통해 선지자를 정해 하나님의 신(영)을 넣어서 하나님의 일을 하신다. 그러므로 모든 성경은 마지막 날의 역사를 이루기 위해 하나님의 감동으로 기록된 것들이다.

> 이 모든 날 마지막에 아들로 우리에게 말씀하셨으니 이 아들을 만유의 후사로 세우시고 또 저로 말미암아 모든 세계를 지으셨느니라(히1;2)

아울러 구약의 모든 선지자들의 예언은 예수님 한분을 나타낸 거다. 예수 그리스도를 만유의 후사로 세워 창조의 목적을 성취시키기 위해 하나님의 아들로 이 땅에 우리한테 오신 거다.

> 이에 모세와 및 모든 선지자의 글로 시작하여 모든 성경에 쓴 바 자기에 관한 것을 자세히 설명하시니라. 또 이르시되 내가 너희와 함께 있을 때에 너희에게 말한 바 곧 모세의 율법과 선지자의 글과 시편에 나를 가리켜 기록된 모든 것이 이루어져야 하리라 한 말이 이것이라(눅24;27.44)

이 땅의 사단들도 영이고, 하나님도 영이며, 천사도 영이고 예수 그리스도도 영이다. 그러나 사단의 영은 악령이고, 하나님의 영은 말씀(예수 그리스도)이다. 그러기 때문에 하나님께서는 사람한테 영을 넣어 역사하신다. 용이나 뱀이나 마귀나 다 똑은 사단의 영이다. 하나님께서는 '하나님은 영이시니 예배하는 자가 신령과 진정으로 예배할찌니라(요4;24)' 신령과 진정으로 예배드리는 영들을 통해 하나님의 일을 하신다. 그러기 때문에 이 또한 배도한 교회들을 심판하기 위해 악한 영인 신천지를 하나님께서 쓰시고 있는 거다. 따라서 말씀이 곧 진리다. 그러므로 진리의 영이 타면 그 입에 거짓말이 없고, 거짓의 영이 타면 그 입에 악한(거짓) 교리만 나온다.

성경의 모든 명칭은 사역적 명칭이다. 그러므로 예수님을 표현할 때, 독생자요, 선지자요, 광명한 새벽별이요, 뜨인돌이요, 구원자요, 아들이요, 참 빛이다. 이와 같이 예수님을 여러 모양으로 나타내셨듯이, 사단도 마찬가지다. 용이요, 뱀이요, 사단이요, 짐승이요, 마귀요, 더러운 영이요, 독사요, 회칠한 무덤이요, 타락한 영이요, 계명성이요, 이와 같이 거짓말을 하면 다 사탄이다. 이러한 사단마귀들은 신천지가 그랬듯이 하늘에서 떨어진 별들이라 그대로 하늘보좌를 흉내 내어 그럴듯하게 거짓으로 위장하여 잘 꾸민다.

> 네가 옛적에 하나님의 동산 에덴에 있어서 각종 보석 곧 홍보석과 황보석과 금강석과 남보석과 홍옥과 황금으로 단장하였었음이여 네가 지음을 받던 날에 너를 위하여 소고와 비파가 예비되었었도다(겔28;13)

모르면 신천지가 하늘의 보좌인줄 착각하고 교회들이 그리고 다 따라간다. 얼마나 화려하게 잘 치장하여 거짓 교리를 꾸며 놨으면 신천지의 수가 36만명이나 되겠는가? 그런데 이들 대부분이 교회에서 끌고 온 자들이란 사실이다.

> 보라 내가 도적같이 오리니 누구든지 깨어 자기 옷을 지켜 벌거

> 벗고 다니지 아니하며 자기의 부끄러움을 보이지 아니하는 자가 복이 있도다.(계16;15)

14절에서 '전능하신 하나님의 큰 날에 있을 전쟁'에 대해 이야기 한 후에 바로 15절에서 '내가 도적같이 오리니' 즉 내가 도적같이 올 것이니 그 최후의 날을 대비하여 너희는 그 전쟁 준비하라는 경고를 하고 있다. 그 전쟁 준비의 내용이 '깨어 자기 옷을 지켜 벌거벗고 다니지 말고 부끄러움을 보이지 말라' 그래야 복이 있다고 했다. 이는 늘 영적으로 깨어 있으라는 경고다. 주님께서 사데 교회한테도 똑같은 경고를 하셨다.

> 너는 일깨워 그 남은 바 죽게 된 것을 굳게 하라 내 하나님 앞에 네 행위의 온전한 것을 찾지 못하였노니. 그러므로 네가 어떻게 받았는지 어떻게 들었는지 생각하고 지키어 회개하라 만일 일깨지 아니하면 내가 도적같이 이르리니 어느 시에 네게 임할는지 네가 알지 못하리라. 그러나 사데에 그 옷을 더럽히지 아니한 자 몇 명이 네게 있어 흰 옷을 입고 나와 함께 다니리니 그들은 합당한 자인 연고라.(계3;2-4)

사데 교회한테 주님께서 내가 도적같이 임할 테니 너희는 깨어 있어라 그리고 내가 너희에게 준 흰 옷을 더럽히지 말고 지키라고 하셨다. 즉 예수께서 오늘 오실지 혹 내일 오실지 모른다는 종말론적 신앙을 갖고 날마다 온전한 행위를 추구하며 회개하는 삶을 살라는 경고의 말씀이다.

> 내가 네 행위를 아노니 네가 차지도 아니하고 더웁지도 아니하도다 네가 차든지 더웁든지 하기를 원하노라. 내가 이같이 미지근하

여 더웁지도 아니하고 차지도 아니하니 내 입에서 너를 토하여 내치리라. 네가 말하기를 나는 부자라 부요하고 부족한 것이 없다 하나 네 곤고한 것과 가련한 것과 눈 먼 것과 벌거벗은 것을 알지 못하도다.(계3;15-17)

모든 것이 풍부하고 부유하며 또한 크게 부흥했던 라오디게아 교회한테 주님께서 '너희가 실상은 가난하고 벌거벗은 자'라고 하셨다. 이는 진정한 하늘의 복인 그 복의 개념조차 모르고 착각하고 있는 오늘날의 교회들한테 하신 말씀이다. 성경에서의 복은 그야말로 영원히 죽지 않는 영생의 복이다. 그러기 때문에 영적 전쟁에서 싸워 이기라는 권고의 말씀 속에는 깨어 자기 옷을 지켜 벌거벗는 부끄러움을 보이지 않는 자가 복이 있다고 하셨다.

따라서 예수의 옷을 입은 자가 복이 있는데, '천사가 내게 말하기를 기록하라 어린양의 혼인 잔치에 청함을 입은 자들이 복이 있도다 하고 또 내게 말하되 이것은 하나님의 참되신 말씀이라 하기로(계19;9)' 이들이 바로 혼인 잔치에 청함을 입은 자들에 속한다. 또한 '보라 내가 속히 오리니 이 책의 예언의 말씀을 지키는 자가 복이 있으리라 하더라(계22;7)' 이와 같이 예언의 말씀을 깨달아 지키는 자들이 복이 있다고 하셨다. 성경에서의 가장 큰 복은 내 영혼이 은총 입어 영이 살아나는 거다. 영이 살아나면 영원한 생명을 얻는다. 그게 영생인 복이다. 그 복이 임하면 하나님의 진리의 말씀과 예수 그리스도의 영이 성경을 통해 깨달아진다. 복과 저주가 자기 앞에 놓여 있는데 교회들이 그 복의 말씀을 듣지 않고 세 영(개구리 같은 더러운 영)을 따라가고 있다.

세 영이 히브리 음으로 아마겟돈이라 하는 곳으로 왕들을 모으더라(계16;16)

아마겟돈이 히브리 음으로 세 영(개구리 같은 더러운 영)이라 한다. 아마겟돈은 히브리 원어로 하면 언덕, 산이란 뜻이다. 따라서 므깃도 산이란 뜻이다. 이스라엘 사람들에게 이 므깃도는 전쟁의 상징이다. 므깃도 지역은 이스르엘 평원에 있는 평평한 땅이다. 그래서 전쟁을 치르기에 안성맞춤인 곳이다. 그래서 이스라엘 사람들이 '열 왕이 와서 싸울 때에 가나안 열 왕이 므깃도 물가 다아낙에서 싸웠으나 돈을 탈취하지 못하였도다(삿5;19)' 이 므깃도에서 200회 이상 전쟁을 치렀다.

드보라와 바락이 가나안 왕 야빈의 군대와 가나안 연합군의 군대를 물리치고 부른 노래가 있다. 또한 가나안 군대가 이스라엘을 치러 왔다가 패배하고 돌아 간 곳이 바로 므깃도다. 그리고 애굽 왕 바로느고가 유대의 요시야 왕을 죽인 곳도 므깃도다. 나폴레옹도 세계지도를 펴놓고 가장 전쟁하기 좋은 곳으로 므깃도 평원을 꼽았다. 이렇게 므깃도는 이스라엘 사람들에게 전쟁을 떠올리게 하는 지명이었다. 그래서 성경이 성도들이 치러야 할 영적 전투의 치열함을 설명하면서 유대인들이 쉽게 전쟁을 연상 할 수 있도록 아마겟돈을 등장시켰다. 그러면 왜 므깃도 평야가 아니라 므깃도 산인가? 성경에서 마지막 심판 전쟁을 묘사할 때 그 전쟁이 이스라엘 '산'에서 일어난다는 표현을 쓴다.

> 여러 날 후 곧 말년에 네가 명령을 받고 그 땅 곧 황무하였던 이스라엘 산에 이르리니 그 땅 백성은 칼을 벗어나서 열국에서부터 모여 들어오며 이방에서부터 나와서 다 평안히 거하는 중이라 (겔38;8)

> 그러므로 인자야 너는 곡을 쳐서 예언하여 이르기를 주 여호와의 말씀에 로스와 메섹과 두발 왕 곡아 내가 너를 대적하여. 너를 돌이

켜서 이끌고 먼 북방에서부터 나와서 이스라엘 산 위에 이르러. 네 활을 쳐서 네 왼손에서 떨어뜨리고 네 살을 네 오른손에서 떨어뜨리리니. 너와 네 모든 떼와 너와 함께한 백성이 다 이스라엘 산 위에 엎드러지리라 내가 너를 각종 움키는 새와 들짐승에게 붙여 먹게 하리니(겔39;1-4)

이렇게 최후의 심판의 전쟁을 상징하는 곡과 마곡의 전쟁이 이스라엘 산에서 있을 것이라는 것을 므깃도 산, 아마겟돈이라 표현했다. 그리고 이 므깃도 평원에 진짜 산이 있는데 바로 갈멜 산이다. 그 갈멜 산에서 바알과 아세라 선지자가 하나님의 종 엘리야와 결전을 벌이다가 모두 몰살당한 곳이 바로 갈멜 산, 므깃도의 산, 아마겟돈이다.

엘리야가 저희에게 이르되 바알의 선지자를 잡되 도망하지 못하게 하라 하매 곧 잡은지라 엘리야가 저희를 기손 시내로 내려다가 거기서 죽이니라(왕상18;40)

엘리야가 거짓 선지자 850명을 갈멜 산(므깃도 산)에서 물리치고 기손 시내에 데려다가 전부 목을 쳐버린다. 이 기손 시내를 이스라엘 사람들은 므깃도 시내라고 불렀다. 따라서 이 개구리 같은 세 더러운 영이 누구의 입에서 나왔는가 하면, 용의 입과 짐승의 입과 거짓 선지자의 입에서 나왔다. 그들이 아마겟돈으로 열 왕들을 모아 전쟁을 준비한다. 즉 갈멜 산, 므깃도 산에서 엘리야가 거짓 선지자 850명과 싸웠지만 결국은 전부 몰살당했다. 하나님의 대적들도 최후에 그렇게 끝난다는 것을 보여주고 있는 장면이다. 따라서 아마겟돈 전쟁은 마지막 때에 성도들이 겪어야 할 영적 전쟁임과 동시에 성도의 삶속에서 계속적으로 겪어내야 하는 자기(육신의 생각)와의 전쟁이기도 하다.

> 혹 영으로나 혹 말로나 혹 우리에게서 받았다 하는 편지로나 주의 날이 이르렀다고 쉬 동심하거나 두려워하거나 하지 아니할 그것이라. 누가 아무렇게나 하여도 너희가 미혹하지 말라 먼저 배도하는 일이 있고 저 불법의 사람 곧 멸망의 아들이 나타나기 전에는 이르지 아니하리니. 저는 대적하는 자라 범사에 일컫는 하나님이나 숭배함을 받는 자 위에 뛰어나 자존하여 하나님 성전에 앉아 자기를 보여 하나님이라 하느니라(살후2;2-4)

이는 마지막 때의 경고이다. 이단들이 나타나서 '종말이 왔다', '주의 날이 왔다' 라고 할 때 속지 말라는 거다. 먼저 교회 안에 배도하는 자들이 나타나고 멸망의 자식, 자기가 하나님처럼 행세하는 자가 나타나면 진짜 그때가 '주의 날' 마지막 때라는 거다. 마지막 때 멸망(이단)의 자식들과 세상 왕(목사)들이 연합해서 하나님과 전쟁을 하러 모인다는 내용과 계시록 16장 16절의 내용과 거의 흡사하다.

> 일곱째가 그 대접을 공기 가운데 쏟으매 큰 음성이 성전에서 보좌로부터 나서 가로되 되었다 하니(계16;17)

일곱 번째 대접이 공기 가운데 쏟아진다. 여섯 번째 대접까지는 땅, 강, 해, 물, 짐승의 보좌 같은 구체적인 장소가 등장한 반면에 일곱째는 공기 중에 쏟아진다.

> 그때에 너희가 그 가운데서 행하여 이 세상 풍속을 좇고 공중의 권세 잡은 자를 따랐으니 곧 지금 불순종의 아들들 가운데서 역사

하는 영이라(엡2;2)

성경에서는 불순종하는 아들들 가운데 역사하는 마귀가 붙들고 있는 세상을 공기라 한다. 그러니까 일곱 번째 대접이 공중에 쏟아졌다는 것은 마귀와 그가 권세를 잡고 부리는 악한 세상 전체의 멸망을 예고하는 거다.

요한은 '공기'라는 단어를 통해 마지막 일곱 번째 재앙은 땅이나 물 같은 지엽적인 심판이 아닌 총제적인 완결성을 내포하고 있다. 이는 '되었다' 에서 충분히 하나님의 심판의 완결성을 읽을 수 있다. 주님은 십자가 위에서 '다 이루었다' 똑같은 말씀을 하셨다. 십자가의 승리는 즉 사단마귀의 완전한 패배를 의미하는 거다.

번개와 음성들과 뇌성이 있고 또 큰 지진이 있어 어찌 큰지 사람이 땅에 있어 옴으로 이같이 큰 지진이 없었더라.(계16;18)

일곱 번째 대접이 쏟아지자 번개와 음성과 뇌성과 큰 지진이 일어났다. 이러한 것들은 하나님의 현현과 심판을 묘사할 때 계속 등장하던 것이다.

제삼일 아침에 우레와 번개와 빽빽한 구름이 산 위 있고 나팔 소리가 심히 크니 진중 모든 백성이 다 떨더라. 시내 산에 연기가 자욱하니 여호와께서 불 가운데서 거기 강림하심이라 그 연기가 옹기점 연기같이 떠오르고 온 산이 크게 진동하며. 나팔 소리가 점점 커질 때에 모세가 말한즉 하나님이 음성으로 대답하시더라
(출19;16-19)

보좌로부터 번개와 음성과 뇌성이 나고 보좌 앞에 일곱 등불 켠 것이 있으니 이는 하나님의 일곱 영이라.(계4;5)

천사가 향로를 가지고 단 위의 불을 담아다가 땅에 쏟으매 뇌성과 음성과 번개와 지진이 나더라(계8;5)

이에 하늘에 있는 하나님의 성전이 열리니 성전 안에 하나님의 언약궤가 보이고 또 번개와 음성들과 뇌성과 큰 우박이 있더라 (계11;19)

이와 같이 하나님의 현현과 심판의 모습이 묘사될 때 번개와 음성과 뇌성과 지진과 우박 등이 동원되었다. 여기서 중요한 사실은 하나님의 존재 자체가 이미 심판을 내포하고 있다는 뜻이다. 하나님은 절대적으로 악과 죄를 묵과하지 않으신다는 것을 보여주고 있다. 그러기에 그 지진이 너무 커서 유사 이래로 그런 큰 지진이 없다고 기록되어 있다. 왜 유독 지진에 대해서만 부연 설명이 붙었을까? 이 마지막에 있을 진동은 '나 만군의 여호와가 말하노라 조금 있으면 내가 하늘과 땅과 바다와 육지를 진동시킬 것이요. 또한 만국을 진동시킬 것이며.(학2;6-7)' 이와 같이 이미 예언된 거다. 하나님께서 하나님 나라를 약속하시면서 그 전에 온 하늘과 땅과 바다와 육지를 진동시킬 것이라고 말씀하셨다.

그때에는 그 소리가 땅을 진동하였거니와 이제는 약속하여 가라사대 내가 또 한 번 땅만 아니라 하늘도 진동하리라 하셨느니라. 이 또 한 번이라 하심은 진동치 아니하는 것을 영존케 하기 위하여 진동할 것들 곧 만든 것들의 변동 될 것을 나타내심이니라. 그러므로 우리가 진동치 못할 나라를 받았은즉 은혜를 받자 이로 말미암아

경건함과 두려움으로 하나님을 기쁘시게 섬길찌니. 우리 하나님은 소멸하는 불이심이니라.(히12;26-29)

이와 같이 큰 지진은 진동치 못할 하나님 나라가 완성됨을 알리는 축포 같은 것이다. 세상 사람들에게는 무서운 공포와 진동이 되겠지만 성도에게는 그 진동으로 인해 회개하고 하나님께로 돌아오는 축제의 불꽃이 된다.

그 누구보다 성도에겐 피난처가 있기 때문에 크게 두려워 할 필요가 없다. 환난 중에 있더라도 우리의 심령 안에 그리스도가 계시면 평안이 따른다. 성도는 천지를 창조하신 하나님께서 한 순간 불로 태워버릴 수 있는 그런 존재들이 아니다. 성도는 하나님의 보호아래 안전하게 천국까지 갈 수 있는 하늘의 백성들이다. 그런데 두려울 것이 뭐가 있겠는가?

사랑 안에 두려움이 없고 온전한 사랑이 두려움을 내어 쫓나니 두려움에는 형벌이 있음이라 두려워하는 자는 사랑 안에서 온전히 이루지 못하였느니라.(요일4;18)

지금이 마지막 때로 멀지 않은 미래에 최종적인 심판이 일어나게 된다. 그게 바로 이 세상(교회)에서 권세 잡은 자(목사)들과 그의 세력들을 멸망시키는 예고의 신호탄이다. 그러나 성도는 하나님의 사랑 안에 있기 때문에 조금도 두려워 할 필요가 없다.

3. 무너지는 큰 성 바벨론(대형교회)

> 큰 성이 세 갈래로 갈라지고 만국의 성들도 무너지니 큰 성 바벨론이 하나님 앞에 기억하신바 되어 그의 맹렬한 진노의 포도주 잔을 받으매. 각 섬도 없어지고 산악도 간 데 없더라.(계16;19-20)

만국이 교회고, 섬이나 산악은 조직체다. 멸망하는 자들, 하나님의 맹렬한 진노의 포도주 잔을 받게 될 자들을 '큰 성', '만국의 성들', '큰 성 바벨론'이라고 부르는 조직체들이다. 이와 같은 큰 성들이 영적으로 소돔이라고 하고 애굽이라고 하는 곳이다.

> 저희 시체가 큰 성 길에 있으리니 그 성은 영적으로 하면 소돔이라고도 하고 애굽이라고도 하니 곧 저희 주께서 십자가에 못 박히신 곳이니라(계11;8)

소돔은 타락한 도시의 대표적인 상징이다. 애굽은 하나님의 백성들을 포로로 잡고 핍박하는 곳을 상징한다. 그러니까 큰 성은 하나님의 대적하여 성도들을 포로로 잡고 핍박하며 타락과 더러움을 조장하는 마귀의 세력과 그들이 거하는 곳을 말한다. 그래서 큰 성을 다른 말로 우리 주께서 십자가에 못 박히신 곳이라 하였다. 그 큰 성은 바벨론이라 부르는데 바벨은 혼잡이란 뜻이다. 또 세상 세력을 바벨론이라 하는데 하나님께서 불순종하는 유대인들을 바로 그 바벨론나라를 들어서 때리셨다. 그러기 때문에 유대인들은 바벨론 포로 이후 하나님의 백성들의 대적들을 지칭할 때 바벨론이란 이름을 쓰고 인간의 타락을 상징할 때 주로 사용했다. 그러므로 그 큰 성이 하나님의 맹렬한 진노의 포도주를 마시게 되는 거다.

> 나 왕이 말하여 가로되 이 큰 바벨론은 내가 능력과 권세로 건설하여 나의 도성을 삼고 이것으로 내 위엄의 영광을 나타낸 것이 아니냐 하였더니. 이 말이 오히려 나 왕의 입에 있을 때에 하늘에서 소리가 내려 가로되 느부갓네살 왕아 네게 말하노니 나라의 위가 네게서 떠났느니라(단4;30-31)

느부갓네살이 이 큰 성 바벨론은 내가 내 능력과 권세로 건설하였다 이것이 내 위엄이 아니나 했을 때 하나님께서 그를 즉각적으로 왕의 자리에서 폐위시켜 버렸다. 그 일로 느부갓네살 왕은 광야로 쫓겨나 7년간 소처럼 풀을 뜯어 먹고 살았다. 이와 같이 큰 성 바벨론은 하나님을 대적하는 교만과 악으로 대표하는 마귀의 세력과 그를 추종하는 세력을 상징한다.

또한 큰 성을 만국의 성들이라 부른다. 그 음녀 바벨론이 물 위에 앉아 있다고 나오는데 그 물은 백성과 무리와 열국과 방언이라고 자체 해석을 해주고 있다. 그래서 큰 성 바벨론을 만국의 성(교회)들이라고 부른다. 그들은 곧 멸망의 불 속으로 던져지게 된다. 하나님의 진노의 손에서 빠져 나갈 죄인들은 없다. 그래서 그 큰 성이 하나님 앞에 기억되신바 라는 표현이 있는 거다. 이는 하나님의 진노의 불길 앞에 공중 권세 잡은 자의 세상은 무너지고 이제 새 하늘과 새 땅이 성도에게 주어질 것을 암시하고 있다.

> 또 중수가 한 달란트나 되는 큰 우박이 하늘로부터 사람들에게 내리매 사람들이 그 박재로 인하여 하나님을 훼방하니 그 재앙이 심히 큼이러라(계16;21)

재난의 내용으로 우박이 등장한다. 이 우박 재앙은 출애굽 할 때의 일곱 번째 재앙이다. 또한 우박은 최후의 종말을 상징하는 전쟁 때 하나님의 무기로 사용하던 것이다. 최후의 전쟁을 상징하는 것이 곡과 마곡의 전쟁이다.

> 나 주 여호와가 말하노라 내가 내 모든 산중에서 그를 칠 칼을 부르리니 각 사람의 칼이 그 형제를 칠 것이며. 내가 또 온역과 피로 그를 국문하며 쏟아지는 폭우와 큰 우박덩이와 불과 유황으로 그의 그 모든 떼와 그 함께 한 많은 백성에게 비를 내리듯 하리라
> (겔38;21-22)

곡과의 전쟁에 하나님의 무기로 큰 우박덩이가 등장한다.

> 여호수아가 모든 군사와 용사로 더불어 길갈에서 올라가니라. 때에 여호와께서 여호수아에게 이르시되 그들을 두려워 말라 내가 그들을 네 손에 붙였으니 그들의 한 사람도 너를 당할 자 없으리라 하신지라. 여호수아가 길갈에서 밤새도록 올라가서 그들에게 갑자기 이르니. 여호와께서 그들을 이스라엘 앞에서 패하게 하시므로 여호수아가 그들을 기브온에서 크게 도륙하고 벧호론에 올라가는 비탈에서 추격하여 아세가와 막게다까지 이르니라. 그들이 이스라엘 앞에서 도망하여 벧호론의 비탈에서 내려갈 때에 여호와께서 하늘에서 큰 덩이 우박을 아세가에 이르기까지 내리우시매 그들이 죽었으니 이스라엘 자손의 칼에 죽은 자보다 우박에 죽은 자가 더욱 많았더라(수10;6-11)

이스라엘이 약속의 땅 가나안에 들어가려고 하는데 방해하는 세력이 나타났다. 그때 하나님께서 그 대적들을 큰 우박으로 다 죽여 버리셨다. 이렇게 우박은 하나님께서 하나님을 대적하고 하나님의 백성들을 방해하는 영적 소돔과 고모라, 큰 성 바벨론을

진멸할 때 쓰시던 무기의 상징이다. 그러나 그들은 한 달란트나 되는 큰 우박을 맞고도 하나님을 대적하고 여전히 하나님을 훼방하고 있다. 이와 같이 죄라는 게 얼마나 끈질기고 우매한지, 그러니까 그 마귀의 세력은 스스로 심판을 좌초하는 것이다. 심판은 마지막 종말 때 일어나는 것이 사실이지만 그러나 지금도 계속해 일어나고 있는 것을 알아야 한다. 번개와 뇌성과 음성과 지진과 큰 우박으로 이 땅에 진노의 대접을 쏟아 부으시는 하나님의 심판은 바로 오늘도 이 세상에 쏟아지고 있다. 이 일곱 재앙의 내용을 이미 2000년 전 예수 그리스도께서 제자들에게 예언을 하셨다.

> 예수께서 감람산 위에 앉으셨을 때에 제자들이 종용히 와서 가로되 우리에게 이르소서 어느 때에 이런 일이 있겠사오며 또 주의 임하심과 세상 끝에는 무슨 징조가 있사오리이까. 예수께서 대답하여 가로되 너희가 사람의 미혹을 받지 않도록 주의 하라. 많은 사람이 내 이름으로 와서 이르되 나는 그리스도라 하여 많은 사람을 미혹케 하리라. 난리와 난리 소문을 듣겠으나 너희는 삼가 두려워 말라 이런 일이 있어야 하되 끝은 아직 아니니라. 민족이 민족을, 나라가 나라를 대적하여 일어나겠고 처처에 기근과 지진이 있으리니. 이 모든 것이 재난의 시작이니라. 그때에 사람들이 너희를 환난에 넘겨주겠으며 너희를 죽이리니 너희가 내 이름을 위하여 모든 민족에게 미움을 받으리라. 그때에 많은 사람이 시험에 빠져 서로 잡아 주고 서로 미워하겠으며. 거짓 선지자가 많이 일어나 많은 사람을 미혹하게 하겠으며. 불법이 성하므로 많은 사람의 사랑이 식어지리라. 그러나 끝까지 견디는 자는 구원을 얻으리라. 이 천국 복음이 모든 민족에게 증거되기 위하여 온 세상에 전파되리니 그제야 끝이 오리라.(마24;3-14)

요한계시록의 내용이 여기에 다 요약되어 있다. 하나님을 알지 못하는 세상 사람들의 마음 안에는 살인과 악독과 간음과 미움과 교만과 거짓훼방과 도적질 같은 개구리 같은 세 더러운 영들이 가득차 있다. 그러나 성도들은 그런 마음이 스멀스멀 침투해 들어올 때마다 회개하고 시온 산으로 피해야 한다. 그랬을 때 마지막 십승지(십자가)가 우리의 피난처가 된다.

17장
큰 음녀(통일교)에게 내릴 심판

1. 통일교에 내릴 심판

계시록 17장은 바벨론과 일곱 머리 열 뿔 가진 짐승들의 비밀이다. 대접은 심판의 말씀을 담은 그릇이다. 이 종교세계가 다 음녀다. 음녀도 큰 음녀와 작은 음녀가 있다. 따라서 하나님께서는 반복적으로 나타내고 있는 일곱 가지 재앙을 통해 성도들한테 음녀(교회)의 소굴에서 회개하고 돌아오라고 핍박과 환난과 고통을 허락하셨다. 그 고통들은 마지막 때가 가까울수록 더욱 심화된다. 그러므로 이러한 고통들이 왜 일어나는지 무엇 때문에 있는지를 성도들은 죄에 대해 잘 생각하고 깨달아 돌아서야 한다. 우리의 죄는 하나님을 믿지 않는 그것이 죄다.

> 또 일곱 대접을 가진 일곱 천사 중 하나가 와서 내게 말하여 가로되 이리 오라 많은 물 위에 앉은 큰 음녀의 받을 심판을 네게 보이리라(계17;1)

이 땅의 있는 음녀(교회)들을 심판하는 것을 보여주고 있다. 음녀 안에 소속된 것이 물 위에 앉아 있다. 물이 백성이다. 물 위에 앉은 음녀(통일교의 한학자교주)가 백성과 열국과 물 위와 방언 위에 군림하고 있다. 방언은 여러 교리들을 얘기한다.

계시록은 2000년 전에 요한한테 성령이 함께 해서 기록한 것이다. 그 말씀이 '이제 일이 이루기 전에 너희에게 말한 것은 일이 이룰 때에 너희로 믿게 하려 함이라(요14;29)' 이와 같이 마지막 날에 될 일들이라 우리 심령에 이루어져가야 이 예언의 말씀이 믿어진다. 또한 심판받을 그들한테도 반드시 이루어진다. 그러므로 심판의 대열에 끼지 않으려면 그리스도 안에 있어야 마지막 날에 다시 살아날 수 있다.

> 나를 보내신 이의 뜻을 행하려 함이니라 나를 보내신 이의 뜻은 내게 주신 자 중에 내가 하나도 잃어버리지 아니하고 마지막 날에 다시 살리는 이것이니라.(요6;39)

이와 같이 그리스도 예수 안에 있으면 주님이 하나도 잃지 않으시고 마지막 날에 다 살리신다. 마지막 날이 바로 일곱째 날이다. 성경의 전체 일수가 일곱밖에 없다. 따라서 일곱째 날이 되어야 하나님의 안식일인 그리스도의 나라가 회복된다. 이 날을 위해 하나님께서 음녀들의 회개를 촉구하며 오래 참고 계신 것을 알아야 한다.

> 주의 약속은 어떤 이의 더디다고 생각하는 것같이 더딘 것이 아니라 오직 너희를 대하여 오래 참으사 아무도 멸망치 않고 다 회개하기에 이르기를 원하시느니라(벧후3;9)

성경은 음녀를 심판하기 위해 계시록을 기록했다. 따라서 하나님의 영을 받지 않으면 전부 음녀다. 신부(교회)가 다른 남자(거짓교리)를 받아들이면 그게 간음(음녀)이다. 따라서 교회는 예수님의 씨만 받아야 혼인 잔치에 청함을 받게 되는 정결한 처녀가 된다. 그러므로 교회인 신부가 다른 씨(사단의 영)를 받으면 안된다.

> 내가 하나님의 열심으로 너희를 위하여 열심 내노니 내가 너희를 정결한 처녀로 한 남편인 그리스도께 드리려고 중매함이로다 (고후11;2)

한 남편인 그리스도 안에는 그리스도의 씨인 그리스도의 말씀만 들어 있다.

그 말씀은 수정과 같이 맑은 생명수가 있고, 또한 거기에는 아벨의 피와 같은 순교의 피가 흐른다. 그러므로 예수님의 깨끗한 피의 말씀에다 다른 것을 섞으면 안된다. '일곱 천사 중에 하나가'는 즉 하나님의 천사(영)가 와서 말하는 거다. 천사는 하나님이 부리는 사환이다. 그러므로 하나님이 부리는 사환(영) 중에 하나가 와서 사도요한의 그릇에 사용하는 거다. 따라서 오늘날도 마찬가지다. 사역자는 보고 듣고 깨달은 것만 그대로 대언해야 한다.

계시록 17장 이후의 일을 누가 보여 주느냐 하면 일곱 대접을 가진 천사 중에 하나가 보여주는 거다. 그리고 그 일들을 계속해서 설명해 주는 것도 그 천사다. 그러니까 17장부터 19장 10절까지의 내용은 일곱 대접 재앙의 반복 설명이다. 대접은 사람인데 사명자다. 따라서 일곱 대접 속에 뭐가 들어 있느냐 하면 음녀가 받을 심판의 내용이 들어 있다. 성경에서의 그릇은 대부분 사람이다. 대접(사람)에 일곱 천사(영)가 담겨있다.

따라서 많은 물 위에 앉은 큰 음녀가 받을 심판이 바로 바벨론(혼잡) 교회이다. 음녀가 곧 교회고 여자다. 왜 바벨론을 음녀라 부르는가? 하나님을 떠나 세상을 사랑하는 자들을 가리켜 창녀, 음녀, 간음한 자라고 부른다. 호세아서에 나오는 창녀 고멜이 바로 진정한 남편이신 하나님을 버리고 세상을 사랑한 이스라엘을 상징한다. 그리고 이스라엘이 하나님을 버리고 세상의 우상을 좇을 때마다 하나님은 그들에게 '너희가 간음했다'라고 말씀하셨다.

> 신실하던 성읍이 어찌하여 창기가 되었는고 공평이 거기 충만하였고 의리가 그 가운데 거하였더니 이제는 살인자들뿐이었도다. 네 은은 찌끼가 되었고 너의 포도주는 물이 섞였도다.(사1;21-22)

이와 같이 패역한 이스라엘을 가리켜 창기라 부른다. 이들은 하나님이 아닌 은과 포도주를 추구하는 자들로 창기(간음)라 한다.

> 너희도 이것을 정녕히 알거니와 음행하는 자나 더러운 자나 탐하는 자 곧 우상 숭배자는 다 그리스도와 하나님 나라에서 기업을 얻지 못하리니(엡5;5)

이렇게 음행과 더러운 것, 탐하는 것을 우상숭배라고 한다. 음행의 영적 의미는 하나님이 아닌 세상의 것을 사랑하는 모든 것을 우상 숭배라 말한다. 따라서 음행을 조장하는 음녀가 바로 교회다. 그래서 바벨론을 음녀라고 부르는 거다. 그러니까 교회 안에서 물질의 복을 추구하고 약속하는 교회가 간음을 하게 하는 음행한 음녀(목사)들이다.

그러나 예수님의 인도함을 받은 사람들은 자기를 부인하고 십자가의 길(道)만 따라간다. 그들은 땅에 속한 자가 아니고 하나님과 어린양에 속한 자들이다. 물은 종교세계인 바벨이다. 오늘날의 바벨(교회)들은 자기 이름을 내려고 살인자 가인처럼 하늘까지 탑을 쌓고 자기들의 명성을 나타내려 혈안이 되어 있다.

> 이에 그들이 동방으로 옮기다가 시날 평지를 만나 거기 거하고. 서로 말하되 자, 벽돌을 만들어 견고히 굽자 하고 이에 벽돌로 돌을 대신하며 역청으로 진흙을 내신하고. 또 말하되 자, 성과 대를 쌓아 대 꼭대기를 하늘에 닿게 하여 우리 이름을 내고 온 지면에 흩어짐으르 면하자 하였더니. 여호와께서 인생들의 쌓는 성과 대를 보시려고 강림하셨더라. 여호와께서 가라사대 이 무리가 한 족속이요 언어도 하나이므로 이같이 시작하였으니 이후로는 그 경영하는 일을 금지할 수 없으리로다(창11;2-6)

이와 같이 죄인들은 자기들의 이름을 내는데 온갖 노력을 다 기울인다. 그러나 그리스도 예수 안에 있는 사람들은 하나님의 이름과 예수님의 이름과 성령의 이름으로 영광과 찬송을 아버지께 드린다. 자기 이름을 내는 것이 육신의 생각이다. 사람들의 성을 쌓는 것이 인생들이다. 인생들이 쌓은 성은 곧 무너지는 바벨론이다.

성도는 우리의 심령창조자가 하나님이므로 하나님이 지은 성전이 우리 몸인 것을 깨달아야 한다. 하나님은 손으로 지은 곳에 계시지 않는다. 따라서 촛대 옆에는 꼭 두 사람이 있다. 천사(영)가 이 사람한테 와서 증거하는 거다. 대접(사람)은 진노의 말씀을 담는 그릇인데, 대접을 갖고 온 천사가 교회를 심판하기 위해 있다. 또한 그릇은 사람이다.

> 토기장이가 진흙 한 덩이로 하나는 귀히 쓸 그릇을, 하나는 천히 쓸 그릇을 만드는 권이 없느냐. 이 그릇은 우리니 곧 유대인 중에서 뿐 아니라 이방인 중에서도 부르신 자니라(롬9;21.24)

그릇을 만드시는 토기장이가 하나님이시다. 우리한테 하나님의 말씀을 담으면 하나님이 사용하시는 그릇이 되지만, 세상 것을 담으면 악한 그릇이 된다. 이 땅의 교회는 뱀의 말이 들어가서 악한 그릇이고 천한 그릇이다. 따라서 대접 속에는 음행한 음녀한테 내릴 진노의 말씀이 담아져 있다.

> 땅의 임금들도 그로 더불어 음행하였고 땅에 거하는 자들도 그 음행의 포도주에 취하였다 하고(계17;2)

땅의 임금들이 목사다. 교회가 바벨론 교리에 섞여진 거다. 육신의 생각과 하나님(말씀)의 생각을 합치면 이게 바벨이다. 그러기에 주님께서도 차든지 덥든지 하라 했다. 성도가 하늘의 것을 찾지 않고 땅의 것에 매달려 있으면 음녀와 함께 지금 취해 있는 거다. 땅의 음녀들이 목사인데, 누구나 육신의 생각이 들어가면 이 세상의 보암직도 먹음직도 탐스럽게 보여지는 교회들한테 가게 되어 있다. 그러므로 거의 대부분이 교회들이 바벨의 교리에 취해 비틀거리고 있다. 이런 교회가 바로 회칠한 무덤인데 육신의 생각에 사로잡히면 저 죽는 줄도 모르고 자꾸 그 무덤(사망)을 쳐다보게 된다.

우리가 지금 이 땅에 살고 있지만 그리스도의 말씀으로 꽉 차 있으면 하나님의 자녀가 된다. 그러려면 날마다 죽어야 한다. 생명이 끊어지면 고통이 없다. 신경이 살았을 때 고통이 있는 거지 신경이 죽어버리면 고통이 없다. 그러므로 이 땅의 생각에서 하늘의 생각으로 옮겨져야 고통이 없다. 이 땅은 지옥이다. 죽지 않으면 자기 생각의 번뇌와 고통에 사로잡힌다. 주님 안에는 하나님의 신이 들어있어 평안과 희락뿐이다.

그러니까 성도가 하늘의 것을 찾지 않고 이 세상 것에 매달려 있으면 지금 음녀와 함께 음행하는 것인지도 모른다. 음녀의 개념은 구약의 이세벨이다. 그 이세벨은 아합의 아내였다. 아합 왕한테 시집오면서 자신이 섬기던 우상을 함께 들여와서 이스라엘로 하여금 하나님이 아닌 풍요와 다산의 신 바알과 아세라의 우상을 섬기게 만들었다.

그러한 그녀를 가리켜 '그러나 네게 책망할 일이 있노라 자칭 선지자라 하는 여자 이세벨을 네가 용납함이니 그가 내 종들을 가르쳐 꾀어 행음하게 하고 우상의 제물을 먹게 하는도다(계 2;20)' 이렇게 정확하게 지적한 거다.

> 요람이 예후를 보고 가로되 예후야 대답하되 네 어미 이세벨의 음행과 술수가 이렇게 많으니 어찌 평안이 있으랴(왕하9;22)

이세벨은 이같이 음행과 술수로 이스라엘을 미혹했던 여자다. 술수는 복술로 미혹했다는 말이다. 바벨론 즉 음녀는 이렇게 세상을 음행(간음)과 복술(점치는 것)과 기적(거짓 성령)으로 미혹하고 있다. 마귀가 교회를 공격해서 음행을 조장하는 무서운 무기 중의 하나가 바로 기적이다. 따라서 그 기적이 나의 삶에도 기적이 일어나기를 바라는 마음이 기적을 찾게 만든다. 기적의 추구는 기복(祈福)에서 나온 것이다. 그래서 음행과 복술이 음녀와 함께 등장한 거다. 결국 그 둘은 하나님이 아닌 세상의 힘을 추구하는 동일한 욕구에서 출발한 이 세상 것들이다.

시몬이 사도들의 안수함으로 성령 받는 것을 보고 돈을 드려. 가로되 이 권능을 내게도 주어 누구든지 내가 안수하는 사람은 성령을 받게 하여 주소서 하니. 베드로가 가로되 네가 하나님의 선물을 돈 주고 살줄로 생각하였으니 네 은과 네가 함께 망할지어다
(행8;18-20)

마술사 시몬은 예수를 믿는다고 하면서도 기적을 동원해 돈 벌고 싶어 하던 사람이다. 오늘날 성령집회를 조장하는 많은 교회들이 바로 이 마술사 시몬의 자리에 있는 자들이다. 그건 우상 숭배이며 음녀의 속임수이다. 이렇게 기복과 음녀, 큰 성 바벨론의 미혹둘이 곳곳에 도사리고 있다. 그러나 그들은 '돌아와서 고한대 예후가 가로되 이는 여호와께서 그 종 디셉 사람 엘리야로 말씀하신 바라 이르시기를 이스르엘 토지에서 개들이 이세벨의 고기를 먹을지라. 그 시체가 이스르엘 토지에서 거름 같이 밭 면에 있으리니 이것이 이세벨이라고 가리켜 말하지 못하게 되리라 하셨느니라.(왕하9;36-37)' 결국엔 이렇게 처참하게 죽는다고 기록되어 있다. 하나님께서 음녀 이세벨의 고기를 개들이 뜯어먹도록 저주하셨다. 그러므로 하나님 이외에 다른 것을 사랑하고 추구하는 자들의 말로가 이처럼 처참하다.

네가 본바 이 열 뿔과 짐승이 음녀를 미워하여 망하게 하고 벌거벗게 하고 그 살을 먹고 불로 아주 사르리라(계17;16)

이세벨의 말로와 똑같은 장면이다. 여기에 음녀(교회)도 살을 뜯기는데 누가 뜯어 먹느냐 하면 짐승(개)이 뜯어 먹고 있다. 둘은 같은 편인데도 음녀가 타고 있던 짐승이 오히려 음녀를 뜯어 먹고 있는 형국이다. 여기서 중요한 진리를 확인 할 수 있어야 한

다. 악의 세력은 스스로 서로를 뜯어 먹으며, 서로가 서로를 미워하므로 스스로 자멸한다는 뜻이 담겨 있다는 사실이다.

곧 성령으로 나를 데리고 광야로 가니라 내가 보니 여자가 붉은 빛 짐승을 탔는데 그 짐승의 몸에 참람된 이름들이 가득하고 일곱 머리 열 뿔이 있으며(계17;3)

광야는 짐승이 있는 곳이다. 또한 광야는 교회를 상징하는 여자가 한 때와 두 때와 반 때를 거하면서 양육 받는 곳이기도 하다. 주님도 광야에서 마귀한테 시험을 받았다. 성령께서 요한을 광야로 데리고 가셨다. 우리도 주님의 인도함을 받으려면 성령이 임해야 한다. 광야는 뱀이 있는 데고 마귀가 사는 곳이다. 그러므로 광야로 가면 시험을 많이 받게 된다. 성은 '저희가 광야 사막 길에서 방황하며 거할 성을 찾지 못하고(시107;4)' 이와 같이 교회가 성이다. 그런데 영혼이 구원을 받아야 하는데 광야에서는 교회를 찾기 어렵다.

그러므로 영혼의 구원을 받은 자들은 말씀이 심령 안에 거하고 있지만 짐승들은 광야에서 먹이(탐심)를 찾느라 헤매고 있다. 음녀는 깨닫지 못하기 때문에 이성 없는 짐승이다. 누구라도 성령의 감동을 입고 보면 하나님의 신(영)을 받아 짐승(사단)들이 보인다. 따라서 성령이 모든 것을 깨닫게 하므로 하나님의 깊은 것이라도 통달하게 된다.

오직 하나님이 성령으로 이것을 우리에게 보이셨으니 성령은 모든 것 곧 하나님의 깊은 것이라도 통달하시느니라(고전2;10)

성령이 감동하면 '증거하는 이는 성령이시니 성령은 진리니라

(요일5;7)' 이와 같이 성령은 진리기 때문에 하나님의 깊은 비밀을 알 수 있다. 또한 진리는 아버지의 말씀이다. 그 말씀이 들어오면 거룩한 백성으로 인도된다. 거룩은 성스럽고 위대해서 아무라도 침범하지 못한다. 그러므로 말씀으로 인도되어야 거룩한 백성으로 살아 갈수 있다.

아울러 음녀가 짐승을 타고 있는데 그 짐승은 붉은 빛 짐승이다. 그런데 그 짐승은 몸에 참람된 이름들이 가득하고 일곱 머리 열 뿔이 있다. 참람은 분수에 맞지 않고 지나치게 말하는 것인데, '내가 보니 바다에서 한 짐승이 나오는데 뿔이 열이요 머리가 일곱이라 그 뿔에는 열 면류관이 있고 그 머리들에는 참람된 이름들이 있더라(계13;1)' 바로 이 짐승들이다.

아울러 참람은 거짓 참(僭). 넘칠 람(濫)이다. 거짓이 가득한 곳이 사단의 세계로 짐승도 그들의 조직체의 몸이 있다. 따라서 예수 그리스도를 흉내 내는 적그리스도의 세력을 상징한다.

> 하늘에 또 다른 이적이 보이니 보라 한 큰 용이 있어 머리가 일곱이요 뿔이 열이라 그 여러 머리에 일곱 면류관이 있는데.(계12;3)

용은 마귀를 상징하는데 그 짐승도 마귀의 사주를 받고 있는 적그리스도인 마귀의 세력이다. 그 짐승을 타고 있는 음녀 역시 그 짐승과 같은 운명 공동체며 같은 하나이다. 여기서 짐승도 붉은 색이고 큰 용도 붉은 색이다. 그리고 음녀도 붉은 빛과 자주빛 옷을 입고 있다. 이 붉은 색은 '여호와께서 말씀하시되 오라 우리가 서로 변론하자 너희 죄가 주홍 같을지라도 눈과 같이 희어질 것이요 진홍같이 붉을지라도 양털같이 되리라.(사1;18)' 이렇게 붉은 색은 죄의 색깔이다. 그와 동시에 붉은 색과 자주색은 부자들만 입던 사치와 영광의 색이기도 하다. 그러므로 붉은 색은 성경에서 죄의 색임과 동시에 세상의 힘과 사치와 영광의 색으로 등장한다. 그래서 멸망하는 바벨론을 가리켜 '가로되 화 있도다 화 있도다 큰 성이여 세마포와 자주와 붉은 옷을 입고 금과 보석과 진주로 꾸민 것인데(계18;16)' 이같이 표현한 것이다.

여자가 붉은 빛 짐승을 탔는데 용도 붉은 용이고, 짐승도 붉은 빛이고, 음녀도 붉은 옷을 입고 있고, 바벨론도 붉은 옷과 자주옷을 입고 나온다. 그러니까 세상 세력은 겉으로 보기엔 너무나 그럴듯하게 꾸미고 있지만 항상 힘과 부와 사치로 사람들의 정신을 미혹하는 세력이라는 것을 알 수 있다.

> 그 여자는 자주빛과 붉은 빛 옷을 입고 금과 보석과 진주로 꾸미고 손에 금잔을 가졌는데 가중한 물건과 그의 음행의 더러운 것들이 가득하더라(계17;4)

큰 성 바벨론과 음녀는 같은 옷을 입고 같은 것들로 꾸미고 있는 같은 존재들이다. 그렇게 부와 사치와 힘으로 세상을 미혹하고 있는 음녀와 바벨론은 손에 금잔을 쥐고 있다. 그런데 그 금잔 안에 가중한 물건과 음행의 더러운 것들이 가득 차 있다. 여기서의 가중한 물건은 혐오스러운 우상숭배를 말한다.

> 네 하나님 여호와께서 네게 주시는 땅에 들어가거든 너는 그 민족들의 가중한 행위를 본받지 말 것이니. 그 아들이나 딸을 불 가운데로 지나게 하는 자나 복술자나 길흉을 말하는 자나 요술하는 자나 무당이나. 진언자나 신접자나 박수나 초혼자를 너의 중에 용납지 말라. 무릇 이런 일을 행하는 자는 여호와께서 가중히 여기시나니 이런 가중한 일로 인하여 네 하나님 여호와께서 그들을 네 앞에서 쫓아내시느니라.(신18;9-12)

음녀가 들고 있는 금잔에 가증한 물건이 들어 있다는 것은 마귀의 세력은 사치와 허영, 세상의 힘 같은 달콤한 것들로 세상을 미혹하고 있다. 그런데 거기에 넘어가서 세상의 힘을 좇는 것을 우상숭배라고 말하는 거다. 그 가증한 것의 내용으로 복술자나 길흉을 말하는 자나 요술하는 자나 무당이나 진언자나 신접자나 박수를 예로 드는데 이들이 전부 하나같이 우상 숭배를 부추기는 자들이다. 따라서 더러운 것은 우상 숭배 즉 악마적인 것을 가리키는 말이다.

오늘날의 이단들이 화려하게 꾸미는 교리가 이와 같다는 뜻이다. 금도, 진주도, 보석도 다 꾸민 말이고 교리다, 하나님의 말씀을 교묘하게 꾸며서 미혹시키는 것이 성경에서 말하는 악이다.

> 너희 단장은 머리를 꾸미고 금을 차고 아름다운 옷을 입는 외모로 하지 말고. 오직 마음에 숨은 사람을 온유하고 안정한 심령의 썩지 아니할 것으로 하라 이는 하나님 앞에 값진 것이니라
> (벧전3;3-4)

외식하면 하나님이 좋아하지 않으신다. 외모, 외식은 교회한테 하는 말이다. 주로 서기관과 바리새인(목사)들한테 한 말인데 거기에 칠화(七禍)가 있다. 또한 가증한 물건이, '악인의 제물은 본래 가증하거든 하물며 악한 뜻으로 드리는 것이랴(잠21;27)' 이와 같이 악인이 가지고 있는 것이 가증한 것으로 하나님 앞에서 매우 조심해야 한다.

따라서 교회가 꾸미면 안된다. 꾸미면 '그들이 화려한 장식으로 인하여 교만을 품었고 또 그것으로 가증한 우상과 미운 물건을 지었은즉 내가 그것으로 그들에게 오예물이 되게 하여(겔7;20)' 이와 같이 세상에서 건짐을 받지 못한다. 사단들도 그들만의 화

려한 장식(교리)으로 조직체를 꾸며놓고 있지만, 하나님의 조직체도 눈, 코, 입, 귀가 다 있다. 이 조직체가 다 한 몸인 교회다.

> 또 만물을 그 발아래 복종하게 하시고 그를 만물 위에 교회의 머리로 주셨느니라(엡1;22)

우리의 머리는 '각 남자의 머리는 그리스도요 여자의 머리는 남자요 그리스도의 머리는 하나님이시라(고전11;3)' 곧 그리스도다. 머리에 함께한 자가 말씀으로 인도해야 진리 따라 움직인다. 남자는 씨가 있어 그리스도다. 아울러 교회(여자)와 그리스도가 한 몸이다. 각각이 다 지체다. 그러므로 머리가 가자는 대로 간다. 손도 귀도 발도 입도 전부 머리(그리스도)가 시키는 대로 움직인다. 그러나 사단은 음녀가 앉아있기 때문에 이마(생각)에 참람된 이름(탐심)들만 가득 기록되어 있다.

> 그 이마에 이름이 기록되었으니 비밀이라, 큰 성 바벨론이라, 땅의 음녀들과 가증한 것들의 어미라 하였더라(계17;5)

음녀의 이마에 이름이 기록되었다고 하는데 그 이름이 비밀이라 했다. 비밀은 감추기 위한 것인데, 여기서는 알려지기 위한 비밀이다. 즉 그 음녀의 이마에 쓰인 큰 성 바벨론과 땅의 음녀들과 가증한 것들의 어미라고 한 이름에는 뭔가를 상징하고 있다. 따라서 이들의 이마에 기록되었다는 비밀은 더러운 이름을 가진 666이라는 짐승과 땅에 속한 음녀(교회)들이 바로 죄의 조성자라는 뜻이다. 즉 이마나 손에 짐승의 이름을 받은 저주받은 자들의 어미라 불리는 그 세력들이 바로 세상을 취하게 만드는 무서운 자들이다.

음녀의 금잔 속에는 더러운 것과 가증한 것들이 가득 담겨 있다. 거기에 놀아나는 사람들이 666인 짐승의 표를 받은 자들이라 부르는 것이고 그 미혹에 꿋꿋이 맞서서 이겨내는 자들은 그의 이마에 하나님의 인(소유권)이 새긴 14만 4천인이라 부르는 거다.

따라서 음녀는 자주 빛과 붉은 빛의 화려한 옷을 입고 금과 진주와 보석으로 치장을 하고 손에 금잔을 들고 세상을 미혹하고 있다. 그러나 그 음녀가 들고 있는 금잔 속에는 더러운 것과 가증한 것과 우상 숭배라는 무서운 독들이 가득 들어 있다. 그러기에 주님께서 요한에게 그 음녀가 받을 심판을 보이고 계신 것이다. 그러면서 그게 비밀이라 하셨다. 그 비밀의 정체가 바로 큰 성 바벨론의 비밀이고, 땅의 음녀들의 가증한 것이라 하셨다.

이들이 전부 무저갱에서 올라오는데 그 중에 특히 바다에서 올라온 일곱 머리 열 뿔(신천지)과 짐승(거짓선지자)들이 바로 멸망자라는 뜻이다. 멸망은 망하여 아주 없어지는 거다. 그러므로 짐승이 가장 많이 나오는 데가 계시록 13장이다. 멸망자의 수가 바다에서 올라온 짐승들로 666인데 그 수가 바로 짐승의 수라 했다.

따라서 교회라면 이 일곱 머리 열 뿔의 비밀을 알아야 한다. 이걸 깨달으려면 먼저 하나님의 비밀을 깨달아야 알 수 있다. 일곱째 천사가 소리 내는 날이, '일곱째 천사가 나팔을 불매 하늘에 큰 음성들이 나서 가로되 세상 나라가 우리 주와 그 그리스도의 나라가 되어 그가 세세토록 왕노릇 하시리로다(계11;15)' 이와 같이 세상 나라가 우리 주와 그리스도의 나라가 되는 때다. 따라서 지금이 바로 일곱째 천사가 나팔을 부는 마지막 때다.

그러므로 신학(神學)과 신학(信學)을 구분할 줄 알아야 한다. 온 땅의 가증한 어미가 큰 성 바벨론으로 이들의 신(神)이 바로 귀신의 신학(神學)이다. 그러나 그리스도의 말씀으로 인도함을 받는 믿음의 실체가 신학(信學)이다. 따라서 신학(神學)은 사람의 계명으로 가르침을 받기 때문에 하나님 나라에 들어 갈 수 없다. 신학(神學)이 신학(信學)이 되려면 교회가 회개하고 돌아서야 한다.

> 또 내가 보매 이 여자가 성도들의 피와 예수의 증인들의 피에 취한지라 내가 그 여자를 보고 기이히 여기고 크게 기이히 여기니. 천사가 가로되 왜 기이히 여기느냐 내가 여자와 그의 탄 바 일곱 머리와 열 뿔 가진 짐승의 비밀을 네게 이르리라(계17;6-7)

이 구절을 보면 음녀가 마치 승리 주를 마시고 있는 듯해 보인다. 그래서 요한도 음녀가 성공적인 모습으로 보여 크게 기이하게 여겼다. 그러나 여기서 예수의 증인들의 피에 취했다고 했다. 예수의 증인은 예수 그리스도로 인해 죽임을 당한 순교자들이다. 음녀와 그의 세력들이 예수의 증인들의 죽임을 당한 것이 마치 자기들이 승리한 것처럼 여기는 거만한 모습이다. 그러나 요한은 그 사실을 깨닫지 못했기 때문에 기이히 여길 수밖에 없었다. 따라서 그들이 들고 있는 승리의 축배는 그 자체가 가중하고 더러운 독이 들어 있는 독배이다. 지금은 승리의 축배를 하는 것 같으나 잠시 잠깐이면 음녀가 무너지는 소리가 난다는 것을 알려주는 게 그게 짐승의 비밀이다. 결국 그 금잔에 들어 있는 더러운 것과 가중한 것에 취해서 영원한 멸망으로 떨어지게 된다.

오늘날 한국교회 이단들의 모습을 보면 당시와 너무나 흡사하다. 이단들이 교회에 침투해 들어가 성도들의 피를 자기 소속으로 만들려고 갖가지 노력으로 분투하고 있다. 자기들만의 증거를 보이려고 성경말씀을 각양각색의 교리로 꾸며 화려하게 장식하다보니 스스로 그 거짓에 취하고 마는 거다. 지금 '이단'이라고 하는 곳에 가보면 진짜 이단들은 자기들이 만들어 놓은 교리에 취해 있어 자기들이 이단인줄 모른다. 창세기 때, 하와한테 뱀의 말이 들어가 보암직도, 탐스럽기도 한 것에 마음을 빼앗겨 하나님과 단절되었듯이 이단들도 뱀의 말에 홀려 뱀(사단)이 시키는 대로 하고 있다 보니 비 진리에 취해 진짜와 가짜를 구별 못하고 있다.

그러나 성도는 진리의 영이 들어가니까 성경 말씀과 맞지 않으면 그게 가짜인 것을 금방 알게 된다. 그러므로 이단(뱀)들이 먹음직도 보암직도 탐스럽게 한 것으로 미혹해도 거기에 절대 넘어가지 않는다. 이게 거듭난 자들이다. 즉 그들이 하는 말이 맞는가, 아닌가를 정확하게 분별할 줄 알아야 하나님의 백성들이다.

> 마땅히 율법과 증거의 말씀을 좇을지니 그들의 말하는 바가 이 말씀에 맞지 아니하면 그들이 정녕히 아침빛을 보지 못하고. 이 땅으로 헤매며 곤고하며 주릴 것이라 그 주릴 때에 변조하여 자기의 왕 자기의 하나님을 저주할 것이며 위를 쳐다보거나. 땅을 굽어보아도 환난과 흑암과 고통의 흑암뿐이리니 그들이 심한 흑암 중으로 쫓겨 들어가리라(사8;20-22)

이와 같이 진리의 말씀에 맞지 아니하면 정녕히 아침빛을 보지 못한다. 아침빛이 새벽별인데 새벽별이 예수님이다. 따라서 이마에 이름이 기록되어 있는 최초의 음녀가 하와다. 이게 바로 성경의 비밀이다. 하와는 남편인 아담의 말만 들어야 하는데 뱀(사단)의 말을 들어서 음녀(교회)가 되었다. 여기에 왜 큰 성 바벨론(대형교회)이란 '큰' 자가 붙였느냐 하면 작은 음녀(교회)들도 무척 많기 때문이다. 섞인 게 바벨이다. 하나님의 말씀과 육신의 생각이 혼합된 게 바벨론으로 이들이 바로 신(神)들의 문이다. 이 신(神)들이 '네가 만든 네 신들이 어디 있느뇨 그들이 너희 환난을 당할 때에 구원할 수 있으면 일어날 것이니라 유다여 너의 신들이 너의 성읍 수와 같도다(렘2;28)' 이와 같이 유다(교회)의 성읍과 같다. 유다는 치리자다. 그러므로 신(神)들이 교회 숫자와 같다. 즉 성읍의 숫자와 교회의 숫자가 같다는 것은 그만큼 교회마다 각자의 신을 섬긴다는 뜻과 같다. 가장 큰 바벨론은 음녀가 있는 곳이다. 따라서 17장은 음녀를 보여주려고 오라고 했고 열 뿔 가진 짐승의 비밀이 무엇인지 알려주려 한 거다. 따라서 이마의 이름이 바로 바벨론의 교리다. 그 교리로 교회들을 잡아먹는 그야말로 영혼의 사냥꾼들이다.

> 나 여호와가 말하노라 온 세계를 멸한 멸망의 산아 보라 나는 네 대적이라 나의 손을 네 위에 펴서 너를 바위에서 굴리고 너로 불탄 산이 되게 할 것이니(렘51;25)

산이 조직체다. 이와 같이 하나님의 말씀과 대적하는 자들이 오늘날의 교회들이다. 이들이 가르치는 윤리, 도덕, 선교, 구제, 봉사 이런 것들로는 천국에 가지 못한다. 헛되게 배우고 가르치면 이단들한테 전부 잡아먹힌다. 하나님은 참 빛으로 오신 예수 그리스도 한분뿐인데 왜 한국기독교에만 유독 교파가 그리 많은가? 성령은 모든 것을 다 하나 되게 한다.

그 이유가 여자가 땅의 음녀인데 그 음녀들이 다른 신을 받아서 그렇다. 성도는 예수 그리스도 말씀 외에 다른 것이 들어가면 안된다. 그렇게 되면 음녀들이 주는 포도주(비진리)에 취해 분별력이 흐려진다. 그러므로 계시록이 쓰여진 목적을 크게 네 가지로 보면 된다.

> 네 본 것을 내 오른손에 일곱별의 비밀과 일곱 금촛대라 일곱별은 일곱 교회의 사자요 일곱 촛대는 일곱 교회니라(계1;20)

첫째가 일곱별의 비밀과 일곱 촛대사건이고

> 일곱째 천사가 소리 내는 날 그 나팔을 불게 될 때에 하나님의 비밀이 그 종 선지자들에게 전하신 복음과 같이 이루리라(계10;7)

그리고 둘째가 하나님의 비밀이 있다. 그리고 셋째가 음녀의 비밀이 있고, 넷째가 짐승의 비밀이 있다. 짐승의 비밀은, '그 이마에 이름이 기록되었으니 비밀이라, 큰 바벨론이라, 땅의 음녀들과 가중한 것들의 어미라 하였더라.(계17;5절)'의 바벨론의 비밀이다. 그리고 일곱 머리 열 뿔의 조직체가 계시록에서 가장 주된 비밀이다. 이 짐승인 용의 목적은 교회를 잘못되게 하는 일이다. 지금 교회를 잡아먹고 있는 수많은 이단들 중에 가장 두드러진 이단이 바로 바다에서 올라온 열 뿔의 짐승들인 신천지의 조직체들이다. 신천지는 믿지 않는 사람들은 전도하지 않는다. 그들의 교육은 주로 교회에 침투해 들어가 어떻게 교인들을 끌고 오느냐가 그게 관건이다. 그러나 진자는 이긴 자의 종이 된다.

> 저희에게 자유를 준다 하여도 자기는 멸망의 종들이니 누구든지 진 자는 이긴 자의 종이 됨이니라(벧후2;19)

짐승들한테 지면 멸망이다. 이 세상을 이긴 분은 주님 한분뿐이시다. 짐승(이단)들은 자기들이 영생을 준다고 한다. 그러나 우리의 영혼이 그들한테 잡아먹히면 그게 바로 멸망의 종들이 되는 거다. 어떻게 보면 계시록 자체가 유독 한국교회의 영적 전쟁터를 방불케 하고 있다.

> 네가 본 짐승은 전에 있었다가 시방 없으나 장차 무저갱으로부터

> 올라와 멸망으로 들어갈 자니 땅에 거하는 자들로서 창세 이후로 생명책에 녹명되지 못한 자들이 이전에 있었다가 시방 없으나 장차 나올 짐승을 보고 기이히 여기리라(계17;8)

여기에서 '시방 없으나' 는 사단은 우리의 신분과 운명을 뒤집을 수 없다는 의미이다. 그러나 우리의 영적 성숙과 거룩으로의 경주를 위해 우리를 미혹하고 핍박하는 것이 사단에게 허락되었다는 점에서 10절에서 '하나는 없고'이다. 그런데 그 미혹의 세력이 얼마나 강한지 창세 이후로 생명책에 녹명되지 못한 사람들은 그 세력을 보고 크게 놀란다. 그 이단(짐승)들의 세력이 놀랍도록 크나 결국은 멸망의 짐승들로 마지막 때에 심판받는 거다. 바벨론 산은 멸망의 산이다. 따라서 땅에 거하는 자들은 반드시 내 영혼이 지성소에 올라가야 한다. 그들은 성령을 받으라 했으니까 성령을 받으면 하나님의 깊은 것도 통달하게 되어 있다. 육신의 생각이 없어지면 성령의 생각으로 들어오고 성령으로 꽉 차있으면 하나님의 깊은 것들이 알아져 간다. 그러므로 우리는 육신의 생각과 성령의 생각으로 늘 마음 안에서 치고받는 싸움을 한다, 내 안에 얼마만큼 육신의 생각에서 벗어나느냐에 따라 성령이 주장하는 범위가 점차 확장되어간다.

> 내 속 사람으로는 하나님의 법을 즐거워하되. 내 지체 속에서 한 다른 법이 내 마음의 법과 싸워 내 지체 속에 있는 죄의 법 아래로 나를 사로잡아 오는 것을 보는도다(롬7;22-23)

내 안에는 항상 두 법이 있다. 내 지체 속에 하나님의 생각과 육신의 생각이 공존해서 잘못된 설교를 들으면 혼돈이 된다. 그리되면 세상 근심으로 뼈가 마르게 한다. 그러나 영원한 복음은 복된 소식이다.

> 내가 복음을 부끄러워 아니하노니 이 복음은 모든 믿는 자에게 구원을 주시는 하나님의 능력이 됨이라 복음에는 하나님의 의가 나타나서 믿음으로 믿음에 이르게 하나니 기록된바 오직 의인은 믿음으로 말미암아 살리라 함과 같으니라(롬1;16-17)

이와 같이 하나님의 복음을 믿는 자들에게는 하나님의 능력이다. 복음 속에는 하나님의 의가 나타난다, 이런 사람들은 '또 미리 정하신 그들을 또한 부르시고 부르신 그들을 또한 의롭다 하시고 의롭다 하신 그들을 또한 영화롭다 하셨느니라(롬8;30)' 이와 같이 하나님 보시기에 의롭다 칭함을 받은 자들이다. 부르시고 듣는 그들만이 의롭게 된 자로 하나님의 아들로서 영화롭게 된다.

> 지혜 있는 뜻이 여기 있으니 그 일곱 머리는 여자가 앉은 일곱 산이요.(계17;9)

앞서도 언급했지만 산이 조직체다. 일곱 산이 바로 전체교회들의 조직체를 뜻한다. 교회가 악의 세력한테 미혹 당하지 않으려면 영적 전투에서 싸워 이겨야 한다. 그러려면 지혜가 필요하다. 지혜 자체가 예수 그리스도시다.

> 지혜가 또 너를 음녀에게서 말로 호리는 이방 계집에게서 구원하리니(잠2;16)

> 지혜를 얻는 자와 명철을 얻는 자는 복이 있나니. 이는 지혜를 얻

는 것이 은을 얻는 것보다 낫고 그 이익이 정금보다 나음이니라. 지혜는 진주보다 귀하니 너의 사모하는 모든 것으로 이에 비교할 수 없도다(잠3;13-15)

너희가 은을 받지 말고 나의 훈계를 받으며 정금보다 지식을 얻으라. 대저 지혜는 진주보다 나으므로 무릇 원하는 것을 이에 비교할 수 없음이니라.(잠8;10-11)

나 지혜는 명철로 주소를 삼으며 지식과 근신을 찾아 얻나니. 나를 사랑하는 자들이 나의 사랑을 입으며 나를 간절히 찾는 자가 나를 만날 것이니라. 여호와께서 그 조화의 시작 곧 태초에 일하시기 전에 나를 가지셨으며. 만세 전부터 상고부터, 땅이 생기기 전부터 내가 세움을 입었나니. 아직 바다가 생기지 아니하였고 큰 샘들이 있기 전에 내가 이미 났으니. 하나님이 아직 땅도 들도 세상 진토의 근원도 짓지 아니하셨을 때에라. 그가 하늘을 지으시고 궁창으로 해면에 두르실 때에 내가 거기 있었고. 그가 위로 구름 하늘을 견고하게 하시며 바다의 샘들을 힘 있게 하시며. 바다에 한계를 정하여 물로 명령을 거스리지 못하게 하시며 또 땅의 기초를 정하실 때에. 내가 그 곁에 있어서 창조자가 되어 날마다 그 기뻐하신 바가 되었으며 항상 그 앞에서 즐거워하였으며(잠8;12.17.22-30)

이와 같이 지혜는 예수 그리스도이신 어린양이시다. 지혜가 진주보다 귀하기에 성경에서 진주보다 지혜를 구하라고 말씀하신다. 그렇다면 지혜란 도대체 무엇인가? 주님의 삶이 어떠한 삶이며, 왜 이 땅에 오실 수밖에 없었는지를 깨닫지 못하면 세상을 이겨낼 수 없다. 세상을 이기지 못하면 음녀(교회)가 들고 미혹하던 금과 보석과 진주에 눈이 멀어 교회가 주는 진노의 포도주에 취해 비틀거리다 멸망하고 만다. 그래서 지혜가 필요하다고 강조하고 있는 거다.

> 그런즉 너희가 어떻게 행할 것을 자세히 주의하여 지혜 없는 자 같이 말고 오직 지혜 있는 자 같이 하여. 세월을 아끼라 때가 악하니라. 그러므로 어리석은 자가 되지 말고 오직 주의 뜻이 무엇인가 이해하라. 술 취하지 말라 이는 방탕한 것이니 오직 성령의 충만을 받으라(엡5;15-18)

술(비진리)에 취하는 이유는 지혜가 없어서 그렇다. 음녀가 주는 술(육신의 생각)에 취하지 않기 위해서는 반드시 우리에게 지혜(예수 그리스도의 말씀)가 필요하다. 성경은 처음부터 끝까지 그 지혜이신 '너희가 성경에서 영생을 얻는 줄 생각하고 성경을 상고하거니와 이 성경이 곧 내게 대하여 증거하는 것이로다.(요5;39)' 이와 같이 예수 그리스도에 관해서만 기록되어 있다.

따라서 성경은 지혜이신 예수 그리스도가 누구시며 왜 이 땅에 육신의 옷을 입고 말씀으로 오셨으며, 또한 그분이 어떤 삶을 사셨으며, 왜 죽으셔야만 했으며, 어떻게 부활하셨는지 그리고 그 모든 삶이 어떻게 우리에게 적용 되는지에 관해 자세하게 기록이 된 책이 성경인 것을 깨닫고 말씀 안에서 하나님(성령)을 만나야 한다. 그런데 안타깝게 많은 사람들이 음녀가 보여주는 힘의 세력과 화려함에 도취되어 짐승을 따라가고 있다. 아울러 산이 조직체지만 구약에서의 산은 세력과 힘과 통치를 상징한다.

> 지렁이 같은 너 야곱아, 너희 이스라엘 사람들아 두려워 말라 나 여호와가 말하노니 내가 너를 도울 것이라 네 구속자는 이스라엘의 거룩한 자니라. 보라 내가 너로 이가 날카로운 새 타작 기계를 삼으

리니 네가 산들을 쳐서 부스러기를 만들 것이며 작은 산들로 겨 같게 할 것이라(사41;14-15)

나 여호와가 말하노라 온 세계를 멸한 멸망의 산아 보라 나는 네 대적이라 나의 손을 네 위에 펴서 너를 바위에서 굴리고 너로 불탄 산이 되게 할 것이니(렘51;25)

큰 산아 네가 무엇이냐 네가 스룹바벨 앞에서 평지가 되리라 그가 머릿돌을 내어 놓을 때에 무리가 외치기를 은총, 은총이 그에게 있을지어다 하리라 하셨고(슥4;7)

이와 같이 하나님께서 당신이 쳐서 부스러기를 만들어 버릴 악의 세력을 가리켜 산이라 부르신다. 그래서 바벨론도 큰 산 바벨론이라 했다. 바로 그 산이 일곱이다. 7은 완전수다. 따라서 일곱 산은 하나님과 하나님의 백성들을 대적하는 악한 세력들을 총칭하는 거다. 그래서 10절에서 일곱 산을 일곱 왕이라고 했다. 그러니까 일곱 머리는 역사적으로 끊임없이 등장하는 하나님을 대적하는 악한 세력들이고 열 뿔도 마찬가지다.

큰 짐승 넷이 바다에서 나왔는데 그 모양이 각각 다르니. 또 그것이 머리에는 열 뿔이 있고 그 외에 또 다른 뿔이 나오매 세 뿔이 그 앞에 빠졌으며 그 뿔에는 눈도 있고 큰 말하는 입도 있고 그 모양이 동류보다 강하여 보인 것이라. 그 열 뿔은 이 나라에서 일어날 열 왕이요.(단7;3.20.24)

이와 같이 열 뿔이 열왕, 왕국, 세력, 힘을 상징하는 것이다. 그게 열 개라는 것은 엄청난 힘, 엄청난 권세를 상징하는 거다.

따라서 마귀의 세력은 호락호락하지 않다. 그러니까 사단으로부터 힘과 능력을 받은 짐승의 세력들이 역사 속에서 끊임없이 엄청난 세력으로 우리 성도들을 핍박하고 미혹하고 있는 이유다. 그러므로 짐승을 볼 수 있는 지혜가 필요하다.

이 바벨론 왕이 부리는 일곱(전체교회) 조직체의 사단의 정체가 한기총의 총회장이고, 일곱 머리 열 뿔의 우두머리는 신천지의 이만희 교주와 통일교의 한학자교주다. 물론 우리나라에 수많은 이단들이 생성되어 있지만 마지막 시대에 도래하고 있는 현시점에서 통일교와 신천지가 유독 하나님을 대적하는 악한 산(조직체)이다.

그러므로 성경은 항상 산에서 역사한다는 것을 알아야 한다. 아담은 에덴동산에서, 노아는 아라랏산에서, 아브라함은 모리아산에서, 모세는 시내산에서, 예수님은 감람산에서, 우리의 역사는 어린양이 서 있는 곳으로 시온산에서 이루어진다. 따라서 성도는 시온산(그리스도의 말씀)에서 14만 4천의 영들과 함께 신앙생활해야 한다.

따라서 하나님 앞에 함부로 입을 열면 안된다. 성경은 진리만 통하는데다 수정과 같이 맑은 생명수라 거짓말하면 바로 드러난다. 그러므로 지혜가 있는 사람들은 예수 그리스도가 인도하시는 길 따라 하나님만 경외하게 된다. 이들이 지혜가 있는 믿음의 선진들이다. 또한 지혜가 있는 이들이 바로 아들을 보고 믿는 자들이며 영혼이 복을 받은 영생을 얻은 자들이다.

따라서 일곱 머리는 여자가 앉은 일곱 산이라 했다. 여자가 '또 네가 본바 여자는 땅의 임금들을 다스리는 큰 성이라 하더라(계 17;18)' 이와 같이 땅의 음녀로 임금들 즉 교회의 목사들이다. 여자가 앉은 물은, 백성과 열국과 방언들인데 많이 모이는 그곳이다. 교회에서 말씀으로 깨닫지 못하면 이성 없는 짐승한테 끌려가고 그 음녀가 '짐승'이란 걸 깨달아야 그들한테 미혹되지 않는다.

> 내가 심중에 이르기를 인생의 일에 대하여 하나님이 저희를 시험하시리니 저희로 자기가 짐승보다 다름이 없는 줄을 깨닫게 하려 하심이라. 인생의 혼은 위로 올라가고 짐승의 혼은 아래 곧 땅으로 내려가는 줄을 누가 알랴. 그러므로 내 소견에는 사람이 자기 일에 즐거워하는 것보다 나은 것이 없나니 이는 그의 분복이라 그 신후사를 보게 하려고 저를 도로 데리고 올 자가 누구이랴
> (전3;18.21-22)

이와 같이 자기 이름을 내려고 하는 짓거리가 바로 짐승과 다름이 없는 노릇이다. 이 땅에서 사람같이 살면 하나님 앞으로 가고 짐승이 되면 지옥으로 간다. 우리의 일은 복을 나누어 주는 분복이다. 바로 하나님의 일을 하는 것인데 그 일이 보내신 자를 믿는 것이 하나님의 일이다. 이 땅의 사람들은 세상 복만 달라고 기도한다. 그러나 믿음의 선진들은 오직 믿음 하나만을 구하고 원했다.

> 또 일곱 왕이라 다섯은 망하였고 하나는 있고 다른 이는 아직 이르지 아니하였으나 이르면 반드시 잠깐 동안 계속하리라(계17;10)

그 일곱 왕 중에 다섯은 망하였고 하나는 있고 하나는 아직 오지 않았다고 했다. 지금 우리는 천사로부터 요한이 기이히 여기고 있는 것에 대한 설명을 듣고 있다. 요한이 크게 기이히 여긴 것은 음녀가 오히려 승리의 축배를 들고 있는 것처럼 보였다. 그래서 천사가 지금 거기에 대해 요한에게 설명하고 있는 거다. 그 음녀가 무서운 짐승을 타고 그 짐승을 조종하고 있는데 그 짐승

은 일곱 머리와 열 뿔을 가지고 있는 사단의 대리자라는 설명이다. 따라서 음녀가 사단으로부터 엄청난 힘을 받아 이 땅을 핍박하고 미혹하여 승승장구하는 것처럼 보이지만 이미 그 세력은 망했다. 그러기에 일곱 중에 다섯은 망했고 하나만 겨우 남아 있는 상태고 마지막에 최후에 발악을 하다가 결국에는 멸망할 것이라는 것을 보여준 것이 '다섯은 망하였고 하나는 있고 하나는 아직 오지 않았다'는 구절의 진위이다.

2. 권세 받은 짐승

> 전에 있었다가 시방 없어진 짐승은 여덟째 왕이니 일곱 중에 속한 자라 저가 멸망으로 들어가리라(계17;11)

지금 음녀가 일곱 머리 열 뿔의 짐승을 타고 있는데 그 일곱 머리가 일곱 왕이라 했다. 그런데 그 짐승 전체를 여덟 번째 왕이라 부르고 있다. 그 짐승의 일곱 머리들이 왕이었는데 그 짐승 전체가 여덟째 왕이라는 것은, 사단의 대리자인 일곱 왕은 정확하게 짐승의 속성과 동일한 것이라는 것을 보여주고 있다. 그러나 그 일곱 머리, 일곱 왕을 포함한 여덟째 왕인 짐승은 반드시 멸망한다.

따라서 짐승도 일곱 머리 열 뿔을 들어서 사역하고, 바벨론도 일곱 머리 열 뿔을 들어 전체 교회를 다스린다. 하나님의 영도 일곱과 열둘을 갖고 심판과 구원으로 사용하신다.

> 네가 보던 열 뿔은 열 왕이니 아직 나라를 얻지 못하였으나 다만 짐승으로 더불어 임금처럼 권세를 일시동안 받으리라. 저희가 한

뜻을 가지고 자기의 능력과 권세를 짐승에게 주더라 (계17;12-13)

사도요한이 성령에 감동해서 본 내용이다. 교회의 지도자들에 대한 내용이다. 나라를 왜 얻지 못했느냐하면 총회장이 다 갖고 있으면서 여기다 권세를 주지 않았다. 음녀(교회)가 관할만 할뿐이지 그에 따른 실권을 주지 않았다는 그런 내용이다. 또한 여기서의 한 뜻은, 바벨론을 깨트리기 위해 짐승도 하나님이 세우셨다. 짐승의 소속은 교회를 망하게 하는 일이다. 그러기 때문에 짐승이 음녀를 미워하여 망하게 하고 있다. '네가 본 바 이 열 뿔과 짐승이 음녀를 미워하여 망하게 하고 벌거벗게 하고 그 살을 먹고 불로 아주 사르리라(계17;16)' 아울러 '살'이 그들의 백성들이다. 그들의 교리가 잘못되었다고 하는 거다. 한 뜻 속에는 짐승이 있고, 음녀가 있는데 그 짐승이 용한테 권세를 받고 음녀를 미워하여 망하게 하는 싸움이다.

용한테 권세를 받은 짐승이 그 힘으로 잠시 동안 이긴다는 뜻이다. 비록 이단(신천지)들의 소속이지만 하와(교회)를 꼬일 정도로 그들한테도 그들만의 교리가 있다. 그들이 싸우는 최종 목적지는 어린양(하나님의 말씀)과 싸우는 거다. 사단들은 바벨론을 이기는 것 정도는 아무것도 아니다. 그렇지만 최종은 예수님(성경말씀)과 싸우는 거다. 그렇지만 결론은 하나님의 백성들은 믿음(말씀)이 있기 때문에 '대저 하나님께로 난 자마다 세상을 이기느니라 세상을 이긴 이김은 이것이니 우리의 믿음이니라(요일5;4)' 이와 같이 사단과의 싸움에서 무조건 이긴다는 사실이다. 믿음 속에는 지혜와 지식과 모든 보화와 '그리스도는 하나님의 능력이요 하나님의 지혜니라(고전1;24)' 하나님의 능력이 들어있다. 믿음 자체가 그리스도시기 때문에, 그들이 갖고 있는 믿음 하나로 만국을 다스릴 수 있는 철장권세를 갖고 있다. 철장도 말씀이고 불도 말씀이며 성령도 말씀이고 물도 말씀이며 칼도 말씀이다. 그러기에 이들한테 그리스도가 임하면 곧 말씀으로 깨닫는 거다. 따라서 어린양이 만왕의 주시기 때문에 진실한 자는 반드시 이긴다.

> 저희가 어린양으로 더불어 싸우려니와 어린양은 만주의 주시오 만왕의 왕이시므로 저희를 이기실 터이요 또 그와 함께 있는 자들 곧 부르심을 입고 빼내심을 얻고 진실한 자들은 이기리로다 (계17;14)

부르심을 입고 빼내심을 받고 진실한 자들이 바로 우리 성도들을 가리키는 말이다. 그러므로 어린양과 함께 해야 한다. 어린양(말씀)과 사단 마귀와 싸우는 전쟁을 영적 전쟁이라 한다. 바로 그 전쟁에서 싸워 이기라는 뜻이다. 이긴 자들한테는 그리스도 예수께서 내 죄를 해결해 주었다는 구속의 믿음이 저절로 생긴다. 믿어질 때, 그 믿어짐과 동시에 그리스도의 말씀이 임하게 된다. 그 말씀이 임하면 지혜와 지식의 모든 소유자가 되고 하나님의 비밀인 예수 그리스도를 자동으로 깨닫게 된다.

> 이는 저희로 마음에 위안을 받고 사랑 안에서 연합하여 원만한 이해의 모든 부요에 이르러 하나님의 비밀인 그리스도를 깨닫게 하려 함이라. 그 안에는 지혜와 지식의 모든 보화가 감취어 있느니라 (골2;2-3)

내가 이기는 게 아니고 그 말씀이 동행해서 이긴다. 하나님이나 그리스도나 천사도 다 영이다. 용도 귀신의 영이지만 악령이다. 사단(악령)들은 전부 거짓된 영이라 그들은 할 수만 있으면 택하신 자를 끌어가려고 혈안이 되어 있는 짐승들이다. 그러나 사단은 그리스도의 영(말씀)을 심령 안에 담고 살아가는 사람들을 절대 이길 수가 없다. 무엇보다 사단한테 미혹을 받지 않으려면, 누가 용이고, 누가 짐승이며, 누가 뱀이고 사단인지 누가 거짓선지자인지를 분별할 줄 알아야 한다. 용, 사단, 뱀, 마귀는 다 똑같은 사역적 명칭이다.

'큰 용이 내어 쫓기니 옛 뱀 곧 마귀라고도 하고 사단이라고도 하는 온 천하를 꾀는 사라 땅으로 내어 쫓기니 그의 사자늘도 저와 함께 내어 쫓기니라(계12;9)' 이거나 '용을 잡으니 곧 옛 뱀이요 마귀요 사단이라 잡아 일천 년 동안 결박하여(계20;2)' 이게 사단의 실체다. 사단이 원뜻은 파괴, 파멸, 이간, 분리다. 즉 영혼을 죽이는 자들이다.

바다(세상)에서 한 짐승이 나오는데 뿔이 열이요 머리가 일곱인 용이 앞서도 언급했지만 바로 신천지의 이만희 교주다. 교회가 무지해서 용이 사단의 세력이란 것을 눈치 채지 못하지만 실질적으로 신천지의 조직체들조차도 자기 교주가 용(사단)이란 사실을 모른다. 그러니까 이만희 교주 본인도 자기들이 용이라 하는 거다. 용이 주작이다. 대한민국 대통령의 용상이 바로 주작이다. 신천지의 문형도 이와 같은 주작으로 용의 영을 말하는 거다. 왕(대통령)이 앉는 자리를 용상이라 하듯이 바로(세상)왕이 교회 안에서 용(사단)의 역할을 담당하고 있다. 그러므로 용(신천지)을 잡아야 한다.

> 너는 말하여 이르기를 주 여호와의 말씀에 애굽 왕 바로야 내가 너를 대적하노라 너는 강들 중에 누운 큰 악어라 스스로 이르기를 내 이 강은 내 것이라 내가 나를 위하여 만들었다 하는도다(겔29;3)

애굽은 세상 왕이고, 제자가 강이다. 또한 용을 악어라 한다. 여기서 보면 악어가 성도를 먹는 거다. 즉 그들의 교리로 하나님의 백성들을 미혹하여 자기들 것으로 만들고 있다. 그러나 예수님의 강(제자)은 성령으로 충만 되어 이들과 합류하지 않는다.

> 나를 믿는 자는 성경에 이름과 같이 그 배에서 생수의 강이 흘러나리라. 이는 그를 믿는 자의 받을 성령을 가리켜 말씀하신 것이라 (예수께서 아직 영광을 받지 못하신 고로 성령이 아직 저희에게 계시지 아니하시더라(요7;38-39)

생수가 성령이다. 성경을 읽을 때 이걸 깨달아야 한다. 하나님의 택한 백성들과 그 택함에서 제외된 자들이다. 그러기 때문에 이를 구별 짓기 위해 빛과 어둠으로 나누고, 선과 악으로 구분하며, 성령과 악령을 참과 거짓으로 분류하여 구원과 심판을 한다.

그러기에 애굽(세상) 강이 있으면 반대로 하나님의 강도 있다. 하나님의 강은 계시록 22장에 있는데 수정과 같이 맑은 생명수 강이다. 따라서 성도라면 내 영혼이 수정과 같이 맑은 생명수의 강으로 흐르고 있는가를 점검해야 한다. 수정과 같은 맑은 물에서는 깨끗해서 다 드러나기 때문에 잡고기(사단)는 투명해서 자기들의 정체가 다 드러나서 살지 못산다. 그러기에 하늘의 백성들은 수정과 같이 맑은 생명수 강으로 흘러가는 것이고, 악어는 그 물을 흙탕물로 변질시켜 더 이상 생수의 강으로 흘러가지 못하도록 분탕질을 하는 거다.

따라서 강이 첫 장막이고, 생명수 강이 지성소에서 흐르는 생수의 강이다. 그러므로 어린양이 만주의 주시오 만왕의 왕이시므로 사단을 이긴다. 그와 함께 있는 자들 또한 부르심을 입고 빼내심을 얻고 진실한 자들이기 때문에 저희(사단)들을 이길 수 있다.

여기에 부연설명을 하자면 초림 때는 열두 제자들이 예수께서 부르시니까 순종하고 따라갔다. 그러나 가롯 유다는 성경에 기록된 것을 이루기 위해 거짓(사단마귀)이 들어갔다. 그래서 열두 제자의 무리에서 쫓겨났다. 가장 중요한 것은 진실해야 하는데, 예복(그리스도의 말씀)을 입지 않으면 가롯 유다처럼 마귀가 들어가 진실치 못하므로 쫓겨 나간다. '또 미리 정하신 그들을 또한 부르시고 부르신 그들을 또한 의롭다 하시고 의롭다 하신 그들을 또한 영화롭게 하셨느니라(롬8;30)' 따라서 미리 정하신 하나님의 백성들만이 하나님께서 의롭다 하시므로 사단과 싸워 이길 수 있다. 그러나 인간 세상에 있으면 악인한테 붙여진다.

> 세상이 악인의 손에 붙이웠고 재판관의 얼굴도 가리워졌나니 그렇게 되게 한 이가 그가 아니시면 누구이뇨(욥9;24)

이와 같이 인간세상이 악한 자들한테 붙여졌다. 악은 생수의 근원되신 하나님을 버린 것과 스스로 웅덩이 판 그것이다. 그러기 때문에 교회가 왜 짐승한테 끌려가는가를 알아야 한다. 결국엔 지니까 끌려간다. 예수님이 함께 하지 않으면 교회는 사단한테 질 수밖에 없다. 계시록 13장의 일곱 머리 열 뿔의 조직체가 사단의 조직체다. 이들한테 용이 권세를 주었다. 사단의 능력을 입다보니 용처럼 말하니까 교회가 그들한테 미혹된다. 그러나 진실한 자는 그 심령 안에 예수님이 계시기 때문에 무조건 이긴다.

따라서 계시록 전체 사건은 '그러므로 네 본 것과 이제 있는 일과 장차 될 일을 기록하라. 네 본 것은 네 오른손에 일곱별의 비밀과 일곱 금 촛대라 일곱 별은 일곱 교회의 사자요 일곱 촛대는 일곱 교회니라(계1;19-20)'의 일곱 교회의 사건이다. 이게 첫째 비밀이다. 일곱 교회의 비밀이 '또 천사가 내게 말하되 네가 본 바 음녀의 앉은 물은 백성과 무리와 열국과 방언들이니라(계 17:15)' 이와 같이 음녀가 타고 앉아 다스리고 있는 만국의 교회들이다. 물은 타락하고 중생하지 못한 세상 전체를 가리키는 것으로 요한은 바로 그 물과 짐승을 동일한 것으로 묘사했다.

> 물이 우리를 덮어 홍수가 우리를 휩쓸고 갔을 것이며. 넘치는 물결이 우리의 영혼을 삼키고 말았을 것이다(시124;3-5)

> 그러므로 주 내가 흉용하고 창일 한 큰 하수 곧 앗수르 왕과 그의 모든 위력으로 그들 위에 덮을 것이라 그 모든 곬에 차고 모든 언덕에 넘쳐. 흘러 유다에 들어와서 창일하고 목에까지 미치리라 임마누엘이여 그의 펴는 날개가 네 땅에 편만하리라 하셨느니라
> (사8;7-8)

구약은 하나님을 알지 못하는 구원 받지 못한 세상 전체를 가리켜 '물'이라는 표현을 쓴다. 그 물이 바로 짐승과 짐승의 세력이다. 일곱 머리 열 뿔이 달린 짐승은 이 땅의 교회에 존재하는 이단을 지칭하는 것이지만 그에 앞서 우리의 인생 내내 둘러싸고 있는 세상 자체이다. 성도는 항시 대적들에게 둘러 싸여 있다. 하나님과 관계없는 이 세상의 모든 것이 바로 일곱 머리 열 뿔에도 해당된다. 그래서 주님은 이 세상을 사랑하지 말라고 끊임없이 경고하셨다.

세상 자체에는 인간들의 탐심에 의해 만들어 놓은 과학과 문명, 문화와 예술 그 모든 것에는 '선(하나님의 의)'이 하나도 없다. 안타까운 것은 세상이 온통 죄로 물들어 있는데 인간들이 그게 죄인 줄 자각하지 못한다는 사실이다. 그래서 짐승을 물이라고도 하고 백성과 무리와 열국과 방언들 즉 하나님을 알지 못하

는 전체 세상을 통틀어 하는 말이기도 하다. 우리는 겹겹이 우리의 대적들에게 둘러싸여 있다. 그런데 그 대적들의 공격이 너무나 달콤하고 유혹적으로 다가와 분별해 낼 수 없을 때가 많다.

그래서 성경은 너희들은 세상과 어린양의 삶의 원리를 분별할 수 있는 실력을 키워서 세상에 관심을 두지 말고 세상에서 눈을 돌려 하늘을 소망하라고 말씀하는 거다.

> 너희는 이 세대를 본받지 말고 오직 마음을 새롭게 함으로 변화를 받아 하나님의 선하시고 기뻐하시고 온전하신 뜻이 무엇인지 분별하도록 하라(롬1;2)

> 이 세상이나 세상에 있는 것들을 사랑치 말라 누구든지 세상을 사랑하면 아버지의 사랑이 그 속에 있지 아니하니. 이는 세상에 있는 모든 것이 육신의 정욕과 안목의 정욕과 이생의 자랑이니 다 아버지께로 좇아 온 것이 아니요 세상으로 좇아 온 것이라
> (요일2;15-16)

그러므로 내가 지금 음녀들과 같이 있는가? 그것을 확인해 봐야 한다. 그리스도 말씀(성경) 외에 다른 것을 더하거나 빼면 안된다. 성도는 오직 믿음 밖에 없다. 믿는 자는 영생을 이미 얻었고 그러므로 심판에 이르지 않으며, 그러기에 사망에서 생명으로 옮겨진 자들이다. 그런 자들이 바로 지성소에 올라온 자들이다. 그러므로 거짓이 조금이라도 섞이면 안된다. 예수님만이 오직 나의 스승이며 구주임을 각인하고 살아야 한다.

> 또 천사가 내게 말하되 네가 본 바 음녀의 앉은 물은 백성과 무리와 열국과 방언들이니라.(계17;15)

물이 사람들인데 여기에 음녀가 군림하고 있다. 최초의 음녀가 하와다. 그러므로 이 교회가 바로 음녀의 세계다. 창세기에서 '아담이 그 아내 하와와 동침하매 하와가 잉태하여 가인을 낳고 이르되 내가 여호와로 말미암아 득남하였다 하니라(창4;1)' 이와 같이 하와가 하는 말이 여호와로 말미암아 득남했다고 한다. 하와는 자기 남편으로 인해 득남했지 여호와로 말미암아 득남한 것이 아니다. 그런데 여호와로 말미암아 득남했다는 그 말 자체가 뻔한 거짓말이다.

이와 같이 오늘날의 목사들도 거짓 성령 즉 하나님이 시켰다고 거짓말 하는 그 자체가 바로 하와(교회)가 하는 거짓말과 똑같은 거짓말이다. 하와는 남편인 아담과 동침하여 가인을 낳았지만, 예수님은 마리아한테 지극히 높으신 이의 능력이 덮으셔서 잉태된 것이다. 성경의 말씀 하나하나는 전부 성령에 의해 기록된 것이라 일점일획도 변하지 않는 진리의 말씀이다.

음녀가 앉은 물(말씀)은 섞인 말씀이다. 땅은 백성이다. 따라서 성직자 연합회가 땅의 임금들이다. 그리고 교회에선 목사가 왕이다. 그들의 섞인 교리가 바로 누룩으로 빚은 그들만의 포도주(비진리)다. 그러나 예수님의 포도주는 누룩이 들어가지 않은 순수한 물(말씀)로 만드셨다.

> 거기 유대인의 결례를 따라 두세 통 드는 돌항아리 여섯이 놓였는지라. 예수께서 저희에게 이르시되 항아리에 물을 채우라 하신즉 아구까지 채우니(요2;6-7)

항아리가 사람이다. 즉 여섯 명의 항아리(사람)에 물을 채우라 함은 그들한테 예수님의 말씀으로 가득 채워 주셨음을 뜻한다. 따라서 예수님의 생명의 포도주는 말씀이 육신이 되어 이 땅에 오셔서 십자가에 달리신 그때다.

> 말씀이 육신이 되어 우리가운데 거하시매 우리가 그 영광을 보니 아버지의 독생자의 영광이요 은혜와 진리가 충만하더라(요1;14)

말씀을 먹어야 우리가 사니까 곧 예수님의 피와 살을 먹어야 한다. 그러므로 성경은 말씀으로 살리고 말씀으로 죽인다. 심판도 말씀으로 하시고 복도 말씀으로 주신다. 또한 하나님께서 모든 만물을 말씀(가라사대)으로 창조하셨다. 성령은 거룩한 영이고 진리며 아버지의 말씀이다. 그러므로 진리의 말씀이 들어가면 영이 부활되어 사단과 싸워 이길 수 있다.

성경의 모든 말씀들은 뱀(사단마귀)의 유혹에 넘어가지 말고 그들과 싸워 이기라는 영적인 메시지들이다. 그러므로 나는 이길 수 없고 그리스도와 함께 있으면 즉 믿음이 들어오면 성령께서 짐승들을 분별할 수 있는 눈을 주시므로 이길 수 있다.

그러나 음녀(교회)들은 성경을 모른다. 17장 1절의 많은 물 위에 앉은 큰 음녀가 17장 7절의 짐승이다. 이게 일곱 머리 열 뿔 가진 짐승의 비밀이다. 그전까지는 음녀 사건이었지만 이 음녀를 타고 앉아 있는 짐승이 바로 일곱 머리 열 뿔의 짐승이다.

> 네가 본 바 이 열 뿔과 짐승이 음녀를 미워하여 망하게 하고 벌거벗게 하고 그 살을 먹고 불로 아주 사르리라(계17;16)

벌거벗게 한 것은 그들이 즉 일곱 머리 열 뿔의 뱀(이단)의 조직체들은 그야말로 교회들의 생리(탐심)를 귀신같이 안다. 귀신같이 아니까 음녀(교회)들을 잡아먹을 수 있는 거다. 그러나 하나님의 신(信)을 받은 사람들은 잡아먹지 못한다. 성도가 성령(말씀)으로 무장되어 있으면 이단의 조직체들이 아무리 꾀도 넘어가지 않지만, 그렇지 않으면 그들한테 바로 잡아먹힌다. 따라서 믿음(성령)이 들어가면 무슨 독을 마시든지 해를 받지 않는다.

> 믿는 자들에게는 이런 표적이 따르리니 곧 저희가 내 이름으로 귀신을 쫓아내며 새 방언을 말하며. 뱀을 집으며 무슨 독을 마실찌라도 해를 받지 아니하며 병든 사람에게 손을 얹은즉 나으리라
> (막16;17-18)

귀신들린 자들도 예수님이 말씀이 들어가면 귀신이 나간다. 예수 그리스도 자체가 하나님의 권능이기 때문에 병든 자한테 손을 얹으면 영혼의 병이 바로 낫는다. 그러나 짐승들은 사단 마귀로 예수님 자체를 부인한다.

서기관과 바리새인들이 '뱀들아 독사의 새끼들아 너희가 어떻게 지옥의 판결을 피하겠느냐(마23;33)' 바로 뱀이고 독사다. 독사(교회)를 용(들짐승)이 잡아먹고, 이 용(들짐승)은 예수 그리스도 안에 있는 사람들이 잡는다. 그러려면 먼저 계시록이 열려야 계시록 17장 1절의 많은 물 위에 앉은 음녀를 심판하는 역사를 알 수 있다. 심판이 곧 정죄다. 너희가 죄인이란 뜻이다. 따라서 교회 안에 들어온 17장의 음녀한테도 일곱 머리 열 뿔이 있고, 또한 바다에서 올라온 일곱 머리 열 뿔인 들짐승(신천지)한테도 그들만의 조직체가 있다. 아울러 계시록 4장과 5장의 하나님의 나라에서도 하나님 보좌에 일곱이 있고 열두 보석이 있다. 그러므로 사단들이 하늘 보좌를 그대로 흉내 내어 일곱 머리 열 뿔의 조직체로 교회를 미혹시키고 있는 거다. 사단도 하나님의 나라를 가장해야 교회가 속을 수 있다는 것을 너무나 잘 알고 있다.

> 네가 옛적에 하나님의 동산 에덴에 있어서 각종 보석 곧 홍보석과 황보석과 금강석과 황옥과 홍마노와 창옥과 청보석과 남보석과 홍옥과 황금으로 단장하였었음이여 네가 지음을 받던 날에 너를 위하여 소고와 비파가 예비되었었도다(겔28;13)

에스겔서를 보면 이와 같이 사단한테 열 보석이 있다. 그러나 하늘나라는 열두 보석으로 꾸며져 있다. 이 나라의 조직체도 똑같이 내동령이 있고 그 밑에 일곱 비서관과 이십사 장관이 있고, 네 생물인 육. 해. 공군과 해병대가 있다.

따라서 일곱 머리 열 뿔들이 지금 거짓 교리로 교회의 옷을 벗기는 거다. 말씀이 옷이다. 그러나 하나님의 자녀들은 '누구든지 그리스도와 합하여 세례를 받은 자는 그리스도로 옷입었느니라(갈3;27)' 이와 같이 그리스도의 옷으로 입었기 때문에 거짓교리로는 벗길 수가 없다. 그러므로 성도가 벌거벗지 않으려면 예수 그리스도(말씀)를 만나야 생명나무를 먹을 수 있다.

> 여호와 하나님이 아담과 그 아내를 위하여 가죽옷을 지어 입히시니라. 여호와 하나님이 가라사대 보라 이 사람이 선악을 아는 일에 우리 중 하나같이 되었으니 그가 그 손을 들어 생명나무 실과도 따 먹고 영생할까 하노라 하시고(창3;21-22)

불순종한 사람이 생명나무를 먹게 되면 죄인이 의인이 되어 버린다. 우리도 아담과 같은 존재들인데 어쩌다가 예수님을 만났다. 예수님을 만났다는 것은 말씀을 만났다는 뜻이다. 즉 말씀을 받고 따라간 거다. 그런 사람만이 진정으로 회개하고 죄사함을 받은 사람이다. 그러므로 성경은 항상 진자가 이긴 자의 종이 된다. 아담과 하와는 뱀한테 졌다. 그러니까 진자가 귀신을 따라갈 수밖에 없다. 즉 교회한테 일곱 머리 열 뿔이 들어갔는데 음녀한테 들어갔다.

'저희에게 자유를 준다 하여도 자기는 멸망의 종들이니 누구든지 진자는 이긴 자의 종이 됨이니라(벧후2;19)' 그러나 예수께서 십자가로 이 세상을 이기셨다.

> 하나님이 자기 뜻대로 할 마음을 저희에게 주사 한 뜻을 이루게 하시고 저희 나라를 그 짐승에게 주게 하시되 하나님 말씀이 응하기까지 하심이니라(계17;17)

하나님께서 천지 창조를 하신 목적을 먼저 깨달아 알아야 계시록을 열 수 있다. 그러므로 16절에서 살을 먹었다는 것은 그 조직(교회)의 살을 뜯어 먹는 거다. 그리스도 예수 안에 있는 사람들은 예수님의 살과 피만 먹고 사는 사람들이다. 즉 이들이 말씀 안에 있는 자들이다. 그런데 교회에 말씀이 없으니까 음녀(짐승)가 자기가 독생자라 한다.

사단들도 자기들이 하고 싶어서 하는 게 아니고 17절을 보면 하나님의 계획하에 다 움직여지는 것을 알 수 있다. 그러므로 17장 전체 요지를 보면 음녀가 누구인가를 먼저 가르쳐 주고, 지금은 그 음녀가 짐승들에 의해 무너지고 있는 것을 보여주고 있다.

이와 같이 음녀와 짐승이 서로 연합하여 교회를 공격하고 미혹하는 것이 하나님의 뜻 안에 있다. 그 하나님의 뜻은 하나님의 말씀이 응하게 될 때, 그러니까 영원히 거하게 될 새 하늘과 새 땅이 열리게 될 때까지이다. 그러므로 우리를 하나님의 자녀답게 만들기 위해 사단의 공격을 방치시켜 두신 것이다. 또한 대적들의 공격을 포함해서 우리에게 일어나는 모든 일들 또한 하나님께서 하나님의 말씀을 다 이루실 때까지 하나님의 뜻을 지금 행하고 있다고 생각하면 된다. 그러기에 성경에 등장하는 모든 인물들 역시도 성도에게 바로 그 본보기로 주어진 거다. 요셉도 그렇고 모세도 마찬가지다. 하나님께서 요셉과 그의 형들을 어떻게 변화시켜 가는지를 창세기 후반부에 전부 기록해 놓으셨다. 요셉은 하나님께서 하나님의 택하신 백성들을 어떻게 거룩하게 만들어 가실 것인가를 교회를 상징하는 이스라엘과 열두 지파의 열두 족장들의 삶을 통해 미리 보여 주셨다. 하나님께서 요셉을 애굽의 국무총리로 삼아 기아에서 허덕이는 형들과 부모를 건진 것을 통해 우리한테 구원을 설명하셨다. 하나님께서 성도의 삶 속에 거룩을 만들어 가시는 과정에서 하나님의 뜻을 이루어 가는 것이지 그것 자체가 목적이 아니었다는 걸 깨달아야 한다. 또한 하나님께서는 우리자신을 목적으로 두고 계신 것이지 우리에게 어떤 일을 시키려고 우리를 부르신 것이 아니다. 그러므로 선교나 전도나 순교까지도 우리의 거룩이 빚어져 가는 과정에서 도구로 혹은 열매로 나타나는 것일 뿐, 그 자체가 구원이 될 수 없다는 뜻이다. 그런데 오늘날의 교회들은 예수를 이용해서 소원성취 내지는 만사형통의 무당 종교로 전락되어 구원의 본질을 흐리고 있다.

성경에서의 형통은 나의 소원을 이루고 나의 문제를 해결하는 것을 형통이라 하지 않고 나의 거룩을 완성하기 위해 하나님께서 나의 삶에 적극적으로 개입하시는 것을 형통이라 한다.

> 여호와께서 요셉과 함께 하시므로 그가 형통한 자가 되어 그 주인 애굽 사람의 집에 있으니. 그 주인이 여호와께서 그와 함께 하심을 보며 또 여호와께서 그의 범사에 형통케 하심을 보았더라. 전옥을 그의 손에 맡긴 것을 무엇이든지 돌아보지 아니하였으니 이는 여호와께서 요셉과 함께 하심이라 여호와께서 그의 범사에 형통케 하셨더라(창39;2-3.22-23)

따라서 바로 왕을 강퍅하게 한 것도 하나님이시다. 그 목적이 '성경이 바로에게 이르시되 내가 이 일을 위하여 너를 세웠으니 곧 너로 말미암아 내 능력을 보이고 내 이름이 온 땅에 전파되게 하려 함이로라 하셨으니(롬9;17)' 하나님의 능력을 보이시기 위함에서다. 이와 같이 바로 왕도 하나님이 세웠다. 열개의 재앙을 직접 경영하시면서 능력을 직접 보이신 거다. 즉 바로 왕을 이용하여 심판과 구원을 나타내신 거다 그러므로 뱀(탐심)이 없으면 사람이 타락할 일이 없다. 그렇게 되면 하나님의 능력(거룩)을 인간들한테 나타낼 일이 없게 된다. 뱀의 꾀임에 넘어간 아담을 통해 순종과 불순종의 의미를 깨닫게 하기 위해 하나님께서 에덴동산에 올무를 놓으신 거다. 그러므로 하나님께서는 타락한 인간을 다시 정결한 처녀로 만들어 깨끗한 하나님 나라를 건설하기 위해 이러한 계획들을 창세전에 예비해 놓으신 거다.

> 또 네가 본바 여자는 땅의 임금들을 다스리는 큰 성이라 하더라(계17;18)

음녀가 교회고 성이다. 그러므로 교회가 하나님의 말씀과 땅(육신)의 것을 섞은게 음녀(집짐승)다. 또한 계시록 13장의 바다에서 올라온 일곱 머리 열 뿔(이단)인 들짐승의 조직체가 신천지다. 따라서 신천지는 아무나 들어가지 못하고, 교육을 받은 후에 그들한테 표 받은 사람들만 들어갈 수 있다.

> 저가 모든 자 곧 작은 자나 큰 자나 부자나 빈궁한 자나 자유한 자나 종들로 그 오른손에나 이마에 표를 받게 하고. 누구든지 이 표를 가진 자 외에는 매매를 못하게 하니 이 표는 곧 짐승의 이름이니 그 이름의 수라(계13;16-17)

여기서의 매매는 말씀을 사고파는 신천지의 교리장사를 뜻한다. 그러므로 표 가진 자 외에는 매매를 못하게 하는 게 짐승이며 그 수가 육백육십륙이다.

들짐승(신천지)은 하나님께서 집짐승(음녀)들을 회개케 하기 위해 잠시 사용하는 도구라서 계시록의 진위를 깨닫지 못하지만, 그러나 음녀(교회)들한테 그리스도의 영(말씀)이 들어가면 깨달을 수 있다. 뿐만 아니라 음녀(교회)는 신천지와는 다르게 누구나 다 교회로 오라고 한다. 그럼에도 불구하고 죄인들이 가지 못하는 성전이 하나 있다. 그게 바로 예수님 자체가 성전인데 깨닫지 못하면 결국 짐승들한테 끌려간다.

성전은 거룩한 전이기 때문에 '너희가 하나님의 성전인 것과 하나님의 성령이 너희 안에 거하시는 것을 알지 못하느뇨(고전 3;16)' 이와 같이 하나님이 우리 심령 안에 계셔야 성전이다. 따라서 하나님은 영이시다. 그러므로 우리의 심령 안에 하나님이 계시지 않으면 성전이 아니다. 성도는 하나님이 내 안에 계신가, 아닌가를 점검해 봐야 한다. 우리의 구원의 목적지는 새 하늘과 새 땅인 새 예루살렘이다. 거기에는 속된 것이나 가증한 일 또는 거짓말 하는 자는 결코 들어갈 수 없는, 오직 어린양의 생명책에 기록된 자들만 들어가는 곳이다.

그러려면 먼저 죽어야 한다. 죽어야 내 영이 부활되어 살아날 수 있다. 그래야 새 생명 가운데서 행하시는 그리스도의 말씀을 좇을 수 있다. 어린양의 죽으심을 본받아 나의 옛 사람이 죽고 새 사람으로 거듭날 때, 비로소 땅의 임금들한테 미혹되지 않는다. 하나님은 마귀의 공격까지도 선용하셔서 그분의 말씀이 응할 때까지 우리를 성령으로 인도하신다. 그 길에는 광야가, 환난이, 마귀의 공격이 동원되기도 한다. 그러기 때문에 사단 마귀는 바벨론의 짐승들을 벌거벗게 한다.

따라서 계시록 17장의 전체 내용은 땅의 임금들은 목사고 그 소속된 백성들이 교회다. 그런데 짐승(이단)이 음녀(교회)를 미워하는 거다. 알고 보니 바벨론이 용의 영을 받으니까 교회가 온통 귀신의 나라가 되었다. 그러다보니 이 교회가 각종 더럽고 가증한 곳이 되어 버린 것이다.

18장
곧 무너져 버릴 교회의 세력들

계시록의 마지막 시대에서는 바벨론을 크게 둘로 나누고 있다. 세계패권을 거머쥐고 있는 트럼프가 바벨론의 왕이고, 오늘날 한국교회의 큰 성(대형교회)들이 또한 바벨론이다. 그런데 지금 하나님께서 바벨론 왕들을 심판하고 있다. '힘센 음성으로 외쳐 가로되 무너졌도다 무너졌도다 큰 성 바벨론이여 귀신의 처소와 각종 더러운 영의 모이는 곳과 더럽고 가증한 새의 모이는 곳이 되었도다(계18;2)' 와 '또 다른 천사 곧 둘째가 그 뒤를 따라 말하되 무너졌도다 무너졌도다 큰 성 바벨론이여 모든 나라를 그 음행으로 인하여 진노의 포도주로 먹이던 자로다 하더라(계14;8)' 이와 같이 바벨론이 한번 무너진 것으로 끝나지 않고 계속해 무너지는 것으로 표현하고 있다. 따라서 계시록 18장의 내용은 귀신의 처소인 큰 성 바벨론을 계시록 16장에서 18장까지 심판하는 내용이다. 요한은 구약의 여러 곳에 나타난 바벨론의 멸망에 관한 구절들을 인용해서 그 마귀의 세력들이 얼마나 처참하게 파멸하게 되는지를 그리고 있다.

열국의 영광이요 갈대아 사람의 사랑하는 노리개가 된 바벨론이 하나님께 멸망 당한 소돔과 고모라같이 되리니. 그곳에 처할 자가 없겠고 거할 사람이 대대에 없을 것이며 아라비아 사람도 거기 장막을 치지 아니하며 목자들도 그곳에 그 양떼를 쉬게 하지 아니할 것이요. 오직 들짐승들이 거기 엎드리고 부르짖는 짐승이 그 가옥에 충만하며 타조가 거기 깃들이며 들양이 거기서 뛸 것이요. 그 궁성에는 시랑이 부르짖을 것이요 화려한 전에는 들개가 울 것이라 그의 때가 가까우며 그의 날이 오래지 아니하리라.(사13;19–22)

그러므로 사막의 들짐승이 시랑과 함께 거기 거하겠고 타조도 그 중에 깃들일 것이요 영영히 거민이 없으며 대대에 거할 자가 없으리라. 나 여호와가 말하노라 나 하나님이 소돔과 고모라와 그 이웃 성읍들을 무너지게 한 것같이 거기 거하는 사람이 없게 하며 그 중에 우거하는 아무 인자가 없게 하리라.(렘50;39–40)

구스 사람아 너희도 내 칼에 살육을 당하리라. 여호와가 북방을 향하여 손을 펴서 앗수르를 멸하며 니느웨로 황무케 하여 사막길이 메마르게 하리니. 각양 짐승이 그 가운데 떼로 누울 것이며 당아와 고슴도치가 그 기둥 꼭대기에 깃들일 것이며 창에서 울 것이며 문턱이 적막하리니 백향목으로 지은 것이 벗겨졌음이라. 이는 기쁜 성이라 염려없이 거하며 심중에 이르기를 오직 나만 있고 나 외에는 다른 이가 없다 하더니 어찌 이같이 황무하여 들짐승의 엎드릴 곳이 되었는고 지나가는 자마다 치소하여 손을 흔들리로다
(습2;12–15)

바벨론의 멸망에 대한 예언과 이스라엘의 대적인 앗수르의 수도 니느웨의 멸망에 대한 기술이다. 이스라엘을 밟고 당당하게

그들의 권세를 과시했던 대적들의 말로가 귀신의 처소와 각종 더러운 영의 모이는 곳과 각종 더럽고 가증한 새의 모이는 곳이 되어버린 것이다. 겉으로 보기에는 화려해 보이고 힘 있어 보이며 활기차 보이는 붉은 옷과 금과 진주와 보석으로 치장하고 있지만 결국엔 바벨론의 실체가 죽음과 멸망과 어두움과 진노의 심판뿐인걸 나타내고 있다. 따라서 성도들은 가시적인 현실 뒤에 감추어져 있는 바벨론의 실체를 볼 수 있는 눈을 가져야 한다. 그래야 그러한 세상이 힘의 원리에서 벗어날 수 있고 그래야 하나님께서 그의 백성들에게 '또 내가 들으니 하늘로서 다른 음성이 나서 가로되 내 백성아 거기서 나와 그의 죄에 참예하지 말고 그의 받을 재앙들을 받지 말라(계18;4)' 애절하게 권고하시는 소리를 들을 수 있다.

그런데 왜 심판하느냐 하면, 계시록 16장 13절에 개구리 같은 세 더러운 영들이 이 교회에 있기 때문이다.

> 내가 본 짐승은 표범과 비슷하고 그 발은 곰의 발 같고 그 입은 사자의 입 같은데 용이 자기의 능력과 보좌와 큰 권세를 그에게 주었더라(계13;2)

개구리 같은 세 더러운 영 중에 큰 권세를 입은 용한테 마귀의 영이 내려왔다. 그게 일곱 머리 열 뿔의 조직체로 이단의 대표 격인 신천지다. 이만희의 조직들이 전부 용의 영을 받은 들짐승들이다. 그리고 그걸 따르는 모든 자들이 짐승이다.

이만희 교주가 계룡산에서 기도하고 받았다는 용의 영이 바로 공작이다. 그러기 때문에 신천지의 강대상이나 사령장 문형들이 전부 공작으로 되어 있다. 공작이 주작이다. 따라서 용이나 주작이나 공작이나 봉황이 전부 사단의 영이다. 이 용의 영을 받은 사람들을 보고 들짐승이라 하고, 오늘날 교회에 수많은 목사들이 있는데 이들 또한 성경의 말씀을 갖고 육신적으로 거짓말 하면 그게 바로 거짓 선지자로 집짐승들이다. 집짐승(교회)들이 곧 음녀인데 여기 목사들은 아무나 데려와도 다 교회로 받아들이나, 들짐승인 신천지는 밖에서 그들의 인(교리)을 맞아야만 그 조직체에 들어가서 예배를 드릴 수 있다. 그게 계시록 13장에 잘 나타나 있다.

> 누구든지 이 표를 가진 자 외에는 매매를 못하게 하니 이 표는 곧 짐승의 이름이나 그 이름의 수라. 지혜가 여기 있으니 총명 있는 자는 그 짐승의 수를 세어보라 그 수는 사람의 수니 육백육십륙이니라(계13;17-18)

이와 같기 때문에 일반사람들은 신천지에 들어가고 싶어도 들어가지 못한다. 매매가 그들의 교리다. 신천지는 그들의 교리를 통과하고 나야 지문이나 카드가 그들을 인식할 수 있는 코드를 준다. 즉 신분이 확인되어야 신천지의 증거 장막으로 들어갈 수 있다. 그러므로 하나님께서 16장에서 그들의 실체를 낱낱이 밝혀 놓으셨고, 그리고 17장에서 음녀들의 정체를 밝힘과 동시에 그들에게 내릴 심판의 징조 현상을 나타내셨다. 그리고 이러한 사단 마귀들을 어떻게 심판할 것이냐는 계시록 18장에서 나타내고 있다.

1. 무너지는 큰 성 바벨론(대형교회)

> 이 일 후에 다른 천사가 하늘에서 내려오는 것을 보니 큰 권세를 가졌는데 그의 영광으로 땅이 환하여지더라(계18;1)

'이 일 후에' 는 환상이 바뀔 때 쓰인 단어다. 음녀 바벨론의 멸망에 대해 설명한 요한은 똑같은 내용을 이제 다른 환상으로 보고 기록했다. 계시록은 같은 내용을 반복적이며 점진적인 다른 관점에서 기록하고 있다.

오늘날의 교회가, '또 내가 보매 개구리 같은 세 더러운 영이, 용의 입과 짐승의 입과 거짓 선지자의 입에서 나오니(16;13)' 이와 같이 용의 입과 짐승의 입과 거짓 선지자들의 더러운 영들로 꽉 차 있다. 그러므로 교회라면 이걸 꼭 알아야 한다. 귀신의 영이 사람한테 들어갔기 때문에 '만물보다 거짓되고 심히 부패한 것은 마음이라 누가 능히 이를 알리요마는(렘17;9)' 누구나 인간의 마음속에 마귀의 영이 들어있는 것을 알아야 한다. 이런 사람들 입에서 나오는 것이 전부 '마음에서 나오는 것은 악한 생각과 살인과 간음과 음란과 도적질과 거짓 증거와 훼방이니(마15;19)' 따라서 성경 말씀을 갖고 사람(육신)의 소리가 나는 것은 예수님도 전부 마귀의 영이라고 증거하셨다.

> 너희는 너희 아비 마귀에게서 났으니 너희 아비의 욕심을 너희도 행하고자 하느니라 저는 처음부터 살인한 자요 진리가 그 속에 없으므로 진리에 서지 못하고 거짓을 말할 때마다 제 것으로 말하나니 이는 저가 거짓말쟁이요 거짓의 아비가 되었음이니라(요8;44)

이 땅의 대부분의 사람들의 마음속에 마귀가 들어갔다. 귀신의 영이 들어갔기 때문에 그 입에서 나오는 말은 전부 거짓말만 한다. 귀신의 소리를 하는 그런 자들이 오늘날의 교회에 유독 많이 돌아다니고 있다. 따라서 회당(교회)에 '마침 저희 회당에 더러운 귀신 들린 사람이 있어 소리 질러 가로되(막1;23)' 이와 같이 더러운 귀신들린 자들이 모여 있다. 더럽다는 것은 지저분할 뿐만 아니라 생각 자체가 추하고 음흉하며 교활한 것을 나타낸다. 그게 바로 마귀의 영이다. 그러나 예수님의 말씀이 들어가면 그 말씀 속에는 그걸 쫓아내는 권세와 능력이 있기 때문에 더러운 귀신들이 전부 도망간다. 그러므로 예수 그리스도의 옷을 입지 않으면 전부 마귀에 소속이 되어 그 입에서 거짓말만 나온다.

> 예수께서 꾸짖어 가라사대 잠잠하고 그 사람에게서 나오라 하시니 귀신이 그 사람을 무리 중에 넘어뜨리고 나오되 그 사람은 상하지 아니한지라. 다 놀라 서로 말하여 가로되 이 어떠한 말씀인고 권세와 능력으로 더러운 귀신을 명하매 나가는도다 하더라.
> (눅4;35-36)

이와 같이 예수께서 더러운 귀신한테 명하니까 나간다. 그러므로 성도라면 내가 지금 누구의 영을 받고 신앙 생활하는가? 이런 것을 늘 점검하면서 '누가 여호와의 회의에 참예하여 그 말을 알아들었으며 누가 귀를 기울여 그 말을 들었느뇨(렘23;18)' 여호와의 회의에 참예하는 자가 되어야 한다. 여호와의 회의에 참예하려면 그 말씀을 알아들어야 한다. 그런데 누가 이를 알아듣느냐 하면 그리스도와 함께 동행 하는 자가 알아듣고 회의에 참여하게 된다.

무엇보다 요한은 핍박받는 성도들을 위로하고 더 이상 죄에 참예하지 못하도록 구원의 메시지로 호소하고 있다. 하나님을 대적하는 그 무리에서 빨리 빠져나오라고 외치는 그러기에 계속해서 하나님의 백성들을 괴롭히는 바벨론의 멸망을 반복적인 기법으로 나타내고 있는 거다.

> 힘센 음성으로 외쳐 가로되 무너졌도다 무너졌도다 큰 성 바벨론

> 이여 귀신의 처소와 각종 더러운 영의 모이는 곳과 각종 더럽고 가중한 새의 모이는 곳이 되었도다.(계18;2)

따라서 음녀가 있는 큰 성이 대형교회다. 큰 성 바벨론이 바로 많은 물 위에 앉은 음녀로서 이 음녀가, '또 네가 본바 여자는 땅의 임금들을 다스리는 큰 성이라 하더라(계17;18절)' 대형교회 많은 사람들이 모여 있는 게 문제다.

지금 이 종교세계가 귀신의 처소가 되어 사지의 세력으로 치부하여 부자가 되었다. 각종 더럽고 가증한 새(악령)들이 모이는 곳이 바벨론(대형교회)이다보니 여기를 심판하시겠다는 뜻이다. 새가 영(귀신)이다. 따라서 큰 성 교회가 바로 귀신의 처소이니 하나님의 백성들은 힘센 소리로 부르짖고 있는 천사의 음성을 듣고 거기서 속히 나오라는 거다. 예수님 말씀 자체가 심판이다. 주님의 음성을 듣고 회개하고 거기서 나와야 십사만 사천의 대열에 설수 있다.

> 또 내가 보니 보라 어린양이 시온 산에 섰고 그와 함께 십사만 사천이 섰는데 그 이마에 어린양의 이름과 그 아버지의 이름을 쓴 것이 있도다.(계14;1)

하나님의 인을 받은 십사만 사천의 이마에는 아버지의 이름이 기록되어 있다. 이들은 부르심을 입고 빼내심을 얻은 진실한 자들이라 영적 전투에서 이길 수 있도록 어린양이 반드시 지켜주신다.

> 저희가 어린양으로 더불어 싸우려 나와 어린양은 만주의 주시오 만왕의 왕이시므로 저희를 이기실 터이요 또 그와 함께 있는 자들 곧 부르심을 입고 빼내심을 얻고 진실한 자들은 이기리로다

(계17;14)

이와 같이 믿음을 가진 자가 이긴다. 그러나 큰 성 바벨론은 귀신의 처소다보니 거기에는 각종 더러운 영들이 모이는 곳이다. 새가 악령이다. 지금 바벨론 교회들이 각종 더럽고 가증한 새(거짓교리) 때문에 무너지고 있다. 교회들이 음행을 하려면 그에 따른 음녀가 있어야 한다. 그러므로 성경에서 음녀가 누구인가를 찾아야 한다. 음녀가 '또 네가 본 바 여자는 땅의 임금들을 다스리는 큰 성이라 하더라(계17;18)' 알고 보니 교회의 큰 성인데 이 여자가 많은 물 위에 앉아 있다. 또한 음녀는 '또 천사가 내게 말하되 네가 본 바 음녀의 앉은 물은 백성과 무리와 열국과 방언들이니라(계17;15)' 많은 사람들 위에 군림하는 게 음녀다. 음녀(교회)는 입이 커서 무엇이든 다 수용한다. 그걸 심판하시는 역사가 계시록 18장이다.

그 음행의 진노의 포도주를 인하여 만국이 무너졌으며 또 땅의 왕들이 그로 더불어 음행하였으며 땅의 상고들도 그 사치의 세력을 인하여 치부하였도다 하더라(계18;3)

음녀의 미혹을 분별하지 못하고 그 음녀가 주는 금잔에 취하면 전부 음녀인 바벨론과 함께 처참한 말로를 겪게 된다. 즉 땅의 왕(목사)들이 그 음녀(교회)와 더불어 음행하고 상인(교인)들도 그 음녀의 사치스러운 미혹을 좇아 부를 추구하다가다 망한다. 그래서 하나님께서 사치의 세력으로 치부한 그 소굴에서 속히 나오라고 외치시는 거다.

그런데 오늘날의 교회는 신앙과 인격보다는 돈이 많아야 장로 직분을 얻고 십일조는 많이 내어야 교회에서 쓸모 있는 사람으로 평가 받는다. 그게 바로 사치의 세력으로 인하여 치부하는 거다. 따라서 귀신의 나라가 거짓교리 갖고 장사(매매)하는 곳인데 하나님께서 이곳을 심판하고 계시는 걸 지금 실상으로 보여주고 있다. 악한 영이 사람의 입을 통해 나오면 이들한테는 거짓영이 들어갔기에 그 입에서 거짓말만 나온다. 여기에 속으면 멸망의 나락으로 떨어진다.

> 그 잎사귀는 아름답고 그 열매는 많아서 만민의 식물이 될 만하고 들짐승은 그 아래 거하며 공중에 나는 새는 그 가지에 깃들이더라 하시오니. 왕이여 이 나무는 곧 왕이시라 이는 왕이 자라서 견고하여지고 창대하사 하늘에 닿으시며 권세는 땅 끝까지 미치심이니이다(단4;21-22)

만민이 종교세계다. 바벨론 나무에 새가 깃들였다. 영을 새로 비유해서 공중에 나는 새가 영들이다. 이 구절이 계시록 18장 사건과 같다. 지금 가증한 새들로 인해 만국(교회)이 무너졌다. 바벨론에 있는 영은 악령의 새다. 그러나 예수님의 새는 성령의 비둘기다. 교회가 전부 그들(악령)이 주는 음행의 포도주를 먹고 취해서 비틀거리고 있다. 그러나 그것 또한 그들이 선택한 쓸개 탄 포도주다.

> 그들의 포도나무는 소돔의 포도나무요 고모라의 밭의 소산이라 그들의 포도는 쓸개포도니 그 송이는 쓰며. 그들의 포도주는 뱀의 독이요 독사의 악독이라(신32;32-33)

그들이 준 포도주가 바로 사탄의 독이다. 즉 뱀의 독이요, 독사의 악독이다. 성도는 하나님의 뜻을 알아야 한다. 거의 대부분의 교인들이 하나님의 일이 무엇인지를 제대로 모르고 있다. 하나님의 일은 하나님이 보내신 자를 믿는 것이 하나님께서 가장 기뻐하시는 일이다. 그런데 교회에서는 엉뚱한 일을 하면서 하나님의 일을 했다고 자랑한다. 그러기에 음녀가 주는 세상 힘의 논리에 빠져 하나님마저도 세상의 힘을 얻어 내는 수단과 방법으로 동원하고 있는 교회들을 향해 외치고 있는 거다. 더 이상 죄에 참예하지 말고 속히 빠져 나오라는 하나님의 음성을 들을 수 있는 자만이 재앙을 받지 않는다. 또한 음행의 진노의 포도주는 음녀가 가지고 있는 교리다. 그 교리를 보고 교회와 땅의 목사들이 음행에 더러운 것에 취해 미쳤다. 물과 포도주가 섞인 것이 음행의 진노의 포도주다.

> 네 은은 찌끼가 되었고 너의 포도주에는 물이 섞였도다
> (사1;22-23)

은이 말씀이다. 포주에 물이 섞였기 때문에 진노의 포도주가 되었다. 물이 섞인 포도주가 되면 변질되어 비진리에 취하게 된다. 그렇기 때문에 예수께서 이 땅에 참 포도나무를 심기 위해 오셨다. 그런데 사단들이 '내가 내 포도원을 위하여 행한 것 외에 무엇을 더할 것이 있었으랴 내가 좋은 포도 맺기를 기다렸거늘 들포도를 맺힘은 어찜인고(사5;4-5)' 이와 같이 이곳에 들포도를 심었다.

바벨론에서 나오는 음녀의 세상 교리가 들포도다. 그러므로 사단을 통해 교회를 짓밟게 하신 거다. 교회들이 만들어 놓은 교리에는 진리가 없기 때문에 들포도가 바로 진노의 포도주다. 진노의 포도주에는 뱀(사단)의 교리가 섞여 있어 독사의 악독이다. 바벨론의 포도나무가 진노의 포도주다보니 온 세계가 그 포도주에

취해 미쳐있다.

> 바벨론은 여호와의 수중의 온 세계로 취케 하는 금잔이라 열방이 그 포도주를 마시고 인하여 미쳤도다(렘51;7)

땅의 음녀(목사)들이 음행의 더러운 것이 취해 비틀거리고 있다. 즉 이 교회가 전부 거짓 교리에 취해 있다. 그러므로 18장은 바벨론의 심판장이기 때문에 성도한테 하나님께서 그 죄에 참예하지 말고 나오라고 외치는 거다.

> 또 내가 들으니 하늘로서 다른 음성이 나서 가로되 내 백성아 거기서 나와 그의 죄에 참예하지 말고 그의 받을 재앙들을 받지 말라(계18;4)

성도들의 신앙생활은 한 번 실패하면 그 길로 영원히 더러운 귀신들린 영들과 함께 고통 속으로 들어가게 된다. 그러기에 이 세상의 힘으로 나를 치장하고 장식하며 자랑을 삼으려 한다면 음녀 바벨론과 똑같게 된다. 따라서 두렵고 떨리는 마음으로 믿음생활을 해야 한다. 음녀(교회)의 유혹이 얼마나 달콤한지 세상 사람들은 거부감 없이 그 미혹에 끌려간다. 음녀의 미혹을 분별하지 못하고 음녀가 주는 금잔에 취케 되면 전부 그 음녀인 바벨론과 함께 처참하게 심판 받는다. 이 땅에서 하나님께서 우리 성도를 통하여 이루시고자 하는 일은 예수를 온전히 믿는 믿음 그 단한 가지뿐이다. 아직 예수를 알지 못하는 하나님의 백성들이 증거의 말씀을 통해 주님을 잘 믿어 구원받는 일이다.

그러니까 오늘날의 교회가 하나님의 일이 무엇인지 제대로 알지 못하니까 선교활동이나 구제나 봉사로 하나님의 일을 한다고 자랑하고 있다. 그리고 대부분의 교회가 성령의 은사로 질병을 치유한다고 선전하고 있고, 또한 방언의 은사로 예언하는 것을 하나님의 능력이라 과시하고 있다. 뿐만 아니라 중보기도로 세상의 어려운 문제들을 해결하여 준다고 생각하는 그 자체가 마치 하나님의 일인 줄로 착각하는 그것이 더 문제다. 하나님께서는 성도가 예수를 잘 믿게 하는 데에 질병이 유용하게 쓰일 때가 있고, 때론 가난과 고통이 연단의 도구로 사용될 수도 있다. 그런데 그걸 교회에서 중보기도로 다 해결해 주겠다고 남발하고 있으니 이것이야말로 큰 착각이다. 하나님께서 우리에게 요구하시는 것은 오직 믿음 하나뿐이다. 그러기에 주님께서 '심령이 가난한 자는 복이 있나니' 이렇게 말씀하셨다. 이는 심령이 가난한 것이 복의 조건이 아니라 복 받은 자에게서 나오는 결과요, 증상이요, 확인인 거다. 주님은 복을 받은 자, 구원을 받은 자들에게 그들의 삶 속에서 '나는 하나님이 은혜를 주시지 않았으면 큰일 날 뻔 했구나' 라고 자각하게 만드는 그것이다.

그래서 성도들의 삶속에 일어나는 죄에 대한 욕구와 마귀의 공격 같은 것들을 그냥 허락하시는 거다. 구원받은 자들의 삶속에도 실패와 절망과 좌절이 있을 수 있다. 그러나 그러한 좌절 속에서 죄인들의 처참한 실존을 깨닫게 된다. 그러면서 나에게 구원자가 꼭 필요했던 이유를 마음으로 깨닫게 된다. 그게 심령이 가난한 자이다. 오직 하나님의 도우심만을 의지하는 자, 그게 바로 하나님의 일이다.

그런데 음녀는 세상의 힘의 논리를 교회 안에 들여와서 우리가 정작 해야 할 하나님의 일은 뒷전으로 제쳐두고 세상의 힘과 정성과 열심과 노력인 엉뚱한 것으로 일을 하게 만든다. 그러니까 주님께서 내 백성아 제발 그런 곳에서 머물다 재앙을 받지 말고 빨리 나오라고 애타게 부르시는 거다.

아울러 17장과 18장은 똑같은 큰 성 바벨론의 멸망을 각기 다른 관점에서 기술한 것으로, 17장은 정치적 종교적인 세력으로서의 바벨론의 멸망을 그렸다면 18장은 경제적 세력으로서의 바벨론의 멸망을 그린 것이다.

> 그 죄는 하늘에 사무쳤으며 하나님은 그의 불의한 일을 기억하신지라(계18;5)

'사무쳤으며'의 뜻은 교회(목사)가 하나님의 말씀을 버리고 세상의 힘의 원리에 치우쳐 사치의 세력으로 음행한 일들을 두고 한 말이다. 따라서 모든 불의한 것은 반드시 심판하시겠다는 강한 의지의 표명이 '기억하시겠다'는 걸로 표현되었다.

> 다만 네 고집과 회개치 아니한 마음을 따라 진노의 날 곧 하나님의 의로우신 판단이 나타나는 그날에 임할 진노를 네게 쌓는도다.(롬2;5)

세상 사람들의 죄가 하늘까지 높게 쌓아 올린 사건이 바벨탑 사건이다. 인간들은 항상 스스로의 힘으로 하늘에 올라가자고 자신들의 힘을 과시하면서 벽돌을 쌓았다. 하나님은 그 혼란의 탑인 바벨탑을 한 번에 다 무너뜨려 버렸다. 그러므로 바벨탑이 곧 바벨론의 기원이 된 거다.

하나님께서는 도적같이 오시는 재림의 날이 언제 올지 모르니 제발 깨어 거기서 속히 나오라는 거다. 그러나 오늘날의 교회는 그동안 침묵하고 계신 하나님의 뜻을 모르고 성령의 하나님을 조롱하면서 곧 무너질 바벨탑만 계속 쌓고 있다.

먼저 이것을 알지니 말세에 기롱하는 자들이 와서 자기의 정욕을 좇아 행하며 기록하여. 가로되 주의 강림하신다는 약속이 어디 있느뇨 조상들이 잔 후로부터 만물이 처음 창조할 때와 같이 그냥 있다 하니. 이제 하늘과 땅은 그 동일한 말씀으로 불사르기 위하여 간수하신바 되어 경건치 아니한 사람들의 심판과 멸망의 날까지 보존하여 두신 것이니라. 사랑하는 자들아 주께는 하루가 천년 같고 천년이 하루 같은 이 한 가지를 잊지 말라. 주의 약속은 어떤 이의 더디다고 생각하는 것같이 더딘 것이 아니라 오직 너희를 대하여 오래 참으사 아무도 멸망치 않고 다 회개하기에 이르기를 원하시느니라. 그러나 주의 날이 도적같이 오리니 그날에는 하늘이 큰 소리로 떠나가고 체질이 뜨거운 불에 풀어지고 땅과 그 중에 있는 모든 일이 드러나리로다.(벧후3;3-4.7-10)

하나님은 힘이 없어 무력하게 지켜보고 계신 것도 아니고 관심이 없어 침묵하시는 것도 아니다. 하나님은 하나님의 백성들이 모두 회개하고 돌아올 때까지 기다리고 계신 거다. 그리고 하나님은 하나님의 백성들의 회개를 기다리시는 동안 자행되는 세상의 불의한 죄를 하나도 빠짐없이 낱낱이 기억하고 계신다. 아울러 회개하고 돌아 온 자들의 죄는 얼마만큼의 죄를 지었다 할지라도 모두 기억에서 지워버리시겠다는 반대의 약속도 하셨다.

주께서 가라사대 그날 후로는 저희와 세울 언약이 이것이라 하시고 내 법을 저희 마음에 두고 저희 생각에 기록하리라 하신 후에. 또 저희 죄와 저희 불법을 내가 다시 기억지 아니하리라 하셨으니.(히10;16-17)

나 여호와가 말하노라 그러나 그날 후에 내가 이스라엘 집에 세울 언약은 이러하니 곧 내가 나의 법을 그들의 속에 두며 그 마음에 기록하여 나는 그들의 하나님이 되고 그들은 내 백성이 될 것이라. 그들이 다시는 각기 이웃과 형제를 가리켜 이르기를 너는 여호와를 알라 하지 아니하리니 이는 작은 자로부터 큰 자까지 다 나를 앎이니라 내가 그들의 죄악을 사하고 다시는 그 죄를 기억지 아니하리라 여호와의 말이니라.(렘31;33-34)

이게 바로 성도들의 특권이다. 이렇게 하나님은 바벨론의 불의함을 모두 기억하시는 반면에 회개하고 돌아온 하나님의 백성들의 죄는 하나도 기억하지 않겠다고 확실하게 약속하셨다. 하나님께서 그 죄를 하나도 기억하지 않겠다는 그 감격스러운 복음을 알아듣게 된 새 언약의 백성들은 그 사실이 너무 감격스러워 하나님 앞에 설 때 점도 없고 흠도 없는 자로 서기 위해 열심히 피 흘리기까지 수고하게 된다. 그렇지만 회개하지 않는 자들한테는 반드시 처벌하시겠다는 강한 뜻을 밝히셨다. 그게 바로 '그의 불의한 일을 기억하신지라' 라는 표현으로 나타낸 거다. 그러므로 남은 사람들은 거기서 속히 빠져 나와야 한다. 나오기만 하면 그 부르시는 음성을 듣게 되어 진리와 함께 갈 수 있다.

저희를 허물하여 일렀으되 주께서 가라사대 볼찌어다 날이 이르리니 내가 이스라엘 집과 유다 집으로 새 언약을 세우리라. 또 주께서 가라사대 내가 저희 열조들의 손을 잡고 애굽 땅에서 인도하여 내던 날에 저희와 세운 언약과 같지 아니하도다 저희는 내 언약 안에 머물러 있지 아니하므로 내가 저희를 돌아보지 아니하였노라. 또 주께서 가라사대 그날 후에 내가 이스라엘 집으로 세울 언약이 이것이니 내 법을 저희 생각에 두고 저희 마음에 이것을 기록하리라 나는 저희에게 하나님이 되고 저희는 내게 백성이 되리라

(히8;8-10)

이와 같은 언약의 말씀 안에 내 영혼이 머물러 있어야 한다. 그래야 생각과 마음에 심법인 그리스도의 법이 기록된다. 이런 사람들한테는 주의 지팡이가 치고 있기 때문에 거짓말을 할 수가 없다. 말씀이 지팡이고 막대기다. 도망가려 하면 때리기 때문에 내가 어려울 때일수록 말씀에 더욱 의지해야 한다,

> 내가 사망의 음침한 골짜기로 다닐찌라도 해를 두려워하지 않을 것은 주께서 나와 함께 하심이라 주의 지팡이와 막대기가 나를 안위하시나이다(시23;4)

하나님 앞에 죄는 하나님의 명을 어긴 게 죄다. 하나님 의는 하나님의 말씀을 순종하는 거다. 이들만 예수 그리스도의 말씀을 듣게 된다. 하나님의 말씀은 '여호와께서 내게 대답하여 가라사대 너는 이 묵시를 기록하여 판에 명백히 새기되 달려가면서도 읽을 수 있게 하라(합2;2)' 이와 같이 마음 판에 새겨 달려가면서도 읽을 수 있어야 한다. 이 마음 판에 진리의 법이 세워졌으면 법이 그 안에 계시기 때문에 '너희는 하나님의 성전인 것과 하나님의 성령이 너희 안에 거하시는 것을 알지 못하느뇨(고전3;16)' 그 자체가 성전이다. 그러므로 누구든지 하나님의 성전을 더럽히면 하나님은 그 사람을 멸하신다. 아울러 내 안에 거짓이 들어가면 하나님이 멸하시므로 더러운 영을 담으면 안된다. 그 영이 들어가면 이미 더러워진 거나 마찬가지다. 따라서 우리의 심령에 하나님의 말씀인 성령의 말씀만을 담아야지 이방 교리를 담으면 안된다, 즉 자기가 나오면 안된다. 자기가 죽어야 그 심령 안에 고스란히 그리스도의 말씀만 기록할 수 있다. 성도라면 땅을

보지 말고, '마땅히 율법과 증거의 말씀을 좇을지니 그들의 말하는 바가 이 말씀에 맞지 아니하면 그들이 정녕히 아침빛을 보지 못하고(사8;20)' 이와 같이 오직 하나님만 바라봐야 아침빛을 본다.

지금 재림주라 자처하는 이만희가 도리어 신천지의 조직체들로부터 저주를 받고 있다. 이게 사단의 실체고 이단들의 본 모습이다. 이단들은 육신의 생각으로 가득 찼기 때문에 하나님의 말씀을 아무리 주어도 들어가지 않는다. 그게 바로 무저갱이다. 그런 사단들한테 지금 하나님께서 실상으로 보여주면서 심판 하고 계신 것이다. 그렇지만 하나님의 백성들은 회개하고 죄사함을 받으면 이들을 긍휼히 여겨 우리가 지은 모든 죄(불의)를 기억지 아니하신다고 '내가 저희 불의를 긍휼히 여기고 저희 죄를 다시 기억하지 아니하리라 하셨느니라(히8;12)' 이렇게 참으로 놀라운 은혜의 사랑을 보여주셨다.

하나님께서 첫 장막인 교회들의 지은 죄는 기억하시나 교회가 회개하고 뉘우쳐 하나님 말씀 안으로 회개하고 돌아서면 성도들의 지은 죄는 다시는 기억치 않으신다. 그러므로 예수님이 부르면 그 길 따라가면 의롭게 여기신다. 그 다음은 천국 백성이니까 영화롭게 하신다. 그렇게 되면 '무릇 하나님의 영으로 인도함을 받은 그들은 곧 하나님의 아들이라(롬8;14)' 이와 같이 하나님의 아들이 되어 하나님의 영으로 인도함을 받게 된다. 그런 자들의 죄는 기억지도 않기 때문에 쌓을 곳이 없도록 무수한 지혜와 지식을 주신다. 그러므로 성도는 '감사로 제사를 드리는 자가 나를 영화롭게 하나니 그 행위를 옳게 하는 자에게 내가 하나님의 구원을 보이리라(시50;23)' 이와 같이 영혼이 잘되게 늘 감사 제사를 날마다 지내야 한다. 그러나 오늘날의 대부분의 교회들은 이족(이단)한테 전부 뜯어 먹힌다.

> 팟종이가 남긴 것을 메뚜기가 먹고 메뚜기가 남긴 것을 늣이 먹고 늣이 남긴 것을 황충이 먹었도다. 한 이족이 내 땅에 올라왔음이로다 그들은 강하고 무수하며 그 이는 사자의 이 같고 그 어금니는 암사자의 어금니 같도다(욜1;4.6)

이와 같이 오늘날도 신천지가 교회에 침입해 들어와 수많은 교회들을 뜯어 먹고 있다. '내가 전에 너희에게 보낸 큰 군대 곧 메뚜기와 늣과 황충과 팟종이의 먹은 햇수대로 너희에게 갚아 주리니(욜2;25)' 즉 메뚜기(사단)가 군대고 늣(마귀)과 황충(귀신)도 전부 군대다. 그러므로 사단(이단과 거짓선지자)의 거짓에 속으면 심판으로 향한다.

> 그가 준 그대로 그에게 주고 그의 섞은 잔에도 갑절이나 섞어 그에게 주라(계18;6)

이게 엄청남 사건이다. 그가 준 게 음행의 포도주고 행위는 미혹한 거다. 섞은 잔에는 비 진리 내지는 음녀의 교리가 가득 담겨 있다. 신천지가 교회를 괴롭게 하니까 지금 여기다 섞어서 갑절로 쏟아 붓는 거다. 바벨론 교회를 그들이 사르니까 갑절을 거기다 쏟아 심판하는 모습이 지금 실상으로 보여주고 있는 것이 코로나 사건이다. '네가 본 바 이 열 뿔과 짐승이 음녀를 미워하여 망하게 하고 벌거벗게 하고 그 살을 먹고 불로 아주 사르리라(계17;16)' 이 내용이 바로 그거다. 따라서 바벨론 교회를 계시록 17장 16절에서 심판하고 나서 이 짐승들을 그의 행위대로 갑절로 갚아 주고 있는 거다. 교회가 지금 하나님의 말씀에 육신의 생각을 섞어 혼잡 되어 있기 때문에 교회에 있는 백성(땅)들이 혼돈하고 공허하여 흑암(사단마귀)이 깊음 위에 있는 거다.

내가 땅을 본즉 혼돈하고 공허하며 하늘들을 우러른즉 거기 빛이 없으며. 내가 산들을 본즉 다 진동하며 작은 산들도 요동하며 (렘4;23-24)

땅이 사람이고 산은 조직체다. 그리고 혼돈(混沌)은 섞을 혼(混) 어두울 돈(沌)이다. 작금의 교회가 바벨로 혼잡 되어 하나님의 영이 없다. 지금 이 신천지만 무너지는 게 아니고 교회가 다 무너지고 있다. 요즘 세간에 떠도는 유행이는 교인들을 보면 '지금도 교회에 다니느냐?' 이와 같은 빈정거림뿐이다.

전부 도둑놈 소굴인데 누가 교회를 다니겠는가!

그러므로 성도는 심령 안에 내 영혼을 다시 건설해야 한다. 하나님께서 죄인들의 행위대로 갑절로 갚겠다고 하셨으니 깨달은 자들은 '내 백성아 거기서 빨리 나오라'고 외쳐야 한다. 계시록 18장 5절의 죄가 하늘에 사무쳤기에 그들의 불의한 일들을 기억하신다는 말씀 그 자체가 확실한 처벌을 하신다는 강한 의지가 담긴 말이다. 따라서 하나님은 반드시 그가 행한 대로 갚으신다는 걸 명심해야 한다. 아울러 하나님께서 대적들을 반드시 처벌할 것을 나타낸 표현들이 성경에 수없이 많다.

스스로 속이지 말라 하나님은 만홀히 여김을 받지 아니하시나니 사람이 무엇으로 심든지 그대로 거두리라. 자기의 육체를 위하여 심는 자는 육체로부터 썩어진 것을 거두고 성령을 위하여 심는 자는 성령으로부터 영생을 거두리라(갈6;7-8)

활 쏘는 자를 바벨론에 소집하라 무릇 활을 당기는 자여 그 사면으로 진을 치고 쳐서 피하는 자가 없게 하라 그 일한 대로 갚고 그 행한 대로 그에게 행하라 그가 이스라엘의 거룩한 자 여호와를 향

> 하여 교만하였음이니라.(렘50;29)

이렇게 큰 성 바벨론은 그가 이 땅에서 그 사치의 세력으로 하나님의 백성들을 핍박하며 조롱한 만큼 보응을 지금 받고 있다. 그렇다면 그 큰 성 바벨론이 저지른 죄의 내용이 무엇이길래 하나님은 이토록 철저하게 그들의 멸망을 약속하고 계신 것일까?

2. 교회 패망의 원인들

> 그가 어떻게 자기를 영화롭게 하였으며 사치하였든지 그만큼 고난과 애통으로 갚아 주라 그가 마음에 말하기를 나는 여황으로 앉은 자요 과부가 아니라 결단코 애통을 당하지 아니하리라 하니 (계18;7)

첫 번째 죄목이 자기를 영화롭게 한 거다. 자기를 영화롭게 한 것에 대한 의미는 이 세상 모든 것들 위에 자기를 올려놓은 것이다. 따라서 큰 성 바벨론의 미혹에 빠진 인간들은 하나님을 영화롭게 하는 삶을 사는 것이 아니라, 도리어 하나님을 이용해서 자기의 영광과 자기의 자랑을 위해 살고 있다.

그리고 두 번째의 죄목이 사치다. 사치는 '쾌락을 즐기다' 의 뜻이다. 그들이 얼마나 사치를 부리고 살았는지가 '그 상품은 금과 은과 보석과 진주와 세마포와 자주옷감과 비단과 붉은 옷감이요 각종 향목과 각종 상아 기명이요 값진 나무와 진유와 철과 옥석으로 만든 각종 기명이요. 계피와 향료와 향과 향유와 유황과 포도주와 감람유와 고운 밀가루와 밀과 소와 양과 말과 수레와 종들과 사람의 영혼들이라(계18;12-13) 이렇게 잘 나타나 있다.

바벨론의 세력들이 거래하던 물품 목록이 크게 일곱 가지다. 보석과 세마포와 자주옷감과 비단과 붉은 옷감 같은 고급 옷감들이다. 그리고 진유는 구리고 옥석은 대리석이다. 아울러 고급 향료들과 고급 음식들이다. 그리고 가축과 농기구와 종들과 사람의 영혼들이다.

당시에는 일만 명이 넘는 노예들을 사고파는 노예시장이 항상 있었다. 그런데 왜 그 사치의 세력이 거래하는 물품의 맨 마지막에 '사람들이' 등장하느냐 하면, 큰 성 바벨론이 사람들을 금과 보석과 진주와 붉은 옷을 가지고 사람들의 영혼까지 팔아서 사치를 조장하는 사악한 악의 세력이라는 것을 보여주기 위해서다. 마귀의 세력은 겉으로는 사람을 위하는 척 사람들에게 참 행복과 만족을 가져다 줄 것처럼 속이지만 결국 그들에게 사람들의 영혼은 안중에도 없다. 그래서 그 바벨론이 거래하는 사치의 목록에 사람의 영혼들이 들어가 있는 거다. 오늘날의 사단(신천지)은 나의 유익과 배를 위해 가족까지도 미워하게 만들고 갈라서게 하고 있다. 그 바벨론이 나는 여황이요 과부가 아니라 나는 결단코 애통을 당하지 않으리라 이렇게 교만을 떨고 있다. 그런데 하나님은 그 바벨론의 세력에게 애통과 슬픔으로 갚으시겠다고 천명하신다. 그들이 호탕하게 교만을 떨 때 하나님께서 돌연히 갑작스럽게 그들을 치시겠다고 하셨다.

> 여호와의 손에 잔이 있어 술거품이 일어나는도다 속에 섞은 것이 가득한 그 잔을 하나님이 쏟아내시나니 실로 그 찌끼까지도 땅의 모든 악인이 기울여 마시리로다.(시75;8)

쏟아내는 것은 심판하는 것으로 싹 엎어버리시는 거다. '열방과 섞여서 그 행위를 배우며(시106:35)' 따라서 그들의 행위가 악하기 때문에 배우면 안된다. 배우게 되면 그 행위가 올무가 된다.

오늘날 기독교에 진노의 말씀인 우박이 떨어지면 그야말로 폭삭 망한다. 그러므로 '양털과 베실로 섞어 짠 것을 입지 말지니라(신22;11)' 여기서의 옷도 교리다. 따라서 첫 장막이나 다름없는 교회가 하나님의 말씀에 등을 돌리니까 애가와 애곡의 재앙의 말이 기록되어 있는 거다. 바로 교회를 두고 귀신의 처소인 짐승한테 얘기하는 거다.

지금 이 땅의 교회들을 심판하기 위해 하나님께서 용의 영인 사단(신천지)을 들어 사용하고 계신다. 신천지의 정체가 '큰 용이 내어 쫓기니 옛 뱀 곧 마귀라고도 하고 사단이라고도 하는 온 천하를 꾀는 자라 땅으로 내어 쫓기니 그의 사자들도 저와 함께 내어 쫓기니라(계12;9)' 이와 같이 온 세계를 꾀는 자들이 바로 이단들의 실체다. '용을 잡으니 곧 옛 뱀이요 마귀요 사단이라 잡아 일천 년 동안 결박하여.(계20;2)' 그러므로 용을 잡은 지금이 바로 심판의 때다. 또한 마지막 때가 되면 사단들의 교리들을 전부 불(심판)살라 버리신다.

> 그러므로 하루 동안에 그 재앙들이 이르리니 곧 사망과 애통과 흉년이라 그가 또한 불에 살라지리니 그를 심판하신 주 하나님은 강하신 자이심이니라(계18;8)

'하루 동안'은 시간의 길이를 말하는 것이 아니라 '그러한 부가 일 시간에 망하였도다(계18;17)' 이와 같이 일시간의 뜻이다. 하나님의 심판은 도적같이 갑자기 들이닥친다는 의미다. 사망과 애통과 흉년으로 치시고 그들을 불살라 버리시겠다고 하셨다. 따라서 성도는 일순간에 닥칠 하나님의 심판을 미리 알고 깨어 있는 삶을 살아야 한다. 그리고 준비하는 삶이 무엇인지를 깨닫고 하나님 앞에 설 때 점도 없고 흠도 없는 정결한 처녀로 신랑 예수를 맞이할 준비를 하고 있어야 한다. 그래야 재앙들을 피해 갈수 있다. 그렇지 않으면 음녀들이 주는 금잔에 취해 뒤늦게 거짓 교리에 속았음을 알고 가슴을 치며 통곡하게 된다. 그러기에 예수께서도 '심판 때에 남방 여왕이 일어나 이 세대 사람을 정죄하리니 이는 그가 솔로몬의 지혜로운 말을 들으려고 땅 끝에서 왔음이어니와 솔로몬보다 더 큰 이가 여기 있느니라(마12;42)' 이와 같이 사단을 경계하라고 일러주셨다. 남방여인이 스바 여왕으로 이들은 다 마귀의 영들이다. 오늘날 사단들의 신랑은 용(사탄)이다. 따라서 이들은 과부 것만 삼킨다. 그러나 성도들의 신랑은 예수 그리스도시다. 신랑 속에는 씨가 있다.

> 여호와께서 가라사대 보라 내가 사람의 씨와 짐승의 씨를 이스라엘 집과 유다 집에 뿌릴 날이 이르리니(렘31;27)

이와 같이 짐승의 씨와 사람의 씨를 교회 안에 뿌리셨다고 했다. 과부 것만 삼키는 것이 짐승과 바벨론이다. 즉 사단의 조직체는 과부의 재산만을 노린다. 이는 예수 신랑(하나님 말씀)이 없는 여자(교회)들이 과부로 이들만 삼킨다는 뜻이다.

> 저희는 과부의 가산을 삼키며 외식으로 길게 기도하는 자니 그 받는 판결이 더욱 중하리라 하시니라(막12;40)

서기관과 바리새인들을 두고 한 말씀으로 오늘날 교회 단상에서 설교하는 목사들한테 심판의 경고를 하신 말씀이다. 그들이 뱀이고 독사다. 따라서 일곱 머리 열 뿔은 기독교가 아니고 교회를 파괴 시키는 사단의 영들이다.

주의 날이 밤에 도적같이 이를 줄을 너희 자신이 자세히 앎이라. 저희가 평안하다, 안전하다 할 그때에 잉태된 여자에게 해산 고통이 이름과 같이 멸망이 홀연히 저희에게 이르리니 결단코 피하지 못하리라.(살전5;2-3)

사단 마귀인 거짓선지자들은 교회에 나오면 안전하다, 평안하다 하고 꼬드기지만, 실상은 이들이 어두움에 처해 있어 도적같이 오시는 주님을 알아보지 못하는 자들이다. 그러나 성도는 빛의 아들들이라 낮에 속하므로 근신하여 믿음과 사랑의 흉배를 붙이고 구원의 투구를 쓰고 깨어 있어 오직 신랑 예수만 기다린다. 그러므로 사망은 육신의 생각이고 죄의 삯이 사망이다. 또한 '사망의 줄이 나를 얽고 불의의 창수가 나를 두렵게 하였으며. 음부의 줄이 나를 두르고 사망의 올무가 내게 이르렀도다.(시18;4-5)' 이와 같이 세상 근심이 사망이다. 이걸 조성하는 게 마귀다. 이게 종교세계다. 따라서 예수님은 이 땅에 마귀 잡으러 오셨다. 전부 사망이 있으니까 이들한테 애통이 있다. 애통은 '이러므로 내가 애통하며 애곡하고 벌거벗은 몸으로 행하며 들개같이 애곡하고 타조같이 애통하리니(미1;8)' 이와 같이 슬픔과 고통과 애통은 하나님의 신이 임하지 않으면 온다. 또한 흉년 자체가 '내가 보매 청황색 말이 나오는데 그 탄자의 이름은 사망이니 음부가 그 뒤를 따르더라 저희가 땅 사분 일의 권세를 얻어 검과 흉년과 사망과 땅의 짐승으로써 죽이더라(계6;8)' 이와 같이 폭삭 망하는 거다. 그러므로 땅의 짐승(교회)들을 심판하시는데 불이 말씀(진리)이다, 지금 말씀으로 심판하신다는 뜻이다.

그러므로 만군의 하나님 여호와가 이같이 말하노라 그들이 이 말을 하였은즉 볼찌어다 내가 네 입에 있는 나의 말로 불이 되게 하고

> 이 백성으로 나무가 되게 하리니 그 불이 그들을 사르리라(렘5;14)

하나님을 등진 바벨론(혼잡)을 불(말씀)로 심판하시겠다는 거다. 지금 코로나로 하나님께서 심판의 역사를 하고 있는 것을 교회들은 알아야 한다.

> 그가 큰 음성으로 가로되 하나님을 두려워하며 그에게 영광을 돌리라 이는 그의 심판하실 시간이 이르렀음이니 하늘과 땅과 바다와 물들의 근원을 만드신 이를 경배하라 하더라(계14;7)

따라서 심판 때를 잘 알아야 한다. 심판은 하나님이 하시는데 그 심판을 예수님한테 주셨다. 심판하는 권세를 갖고 계신 분이 주님이시다. 그러므로 주님의 제자들도 '내가 진실로 너희에게 이르노니 세상이 새롭게 되어 인자가 자기 영광의 보좌에 앉을 때에 나를 좇는 너희도 열두 보좌에 앉아 이스라엘 열두 지파를 심판하리라(마19;28)' 이와 같이 심판하는 권세가 있다. 심판은 죄 있는 사람들한테 정죄하는 거다.

> 그와 함께 음행하고 사치하던 땅의 왕들이 그 불붙는 연기를 보고 위하여 울고 가슴을 치며.(계18;9)

땅의 왕들이 목사들이다. '또 네가 본 바 여자는 땅의 임금들을 다스리는 큰 성이라 하더라(17;18)' 여자는 땅의 임금들을 다스리는 큰 성이다. 따라서 땅의 왕들이란 음녀 바벨론의 미혹에 넘어가서 힘을 추구하던 사람들을 말한다. 영원할 줄 알았던 세상 권세와 힘이 삽시간에 사라져 버리자 세상(탐심) 왕(목사)들은 그 허탈감을 이기지 못하고 통곡을 하고 있다. 그런데 통곡을 하면서도 두려워 떨고 있다. 땅의 임금들이 목사다. 그러므로 땅에 거하는 자들은 빨리 나가야 한다.

> 대저 만군의 여호와의 포도원에 어떻게 행할 것을 너희에게 이르리라 내가 그 울타리를 걷어 먹힘을 당케 하며 그 담을 헐어 짓밟히게 할 것이요. 아침에 일찍이 일어나 독주를 따라 가며 밤이 깊도록 머물러 포도주에 취하는 그들은 화 있을찐저(사5;7.11)

교회가 새벽부터 밤이 맞도록 공부를 한다고 하지만 이들이 진리로 공부하면 좋겠지만 실상은 이게 비 진리다. 이 교회가 포도원인데 들 포도원 자체가 이스라엘 온 족속이다. 즉 교회의 족속이다. 원래는 유다 사람인데 잘못 되어서 들포도를 맺었다.

> 이 유다사람들도 포도주로 인하여 옆걸음 치며 독주로 인하여 비틀거리며 제사장과 선지자도 독주로 인하여 옆걸음 치며 포도주에 빠지며 독주로 인하여 비틀거리며 이상을 그릇 풀며 재판할 때에 실수하나니. 모든 상에는 토한 것, 더러운 것이 가득하고 깨끗한 곳이 없도다(사28;7-8)

유다는 찬송이다. 성경에서의 '이상'은 유다와 예루살렘의 이상과 하나님의 이상과 바벨론의 이상이 있다. 선지자들의 이상을 통해 하나님께서 말씀으로 재판하실 것을 미리 보여주는 것이 선지자들의 '이상'이다.

따라서 상은 교단이다. 교회의 강대상에 토한 더러운 것이 가득하다. 성도는 예수님의 참 말씀만 먹고 살아야지 이런 것을 먹게 되면 결국에 죽는다. 그러므로 작금의 많은 교회들이 허물어져 내려 앉아 지금 무너져 가고 있다. 만국 자체가 많은 교회들인데 이 교회들이 서로 옳다고 자기들 끼리 서로 싸우고 있다. 이 또한 창세기에서 이삭의 아내 리브가의 임신을 통해 미리 예언한 부분이다. 리브가가 임신을 했는데 그 안에서 쌍태가 싸우고 있다. 그래서 리브가가 하나님께 싸운 것에 대해 물었다.

> 여호와께서 그에게 이르시되 두 국민이 네 태중에 있구나 두 민족이 네 복중에서부터 나누이리라 이 족속은 저 족속보다 강하겠고 큰 자는 어린 자를 섬기리라(창25;23)

그가 바로 에서와 야곱이다. 하나는 순종자로 야곱이고, 하나는 불순종으로 에서이다. 이게 6000년 동안 계속해 이어져 내려온 교회의 현상이다. 야곱은 원래 사기꾼인데 하나님께서 이스라엘 이름을 지어준 해달별(하나님의 백성)이 되었다. 그러나 에서는 순종치 않아서 패하여 결국에 무너져 흩어지고 말았다.

> 여호와께서 너로 네 대적 앞에 패하게 하시리니 네가 한 길로 그들을 치러 나가서는 그들이 앞에서 일곱 길로 도망할 것이며 네가 또 세계 만국 중에 흩음을 당하고(신28;25)

이와 같이 흩어진다. 지금 교회들이 하나님의 말씀이 없어서 사방으로 흩어지고 있다. 그렇지만 하나님께서는 사기꾼 야곱의 환도뼈를 부러뜨리고 다시 이스라엘이란 새 이름으로 하나님 나라를 다시 세우셨듯이 오늘날도 마찬가지다.

> 여호와께서 그 손을 내밀어 내 입에 대시며 내게 이르시되 보라 내가 내 말을 네 입에 두었노라. 보라 내가 오늘날 너를 열방 만국 위에 세우고 너로 뽑으며 파괴하며 파멸하며 넘어뜨리며 건설하며

심게 하였느니라(렘1;9-10)

초림 때 같으면 예수님이시다. 그러나 지금은 하나님의 사람들을 택하셔서 그 심령 안에 하나님의 영을 불어 넣으셔서 진리로 다시 우뚝 세우신다. 이들이 하나님의 말씀을 그대로 대언하는 사명자들이다. 이들을 통해 마지막 시대에 만국들이 진리로 우뚝 서게 된다. 배역한 교회를 사단을 통해 심판하게 하고 여기에 다시 말씀(성령)을 주어 새 하늘과 새 땅을 다시 건설하시고자 함이 하나님의 뜻이고 계획이시다.

3. 일시간에 망하는 대형교회들

그 고난을 무서워하여 멀리 서서 가로되 화 있도다 화 있도다 큰 성, 견고한 성 바벨론이여 일시간에 네 심판이 이르렀다 하리로다.(계18;10)

희희낙락하며 권세를 누리던 땅의 왕(목사)들이 음녀(교회)가 고문당하는 것을 보고 두려워 떨게 된다는 말이다. 모든 교회(음녀)가 심판(지옥)이 있다는 것을 믿는다면 하나님을 교회의 상품으로 내걸고 바겐세일을 하지 않을 것이다.

만일 네 손이 너를 범죄케 하거든 찍어 버리라 불구자로 영생에 들어가는 것이 두 손을 가지고 지옥 꺼지지 않는 불에 들어가는 것보다 나으리라. 만일 네발이 범죄케 하거든 찍어 버리라 절뚝발이로 영생에 들어가는 것이 두발을 가지고 지옥에 던지우는 것보다 나으니라. 만일 네 눈이 너를 범죄케 하거든 빼어 버리라 한 눈으로

> 하나님의 나라에 들어가는 것이 두 눈을 가지고 자옥에 던지우는 것보다 나으니라. 거기는 구더기도 죽지 않고 불도 꺼지지 아니하느니라. 사람마다 불로서 소금 치듯 함을 받으리라.
> (마9;43.45.47-49)

지옥은 분명 존재하고 있다. 지옥에서 활활 타는 불은 성령의 불(말씀)이다. 성령의 불은 거룩한 하나님의 백성들에게는 은혜의 불이지만 죄인들에게는 무시무시한 심판의 불이다. 하나님은 절대 죄와 공존하실 수 없으시고 죄인을 용서하실 수 없으신 거룩하고 순결하신 분이시다. 때문에 죄와 악은 하나님 앞에서 타버리게 된다. 지금 힘과 권세를 누리던 세상 왕(목사)들이 음녀 바벨론이 고문을 당하고 있는 것을 보며 두렵게 떨고 있다는 것은 그들도 똑같은 고문에 처해질 것임을 알기 때문에 두려워 떨고 있는 거다. 따라서 그리스도인들은 이 세상 왕들이 추구하는 힘의 원리로 살아서는 안된다는 것을 보여주고 있다.

> 하나님 집에서 심판을 시작할 때가 되었나니 만일 우리에게 먼저 하면 하나님의 복음을 순종치 아니하는 자들의 그 마지막이 어떠하며.(벧전4;17)

교회 다니면서도 여전히 바벨론의 힘의 원리를 추구한다면 언젠가 그 바벨론이 고문당하는 모습을 보며 두려움에 떨 날이 오게 된다. 교회에 다닌다고 안전할 거라 생각하면 큰 오산이다. 심판은 타지에서부터 하는 것이 아니라 바로 교회 안에서 부터 시작한다. 그리고 두 번째로 통곡하는 사람들이 상인들이다.

> 땅의 상고들이 그를 위하여 울고 애통하는 것은 다시 그 상품을

사는 자가 없음이라. (계18;11)

그 상품이 그들의 교리다. 따라서 땅의 상고는 '그 여자는 자주빛과 붉은 빛 옷을 입고 금과 보석과 진주로 꾸미고 손에 금잔을 가졌는데 가증한 물건과 그의 음행의 더러운 것들이 가득하더라(계17;4)' 그들의 화려하게 꾸민 교리를 갖고 사고파는 것을 말한다.

또 이와 같이 여자들도 아담한 옷을 입으며 염치와 정절로 자기를 단장하고 땋은 머리와 금이나 진주나 값진 옷으로 하지 말고 (딤전2;9)

진주가 말씀이다. 그런데 그 진주에도 하나님의 진주(그리스도의 말씀)가 있고 세상(사단)의 이미테이션(가짜교리) 진주도 있다. 진주는 귀하다. 또한 성경에서의 진주는 '세상에 금도 있고 진주도 많거니와 지혜로운 입술이 더욱 귀한 보배니라(잠20;15)' 이와 같이 지혜다. 그리스도의 영이 함께 하면 그게 바로 귀한 진주(보배)다. 그러기 때문에 이 거룩한 진주를 개에게 주지 마라 했다. 개나 돼지가 이단을 포함한 모든 거짓목사들이다.

거룩한 것을 개에게 주지 말며 너희 진주를 돼지 앞에 던지지 말라 저희가 그것을 발로 밟고 돌이켜 너희를 찢어 상할까 염려하라 (마7;6)

거룩한 것을 몰각한 목자한테 주면 그것이 귀한 것인줄 모르고 도리어 발로 밟고 그것으로 사람들을 미혹시켜 지옥으로 가게 한다. 진주는 '또 천국은 마치 좋은 진주를 구하는 장사와 같으니

(마13;45)' 천국과 같이 귀한 것으로 예수님 자체가 진주시고 지혜시다.

> 그 상품은 금과 은과 보석과 진주와 세마포와 자주 옷감과 비단과 붉은 옷감이요 각종 향목과 각종 상아 기명이요 값진 나무와 진유와 철과 옥석으로 만든 각종 기명이요. 계피와 향료와 향과 향유와 유향과 포도주와 감람유와 고운 밀가루와 밀과 소와 양과 말과 수레와 종들과 사람의 영혼들이라.(계18;12-13)

교리로 화려하게 치장하여 꾸민 것을 말한다. 그러므로 금도, 진주도, 보석도 다 꾸민 말이고 사단의 거짓교리다. 꾸미는 것이 전부 악이다. 꾸며서 교묘하게 미혹시킨다. 따라서 13절은 바벨론의 세력들이 거래하던 물품 목록이다.

이 목록들은 크게 일곱 가지로 나눌 수 있다. 첫 번째가 보석류다. 금은, 보석, 진주고, 두 번째가 세마포와 자주 옷감과 비단, 붉은 옷감 같은 고급 옷감들이다. 세 번째가 고급 가구이다. 부와 사치의 표징으로 남자들은 상아를 이용하여 테이블의 다리나 우상을 제작했다. 진유가 구리인데 당시에 구리는 값비싼 예술품이나 집의 장식품을 만들 때 쓰던 거다. 옥석은 대리석이다. 네 번째가 계피, 향료, 유향 등의 고급 향료들이다. 이것들은 몸에 뿌리는 향수들도 되지만 잔치 때 포도주에 섞어 마시는 향료들을 말한다. 다섯 번째가 포도주와 감람유와 고운 밀가루인 고급 음식들이다. 여섯 번째가 소, 양, 말의 가축 농기구와 부자들의 교통수단으로 사용하는 수레이다. 그리고 일곱 번째가 종들과 사람의 영혼들이다. 이와 같이 값비싼 화려한 것들로 매매하는 것이 바로 사람들의 영혼을 사고파는 상품들이며, 그 상품이 사단들의 거짓교리다. 그러나 우리 주님은 값없이 거져 주신다.

> 너희 목마른 자들아 물로 나아오라 돈 없는 자도 오라 너희는 와서 사먹되 돈 없이, 값없이 와서 포도주와 젖을 사라(사55;1)

물은 성령이 계시는 곳이다. 여기는 공짜다. '성령과 신부가 말씀하시기를 오라 하시는도다 듣는 자도 오라 할 것이요 목마른 자도 올 것이요 또 원하는 자는 값없이 생명수를 받으라 하시더라'(계22;17)' 이와 똑같다. 그러나 사단들은 철저하게 말씀(거짓 교리)으로 장사를 한다.

> 바벨론아 네 영혼이 탐하던 과실이 네게서 떠났으며 맛있는 것들과 빛난 것들이 다 없어졌으니 사람들이 결코 이것들을 다시 보지 못하리로다(계18;14)

탐하던 과실이 선악과다. 따라서 열매가 사람이다. 사치의 세력들이 거래하는 물품의 맨 마지막에 왜 '사람들'이 등장하느냐 하면, 그 사람들이 전부 떠난 이유를 설명하기 위해서다. 큰 성 바벨론(대형교회)이 사람들을 금과 보석과 진주와 붉은 옷을 가지고 사치로 미혹하고 있지만, 그들의 목적은 사람들을 위한 것이 아니라 사람들의 영혼까지 팔아서 사치를 조장하는 사악한 악의 세력이라는 것을 보여주기 위한 설명이다. 사람들의 영혼을 상품으로 사고파는 심판의 역사가 이루어질 것을 '그러므로 하루 동안에 그 재앙들이 이르리니 곧 사망과 애통과 흉년이라 그가 또한 불에 살라지리니 그를 심판하신 주 하나님은 강하신 자이심이니라(계18;8)' 이와 같이 심판을 예고한 내용이다.

> 바벨론을 인하여 치부한 이 상품의 상고들이 그 고난을 무서워하여 멀리 서서 울고 애통하여(계18;15)

따라서 땅의 상고들도 가지고 있던 부(富)가 일시에 날아가 버림으로 통곡을 한다. 앞서도 잠깐 언급했지만 땅의 상고들이란 단순히 장사하는 사람들만을 지칭하는 것이 아니라 물질과 부(富)를 인생의 목적으로 삼고 사는 사람들을 총칭하는 것이다. 그들이 멸망의 불길 속으로 던져지고 있는 거다. 그리고 세 번째로 배 부리는 자들의 통곡이다. 이 배를 부리는 자들은 바벨론의 세력의 사치품을 실어 나르던 자들이다. 그러니까 그 사치의 세력인 바벨론에 빌붙어 세상의 원리로 살던 사람들 전체를 가리키는 거다.

> 다시스의 배는 떼를 지어 네 물화를 실었음이여 네가 바다 중심에서 풍부하여 영화가 극하였도다. 네 사공이 너를 인도하여 큰물에 이름이여 동풍이 바다 중심에서 너를 피하도다. 네 재물과 상품과 무역한 물건과 네 사공과 선장과 네 배의 틈을 막는 자와 네 장사와 네 가운데 있는 모든 용사와 네 가운데 있는 모든 무리가 네 패망하는 날에 다 바다 중심에 빠질 것임이여.(겔27;25-27)

바벨론의 미혹에 빠져 세상 것들을 추구하며 살던 자들은 모두 이렇게 바벨론과 함께 멸망하게 된다. 그들이 힘이라고 여겼던 권세와 부가 순식간에 허무하게 사라져 버린 거다. 바벨론이 교인에게 약속하는 것들이 바로 한순간에 사라져 버리는 허무한 것들이란 걸 알아야 한다. 그동안 영혼을 팔아 사치로 치부하였지만 지금은 그 교리를 사는 자가 없어 땅(교회)의 상고(목사)들이 애통하고 있다.

> 가로되 화 있도다 화 있도다 큰 성이여 세마포와 자주와 붉은 옷을 입고 금과 보석과 진주로 꾸민 것인데. 그러한 부가 일시간에 망

> 하였도다 각 선장과 각처를 다니는 선객들과 선인들과 바다에서 일하는 자들이 멀리 서서(계18;16-17)

큰 성(대형교회)과 신천지의 조직체가 갖고 있던 부가 이와 같이 일시간에 폭삭 망한다. 일시간의 의미는 하나님의 심판은 도적처럼 갑자기 들이닥친다는 뜻이다. 그들을 사망과 애통과 흉년으로 치시고 또한 전부 불(말씀)로 살라버리시겠다고 선포하셨다. 각 선장은 교회 목사고 선객은 전도사다. 선객과 선인들은 교인이다. 지금 그들(교회)이 '그 여자는 자주빛과 붉은 빛 옷을 입고 금과 보석과 진주로 꾸미고 손에 금잔을 가졌는데 가증한 물건과 그의 음행의 더러운 것들이 가득하더라(계17;4)' 이와 같이 음녀(교회)가 풍요와 쾌락과 이기심이 발동하여 손에 금잔을 들고 음행을 부추기고 있지만 결국 교회에 재앙이 떨어지게 된다. 그러니까 그들과 함께 불살라지기 전에 속히 빠져 나와야 한다. 바다가 세상이다. 이 땅에 짐승들이 전부 교회에 거하고 있다.

> 네가 네 상고를 하늘의 별보다 많게 하였으나 황충이 날개를 펴서 날아감과 같고(나훔3;16)

상고는 장사꾼이다. 지금 교회의 황충 사건이다. 짐승들이 모여 있는 교회가 그렇다는 거다. 황충이 이족이다. 메뚜기나 늣이나 황충은 전부 이족이다. 이러한 이족이 교회들을 잡아먹고 있다. 그러므로 바벨론 교회들이 짐승한테 잡아 먹혀 다 끌려갔다. 따라서 지금은 음녀와 일곱 머리 열 뿔이 교회 안에서 함께 움직이고 있다. 그래서 그러한 짐승들을 하나님께서 코로나로 치고 있는 것이다.

> 바다에 왕래하는 시돈 상고로 말미암아 부요하게 된 너희 해변 거민들아 잠잠하라. 면류관을 씌우던 자요 그 상고들은 방백이요 그 무역자들은 세상에 존귀한 자이던 두로에 대하여 누가 이 일을 정하였느뇨(사23;2.8)

사단들의 거짓 교리로 상품을 만들어 사고파는 것이 상고로 지금 신천지가 장사 속의 숫자 놀음을 하고 있다. 이번 코로나를 통해 그들의 숫자가 36만명임을 정부서 발표했는데 숫자에 언연하는 그자체가 자기들의 위상이라 착각하는데서 문제가 야기된다.

> 그 불붙은 연기를 보고 외쳐 가로되 이 큰 성과 같은 성이 어디 있느뇨 하며. 티끌을 자기 머리에 뿌리고 울고 애통하여 외쳐 가로되 화 있도다 화 있도다 이 큰 성이여 바다에서 배 부리는 모든 자들이 너의 보배로운 상품을 인하여 치부하였더니 일시간에 망하였도다.(계18;18-19)

인간 자체가 먼지 보다 못한 티끌로 심판을 티끌로도 비유했다. 아울러 에스겔서에 이와 흡사한 두로의 멸망에 대한 예언이 나와 있다.

> 그들이 다 너를 위하여 머리털을 밀고 굵은 베로 띠를 띠고 마음이 아프게 슬피 통곡하리로다. 그들이 통곡할 때에 너를 위하여 애가를 불러 조상하는 말씀이여 두로 같이 바다 가운데서 적막한 자 누구인고. 네 물품을 바다로 실어 낼 때에 네가 여러 백성을 풍족하게 하였음이여 네 재물과 무역품이 많으므로 세상 열왕을 풍부케 하였었도다. 네가 바다 깊은 데서 파선한 때에 네 무역품과 네 승객이 다 빠졌음이여.(겔27;31-34)

바벨론이 미혹이 빠져 세상 것들을 추구하며 살던 자들은 모두 이렇게 바벨론과 함께 멸망하게 된다. 그들이 힘이라고 여겼던 권세와 부가 순식간에 허무하게 사라져 버린다. 그러나 하나님의 백성들은 남을 죽여 자기 배를 불리는 바벨론들과는 정반대로 오히려 나를 헤치는 자를 용서해 주고 그들을 사랑해 주며 불쌍한 영혼들을 위해 기도하는 삶을 사는 것이 성도들이다.

> 하늘과 성도들과 사도들과 선지자들이 그를 인하여 즐거워하라 하나님이 너희를 신원하시는 심판을 그에게 하셨음이라하더라. 이에 한 힘센 천사가 큰 맷돌 같은 돌을 들어 바다에 던져 가로되 큰 성 바벨론이 이같이 몹시 떨어져 결코 다시 보이지 아니하리로다
> (계18;20-21)

우리는 이 땅에서 당하는 것 같고 죽는 것 같지만, 실상은 그들이 곧 통곡하게 될 것이고 오직 우리만이 그 통곡의 저주에서 벗어나게 될 것이다. 그러니 심판하는 것을 즐거워하라는 거다. 이는 회복의 의미를 나타내는 뜻이다.

> 하늘과 땅과 그 중에 모든 것이 바벨론을 인하여 기뻐 노래하리니 이는 파멸시키는 자가 북방에서 그에게 옴이니라 여호와의 말이니라. 바벨론이 이스라엘 사람을 살육하여 엎드러뜨림같이 온 땅 사람이 바벨론에서 살육을 당하여 엎드러지리라 하시도다.
> (렘51;48-49)

성도는 이 땅에서 거룩하게 살기를 힘쓰느라 잠깐 동안 고통을 맛보게 되지만 바벨론의 세력은 그와 비교할 수도 없는 영원한 죽음으로 던져지게 된다. 통곡은 전 역사에 걸쳐 존재한다. 하나

님은 역사 속에서 계속해 그러한 힘과 부와 힘의 원리를 추구하는 자들의 멸망을 경험하게 해주심으로 우리에게 거기서 빠져나오라고 끊임없이 경고하고 계신 것이다.

> 또 거문고 타는 자의 통곡하는 자와 퉁소 부는 자와 나팔 부는 자들의 소리가 결코 다시 네 가운데서 들리지 아니하고 물론 어떠한 세공업자든지 결코 다시 네 가운데서 보이지 아니하고 또 멧돌 소리가 결코 다시 네 가운데서 들리지 아니하고. 등불 빛이 결코 다시 네 가운데서 비취지 아니하고 신랑과 신부의 음성이 결코 다시 네 가운데서 들리지 아니 하리로다 너의 상고들은 땅의 왕족들이라 네 복술을 인하여 만국이 미혹되었도다.(계18;22-23)

거문고가 성경말씀이다. 말씀을 왜곡하여 전하는 바벨(혼잡)교회들이 복술(우상숭배)로 만국(교회)을 미혹시켰기에 다시는 등불 빛이 비취지 않는다고 교회의 패망을 예고했다. 그런데 이와 유사한 바벨론의 패망이 바다에 빠져 다시는 보이지 않는다는 장면을 예레미야서에서 밝혔다.

> 예레미야가 바벨론에 임할 모든 재앙 곧 바벨론에 대하여 기록한 이 모든 말씀을 한 책에 기록하고. 예레미야가 스라야에게 이르되 너는 바벨론에 이르거든 삼가 이 모든 말씀을 읽고. 말하기를 여호와여 주께서 이곳에 대하여 말씀하시기를 이 땅을 멸하여 사람이나 짐승이 거기 거하지 못하게 하고 영영히 황폐케 하리라 하셨나이다 하라. 너는 이 책 읽기를 다한 후에 책에 돌을 매어 유브라데 하수 속에 던지며. 말하기를 바벨론이 나의 재앙 내림을 인하여 이같이 침륜하고 다시 일어나지 못하리니 그들이 쇠폐하리라 하라 하니라 예리미야의 말이 이에 마치니라.(렘51;60-64)

예레미야가 바벨론에게 임할 모든 재앙의 내용을 한 책에 기록했다고 한다. 그리고 유대의 군대장관 스라야에게 그것을 준다. 그리고 '유브라데 하수 속에 그것을 던지며 바벨론이 나의 재앙 내림을 인하여 이같이 침륜하고 다시 일어나지 못하리니 그들이 패쇄 하리라' 라고 말하게 시킨다.

지금 그 일이 전 세계에 코로나를 통해 우리 눈앞에 확연히 나타나고 있다. 그러므로 심판의 대열에 서지 않으려면 내 영혼이 주 앞에 온전히 바로 서 있는가를 봐야 한다. '섰다' 하는 것은 정지로서의 확고부동함과 동시에 이루어짐이다. 따라서 성경을 전하는 목사라면 예수님 앞에 바로 서 있어야 한다. 예수 그리스도의 말씀이 심령 안에 바로 서 있는 마음이 기쁘고 즐거운 거다. 그래야 두렵고 떨리는 마음으로 성경을 대하게 되고 혹여라도 잘못 판단하여 잘못 전하면 어찌하나 늘 노심초사하는 마음으로 말씀을 묵상하게 된다. 목사는 설교 단상에서 조금이라도 가중하면 안된다. 따라서 예배드리는 자가 홀이라도 죄가 있으면 그 예배는 헛거다. 오직 하나님의 뜻을 행하는 자들만이 영원히 아름다운 땅에 거하게 된다. 그러므로 이 세상 것을 사랑하여 추구하게 되면 그 모든 것들이 한순간 허망하게 다 사라져 버린다.

> 이 세상이나 세상에 있는 것들을 사랑치 말라 누구든지 세상을 사랑하면 아버지의 사랑이 그 속에 있지 아니하니. 이는 세상에 있는 모든 것이 육신의 정욕과 안목의 정욕과 이생의 자랑이니 다 아버지께로 좇아 온 것이 아니요 세상으로 좇아 온 것이라. 이 세상도 그 정욕도 지나가되 오직 하나님의 뜻을 행하는 이는 영원히 거하느니라(요일2;15-17)

죄가 있으면 성경 말씀이 심령 안에 거하지 못한다. 따라서 죄가 있으면 세상 것을 사랑하게 되고, 또한 탐심에 의해 말씀이 들어가지 않는다. 또한 예수그리스도 안에 있는 자들의 기도만 들으시고, 죄 있는 자들의 기도는 하나님이 듣지 않으신다. 따라서 신령과 진정으로 예배드리는 자들만이 하늘에 있는 십사만 사천의 영들과 함께 예배드리는 자가 된다. 아울러 목사들이 지금 등불 역할을 제대로 못하고 있으니까 수많은 교회에서 점을 치고 있다. 그러니까 악한(신천지) 영들이 들어가서 교회를 무작위로 죽였던 거다.

무엇보다 몰각한 목사들이 거짓교리로 교회들을 미혹시키고, 거짓 선지자들은 복술로 사람들을 꾀고 있고, 이단들은 이단대로 이러한 교회들을 잡아먹기 위해 혈안이 되어 있는 작금의 현실이 교회의 현상이다.

그렇지만 지금은 마지막 시대가 도래했기 때문에 하나님께서 코로나19를 통해 땅의 왕족(목사)들과 교리를 사고팔고 있는 신천지(이만희 교주)를 심판하고 있는 그 실상들을 확연하게 보여주고 있다.

무엇보다 첫 장막인 교회에서 목사가 등불 역할을 못하고 있으니까 교회가 전부 점치는 무당집으로 전락해 버렸다. 그러므로 이들이 쌓는 것이 바로 바벨탑이다.

> 선지자들과 성도들과 및 땅 위에서 죽임을 당한 모든 자의 피가 이상 중에서 보였느니라 하더라(계18:24)

이 성(교회)이 바벨론이다. 성도는 바벨론이 권세를 잡고 있는 이 세상(교회)에서 그렇게 피 흘리며 죽는 자들이다. 그래서 늘 하나님 나라가 '큰 소리로 불러 가로되 거룩하고 참되신 대주재여 땅에 거하는 자들을 심판하여 우리 피를 신원하여 주지 아니하시기를 어느 때까지 하시려나이까 하니(계6;10)' 이와 같이 빨리 완성되기를 기도하게 된다. 하나님은 우리의 기도의 응답으로 '하늘과 성도들과 사도들과 선지자들이 그를 인하여 즐거워하라 하나님이 너희를 신원하시는 심판을 그에게 하셨음이라 하더라(계18;20)' 이와 같이 그들을 죽인 그 큰 성 바벨론을 폭격하시는 것으로 성도들을 위로해 주고 있다.

제6부

회복되는 새 하늘과 새 땅

19장
최후의 전쟁과 하나님의 말씀

1. 어린양의 혼인잔치

계시록 17장과 18장에서는 음녀 바벨론의 처참한 최후에 대해 기술되어 있는 반면에 계시록 19장은 어린양의 혼인 잔치에 청함을 입은 자들의 하나님께 찬양하는 장면이 등장한다. 어린양의 혼인잔치에는 반드시 제물이 있어야 한다. 혼인 잔치에는 두 가지가 준비되어 있어야 하는데 첫째는 자기소와 이걸 잡아먹은 살찐 짐승이다. 지금은 일곱 머리 열 뿔이 살찐 짐승이다. 요한은 자기소와 살찐 짐승을 잡아 놓고 혼인잔치를 하는 것을 '다시 다른 종들을 보내며 가로되 청한 사람들에게 이르기를 내가 오찬을 준비하되 나의 소와 살진 짐승을 잡고 모든 것을 갖추었으니 혼인 잔치에 오소서 하라 하였더니(마22;4)' 이와 같이 주님의 말씀을 통해 영의 생각으로 본거다. 이 혼인잔치는 모든 것을 갖추었다. 여기는 자기소와 살진 짐승과 '보라 세상 죄를 지고 가는 어린양이로다(요1;29)' 속죄양이신 어린양 등의 세 가지가 다 준비되어 있다. 혼인잔치에는 반드시 하나님의 어린양이 오셔야 풍성하게 이루어진다. 따라서 우리의 심령에 흠 없고 점 없는 어린양의 피(말씀)가 흘러야 혼인 잔치에 들어 갈수 있다.

> 너희가 알거니와 너희 조상의 유전한 망령된 행실에서 구속된 것은 은이나 금같이 없어질 것으로 한 것이 아니요. 오직 흠 없고 점 없는 어린 양 같은 그리스도의 보배로운 피로 한 것이니라
> (벧전1;18-19)

이러한 사람들이 구속된 백성이다. 구속은 죄사함이다. 이 사람들과 함께 벌이는 잔치가 혼인잔치다. 따라서 구속되었다 함은 '염소와 송아지의 피로 아니 하고 오직 자기 피로 영원한 속죄를 이르사 단번에 성소에 들어가셨느니라(히9;12)' 죄가 영원히 속죄되었음을 뜻한다. 이들이 혼인잔치에 들어간 거고 어린양이 우리의 목자가 되신 거다.

> 이는 보좌 가운데 계신 어린양이 저희의 목자가 되사 생명수 샘으로 인도하시고 하나님께서 저희 눈에서 모든 눈물을 씻어 주실 것임이러라(계7;17)

어린양이 곧 말씀이다. 그 말씀이 우리 심령에 거해야 생명수 샘으로 인도함을 받을 수 있다. 여기는 흠 없고 점이 없어야 갈 수 있는 '또 내가 보니 보라 어린양이 시온 산에서 섰고 그와 함께 십사만 사천이 섰는데 그 이마에 어린양의 이름과 그 아버지의 이름을 쓴 것이 있도다(계14;1)' 이와 같이 14만 4천의 영들이 있는 곳이다. 하나님의 창조의 목적이 또한 여기에 있다. 14만 4천은 하늘에 있는 영들이다. 이런 자들한테는 이마에 이름이 기

록되어 있는데, 이름이 기록되어 있다는 것은 생각과 마음에 말씀이 기록되어 있다는 뜻이다. 따라서 '칭하다', '일컫다', '이르신 이름' 이런 것은 다 같은 표현이다. 그러므로 이들의 마음속에는 하나님의 법이 기록되어 있다.

> 또 주께서 가라사대 그날 후에 내가 이스라엘 집으로 세울 언약이 이것이니 내법을 저희 생각에 두고 저희 마음에 이것을 기록하리라 나는 저희에게 하나님이 되고 저희는 내게 백성이 되리라 (히8;10)

그러나 짐승들은 그 속에 거짓과 악이 들어 있다. 그럼에도 불구하고 이러한 사람들한테도 믿음(말씀)이 들어가면 '너희가 거듭난 것이 썩어질 씨로 된 것이 아니요 썩지 아니할 씨로 된 것이니 하나님의 살아 있고 항상 있는 말씀으로 되었느니라(벧전 1;23)' 이와 같이 바뀌지는 게 거듭난 자들이다.

그러므로 계시록 19장은 하나님의 진노의 심판아래 바벨론(짐승들)이 무너짐과 동시에 하늘에서는 거듭난 자들의 '할렐루야'의 찬양이 울려 퍼지고 있다.

> 이 일 후에 내가 들으니 하늘에 허다한 무리의 큰 음성 같은 것이 있어 가로되 할렐루야 구원과 영광과 능력이 우리 하나님께 있도다.(계19;1)

이 일은, 18장사건 이후의 일이다. 즉 16-17장에서 짐승에 대한 심판이 있고 18장에서 음녀에 대한 심판이 있고 나서다. 하나님은 영이시다. 그러기에 허다한 무리들의 많은 영들의 '할렐루야, 내가 정직한 자의 회와 공회 중에서 전심으로 여호와께 감사하리로다(시111;1)' 이와 같이 하나님께 할렐루야의 영광을 돌리면서 여호와를 찬양하고 있다. 무엇보다 하나님께 영광을 돌리려면 정직해야 된다. 공회는 모이는 거다. 그러므로 정직한 자들의 모임에 가면 거기에는 이름이 있다. 이름이 있다는 것은 진리가 있다는 뜻이다. 진리(말씀)가 있는 자들만이 하나님을 경외할 수 있고 또한 그런 자들만이 '할렐루야, 여호와를 경외하며 그 계명을 크게 즐거워하는 자는 복이 있도다(시112;1)' 이와 같이 기뻐하고 즐거워하므로 복이 있다. 성경의 목적은 복(영생)을 주기 위함이다. 복 자체가 '헐몬의 이슬이 시온의 산들에 내림 같도다 거기서 여호와께서 복을 명하셨나니 곧 영생이로다(시133;3)' 따라서 하나님께서는 복 있는 자들의 예배만 받으신다. 예수님이 이 땅에 오신 목적이 잃어버린 영혼을 구원하시기 위해서다. 그게 하나님의 은혜고 선물이다.

> 너희가 그 은혜를 인하여 믿음으로 말미암아 구원을 얻었나니 이것이 너희에게서 난 것이 아니요 하나님의 선물이라(엡2;8)

구원이 하나님의 선물인데 '온전하게 되었은즉 자기를 순종하는 모든 자에게 영원한 구원의 근원이 되시고(히5;9)' 이같이 온전케 되신 분만이 우리를 구원할 수 있다. 그러므로 구원하심은, '구원하심이 보좌에 앉으신 우리 하나님과 어린양에게 있도다(계7;10)' 이같이 하나님과 어린양한테만 구원하심이 있다.

따라서 천천만만의 영이 내 심령 안으로 내려올 때는 씨(말씀)가 들어오는 것으로 이게 바로 혼인잔치이다. 씨가 하나님의 말씀이고, 예수님이 또한 하나님 말씀이다. 이들이 모여 드리는 찬양이 바로 경배의 찬송이다.

그의 심판은 참되고 의로운지라 음행으로 땅을 더럽게 한 큰 음녀를 심판하사 자기 종들의 피를 그의 손에 갚으셨도다 하고.
(계19;2)

심판은 정죄다. 하나님이 여기를 심판하시는 거다. 이 심판하는 권세는 주님만 갖고 계신다.

진실로 진실로 너희에게 이르노니 죽은 자들이 하나님의 아들의 음성을 들을 때가 오나니 곧 이때라 듣는 자는 살아나리라. 아버지께서 자기 속에 생명이 있음같이 아들에게도 생명을 주어 그 속에 있게 하셨고. 또 인자됨을 인하여 심판하는 권세를 주셨느니라. 이를 기이히 여기지 말라 무덤 속에 있는 자가 다 그의 음성을 들을 때가 오나니. 선한 일을 행한 자는 생명의 부활로, 악한 일을 행한 자는 심판의 부활로 나오리라(요5;25-29)

첫 장막(교회)에 있는 자들은 심판을 받지만, 하나님의 음성을 듣고 생명의 부활로 살아난 자들은 심판이 없다. 또한 주님만 심판하는 게 아니고 예수님을 따르는 자들도 심판의 권세를 받았다.

내가 진실로 너희에게 이르노니 세상이 새롭게 되어 인자가 자기 영광의 보좌에 앉을 때에 나를 좇는 너희도 열두 보좌에 앉아 이스라엘 열두 지파를 심판하리라(마19;28)

이와 같이 예수님의 말씀만 쫓는 우리도 심판할 수 있다고 분명하게 말씀하셨다. 즉 그들(교회)이 하는 말이 성경 말씀에 비추어 맞다, 맞지 않다를 증거하는 것이 심판이다. 또한 '라오디게아 교회의 사자에게 편지하기를 아멘이시오 충성되고 참된 증인이

시오 하나님의 창조의 근본이신 이가 가라사대(계3;14)' 이와 같이 심판에 있어 참된 증인이 성령이고 예수님이시다.

또한 음행은 '육체의 일은 현저하니 곧 음행과 더러운 것과 호색과(갈5;19)' 이와 같이 음행으로 땅(교인)을 더럽게 한 거다. 음행으로 땅(교인)을 더럽게 한 큰 음녀를 심판하시는 것이 바로 종(하나님의 아들들)들의 피(말씀)로 갚게 하시는 거다. 즉 음녀(교회)들이 하나님의 백성들을 잘못되게 끌고 가는 것을 자기 종들의 피로 그의 손에 갚으셨도다. 라고 표현으로 나타낸 거다, 음녀가 육체의 일을 더럽게 하는 것이 '사람의 계명으로 교훈을 삼아 가르치니 나를 헛되이 경배하는도다.(마15;9)' 즉 육신의 생각이 영혼을 더럽게 하는 거다. 그리고 음녀가 '또 네가 본바 여자는 땅의 임금들을 다스리는 큰 성이라 하더라(계17;18)' 땅의 임금들인 목사다. 이러한 음녀를 심판하시므로 종들의 피를 하나님께서 갚아주신다. 갚을 때는 그야말로 배로 갚아 주시는 하나님이시다.

> 그가 준 그대로 그에게 주고 그의 행위대로 갑절을 갚아 주고 그의 섞은 잔에도 갑절이나 섞어 그에게 주라(계18;6)

이 세상 사람들은 다 거짓되지만 하나님만 참 되시다. 더럽게 되는 것은 교회가 육신의 생각으로 신앙생활을 하는 그 자체가 심판이다. 땅이 백성인데 그 땅을 음녀들이 더럽게 하므로 심판이 배나 따른다. 따라서 호리는 여우가 이방여자인데 목자다. 이방 여자가 하나님의 백성들을 호리고 있다. 그러므로 미혹을 받지 않으려면 성령(말씀)을 받아야 한다. 예수님 말씀이 참 빛이다. 그 빛이 들어온 자들은 어둠(사단마귀)이 물러가므로 그 어디에도 미혹되지 않는다. 그래야 '너희가 내 말에 거하면 참 내 제자가 되고. 진리를 알찌니 진리가 너희를 자유케 하리라(요8;31)' 이와 같이 쉼을 얻고 자유를 얻는다. 그러나 악을 행하면 배로 갚아 주신다.

> 내가 위선 그들의 악과 죄를 배나 갚을 것은 그들이 그 미운 물건의 시체로 내 땅을 더럽히며 그들의 가증한 것으로 내 산업에 가득하게 하였음이니라(렘16;18)

미운 물건이 우상이다. 우상이 거짓스승인데 이를 세우면 안된다. 선을 행하는 자들은 갑절로 복을 부시고 악을 행하는 자들도 갑절로 심판하신다. 선은 하나님만 선이시다. 그러므로 예수님만 따라가면 선한 길로 가는 거다.

> 두 번째가 가로되 할렐루야 하더니 그 연기가 세세토록 올라가더라(계19;3)

하늘의 보좌는 영계의 세계다. 따라서 계시록 4장은 영계의 세계를 보여준 거다. 거기에 일곱이 있는데 이게 일곱 눈이고 하나님의 일곱 비서관이다. 눈이 영이다. 일곱 영은 하나님이 부리는 영이다. 사람 자체가 하나님의 형상과 모양대로 지어졌다. 그러므로 우리가 하나의 돌이다. 한 돌에 일곱 눈이 있다. 이게 칠성판이다. 따라서 에스겔 1장과 계시록 4장이 똑같은 영계의 세계를 그린 거다. 일곱 눈에 대해서는 스가랴서에 설명한 것이 있다.

> 만군의 여호와가 말하노라 내가 너 여호수아 앞에 세운 돌을 보라 한 돌에 일곱 눈이 있느니라 내가 새길 것을 새기며 이 땅의 죄악을 하루에 제하리라(슥3;9)

여호수아는 예수란 뜻이다. 또한 예수님은 뜨인 돌이다. 그런데 이 땅의 죄악을 어떻게 하루에 다 제하겠는가? 그것은 예수께서 십자가에 달리시고 하루에 끝나 버린 것을 예표 한 거다. 그러므로 주님이 우리의 제물이시다. 예수께서 한 제물로 단번에 십자가서 드리시므로 하나님 앞에 죄를 영원히 해결해 주셨다. 그 덕에 우리가 거룩함을 얻었다. 휘장은 곧 저희 육체다. 그러기에 휘장(예수님) 자체가 하늘의 문이다. 하나님께서 열어 놓으시므로 십자가에서 휘장이 위에서 아래로 찢어졌다. 그러므로 내 영혼의 안식처(지성소)에서 기뻐하면서 즐거이 할렐루야의 찬양을 할 수 있는 거다. 영원한 안식처가 바로 안식일에 주인이신 예수 그리스도다. 그렇지 않으면 심판을 받게 된다. 하나님의 심판은 매우 무시무시하다. 그 심판의 연기가 세세토록 올라간다고 표현할 정도로 요한은 이 구절을 이사야서에서 인용하였다.

> 에돔의 시내들은 변하여 역청이 되고 그 티끌은 유황이 되고 그 땅은 불붙는 역청이 되며. 낮에나 밤에나 꺼지지 않고 그 연기가 끊임없이 떠오를 것이며 세세에 황무하여 그리로 지날 자가 영영히 없겠고(사34;9-10)

이스라엘 대적인 에돔의 멸망에 관한 예언이다. 세상의 악은 그렇게 처참하게 심판 받게 된다. 그런데 우리가 그러한 하나님의 무시무시한 심판을 찬양한다는 것이 무슨 뜻인가?

> 또 이십사 장로와 네 생물이 엎드려 보좌에 앉으신 하나님께 경배하여 가로되 아멘 할렐루야 하니.(계19;4)

영계의 보좌에는 하나님이 계시고 여기에 이십사 장로가 있다.

즉 이십사 보좌(장관)이다. 또한 여기에 네 생물이 있는데 생물은 군대 장관이다. 이들이 하나님께 경배의 찬양을 드리고 있다. 그러므로 우리는 하나님의 심판이 어떻게 하나님의 통치와 어린양의 혼인잔치로 연결이 되는지를 정확하게 알아야 올바른 찬양을 할 수 있다. 우리는 또한 심판이 하나님의 사랑의 발로라는 것을 알아야 한다.

> 사랑은 오래 참고 사랑은 온유하며 투기하는 자가 되지 아니하며 사랑은 자랑하지 아니하며 교만하지 아니하며. 무례히 행치 아니하며 자기의 유익을 구치 아니하며 성내지 아니하며 악한 것을 생각지 아니하며. 불의를 기뻐하지 아니하며 진리와 함께 기뻐하고.
> (고전13;4-6)

사랑은 불의를 보고 기뻐하지 않는 것이다. 이렇게 사랑 안에는 불의를 기뻐하지 않는 불의에 대한 심판이 포함되어 있다. 하나님은 하나님의 백성들을 너무나 사랑하기 때문에 그들을 위해 세상의 더러운 것들을 심판해 버리신다. 그래서 성도들이 하나님의 악에 대한 심판을 찬양할 수밖에 없다. 우리를 향한 하나님의 사랑이 너무나 지고함을 깨닫고 할렐루야를 찬송하게 된다.

그런데 이 불의에 대한 심판이 우리 각자의 인생 속에서도 매일 일어난다. 우리는 구원을 받았지만 우리 안에 남아 있는 악과 불의의 잔재들을 떨어버리는 작업이 우리 속에 끊임없이 일어나고 있는 거다. 따라서 하나님은 우리를 너무나 사랑하기 때문에 우리 안에 남아 있는 불의와 악을 그냥 두고 보시지 않고 날마다 심판해 죽여 가신다. 그러기에 그리스도인들의 삶이 고단한 거다.

> 어떤 이들은 투기와 분쟁으로, 어떤 이들은 착한 뜻으로 그리스도

> 를 찬미하나니. 이들은 내가 복음을 변명하기 위하여 세우심을 받은 줄 알고 사랑으로 하나. 저들은 나의 매임에 괴로움을 더하게 할 줄로 생각하여 순전치 못하게 다툼으로 그리스도를 전파하느니라. 그러면 무엇이뇨 외모로 하나 참으로 하나 무슨 방도로 하든지 전파되는 것은 그리스도니 이로써 내가 기뻐하고 또한 기뻐하리라. 이것이 너희 간구와 예수 그리스도의 성령의 도우심으로 내 구원에 이르게 할 줄 아는 고로. 나의 간절한 기대와 소망을 따라 아무 일에든지 아니하고 오직 전과 같이 이제도 온전히 담대하여 살든지 죽든지 내 몸에서 그리스도가 존귀히 되게 하려 하나니.(빌1;15-20)

빌립보서는 사도 바울이 로마의 감옥에서 빌립보 교회 성도들에게 편지를 쓴 거다. 그런데 감옥 안에서 기뻐하고 또한 기뻐하리라 하고 있다. 그런 상황 속에서 어떻게 기뻐하고 또 기뻐할 수 있겠는가? 바울은 지금 감옥에 갇혀 있는 자신의 상황 때문에 예수 그리스도가 더욱 편만하게 전파되는 것을 기뻐함과 동시에 그 상황이 자신의 구원의 완성에 도움이 되는 것을 알고 기뻐한 거다.

> 보좌에 음성이 나서 가로되 하나님의 종들 곧 그를 경외하는 너희들아 무론 대소하고 다 우리 하나님께 찬송하라 하더라.(계19;5)

'경외하는 너희들아'는 '그리스도의 말씀이 있는 너희들아' 또는 '하나님의 비밀을 가진 자들아' 다 똑같은 표현이다. 하나님의 비밀인 그리스도 속에는 지혜와 지식의 모든 보화가 있다. 또한 능력의 지식과 지혜의 모든 것이 경외다.

그러려면 하나님의 마음에 합한 목자가 되어야 한다. '내가 붙드는 나의 종, 내 마음에 기뻐하는 나의 택한 사람을 보라 내가 나의 신을 그에게 주었은즉 그가 이방에 공의를 베풀리라(사

42;1)' 이와 같이 그리스도의 신을 부어주시는데. '주 여호와의 신이 내게 임하셨으니 이는 여호와께서 내게 기름을 부으사 가난한 자에게 아름다운 소식을 전하게 하려 하심이라 나를 보내사 마음이 상한 자를 고치며 포로된 자에게 자유를, 갇힌 자에게 놓임을 전파하며(사61;1)'

신이 임하면 기름부음을 받은 자가 되고 그리되면 아름다운 복음의 소식을 만방에 전하게 된다. 기름이 성령이고 이슬과 비가 교훈이다.

> 그때에 내가 유다 성읍들과 예루살렘 거리에 기뻐하는 소리, 즐기는 소리, 신랑의 소리, 신부의 소리가 끊쳐지게 하리니 땅이 황폐하리라(렘7;34)

그러므로 하나님의 신이 들어오면 기뻐할 수밖에 없는데, 그러려면 하나님의 마음에 합한 목자(종)가 되어야 한다. 그런데 교회가 예수님이 이 땅에 오셨는데도 불구하고 믿지 않으니까 심판하시는 거다.

> 또 내가 들으니 허다한 무리의 음성도 같고 많은 물소리도 같고 큰 뇌성도 같아서 가로되 할렐루야 주 우리 하나님 곧 전능하신 이가 통치하시도다(계19;6)

우리를 다스리는 분이 예수 그리스도로 하나님 말씀으로 통치하고 다스리신다. 통치는 맡아 다스리는 것인데 통치자가 그리스도시다.

> 그 왕은 그 본족에게서 날 것이요 그 통치자는 그들 중에서 나올

> 것이며 내가 그를 가까이 오게 하므로 그가 내게 접근하리라 그렇지 않고 담대히 내게 접근할 자가 누구뇨 여호와의 말이니라(렘30;21)

만유는 하늘과 땅 전부를 가리키는데, 하나님도 영이요, 그리스도도 영이며 천사도 영이다. 따라서 '모든 천사들은 부리는 영으로서 구원 얻을 후사들을 위하여 섬기라고 보내심이 아니뇨(히1;14)' 이와 같이 천사가 하나님이 부리는 영이다. 그 영이 우리와 함께 늘 동행하신다. 그러므로 영이 동행한 사람한테는 주님의 말씀이 통치하므로 사단 마귀가 함부로 접근하지 못한다. 그런 자들만이 '할렐루야'의 찬양을 부를 수 있다. 심령이 가난한 자가 목마른 자가 되어 하나님의 말씀을 갈급하게 된다. 말씀을 받아야 신랑을 맞이할 수 있다.

> 나 여호와가 말하노라 배역한 자식들아 돌아오라 나는 너희 남편이니라 내가 너희를 성읍에서 하나와 족속 중에서 둘을 택하여 시온으로 데려오겠고(렘3;14)

교회에게 하는 말씀이다. 교회들한테 씨를 넣어서 진리의 성읍으로 데려오는 거다. 교회라면 예수 그리스도의 씨를 받아야 하나님과 연합할 수 있다. 그런데 교회들이 '가서 네 남편을 불러오라(요4;16)' 하는데 남편이 없다고 한다.

교회는 생명의 씨를 주어야 하는데 자기한테 생명의 씨를 줄 남편이 없다고 한다. 우리 남편은 예수님이다. 남편(주님)은 씨(말씀)를 주는 것이고 아내(교회)는 그 씨(말씀)를 받는 것이 여자(교회)다. 신랑예수와 우리가 하나가 되었을 때 하나님의 통치를 받을 수 있다. 우리를 사랑으로 통치하시는 전능하신 하나님이시기에 더욱 크게 기뻐하고 즐거워 할 수 있다.

> 우리가 즐거워하고 크게 기뻐하여 그에게 영광을 돌리세 어린양의 혼인기약이 이르렀고 그 아내가 예비하였으니(계19;7)

아내가 신부다. 혼인잔치의 기약이 이르렀다는 것은 심판의 때가 이르렀음을 뜻한다. 자기소와 짐승의 소를 잡아 놓고 벌이는 잔치가 하나님의 혼인 잔치이다. 거기서 예수 신랑 모셔놓고 신령과 진정으로 예배를 드리는 것이 혼인 잔치이다. 그러므로 혼인잔치에는 '다시 다른 종들을 보내며 가로되 청한 사람들에게 이르기를 내가 오찬을 준비하되 나의 소와 살진 짐승을 잡고 모든 것을 갖추었으니 혼인 잔치에 오소서 하라 하였더니(마22;4)' 이와 같이 자기 소와 살찐 소를 잡아 놓고 증거하면 그게 바로 심판과 구원을 담은 메시지다. 아내가 예비하였다 함은 성도는 예수님의 신부로서 하나님 만나기를 준비해야 한다.

> 그러므로 이스라엘아 내가 이와 같이 네게 행하리라 내가 이것을 네게 행하리니 이스라엘아 네 하나님 만나기를 예비하라(암4;12)

말씀이 하나님이신데 하나님 만나기를 예비해야 한다. 즉 미리 준비해야 한다. 초림 때는 하나님의 사자로 세례요한이 길 예비사자로 준비되었고, 우리 주님은 '그 길은 우리를 위하여 휘장 가운데로 열어 놓으신 새롭고 산 길이요 휘장은 곧 저의 육체니라(히10;20)' 예수께서 휘장으로 길을 열어 놓으셨다.

따라서 신부는 과부가 아니고 새색시다. 그러므로 정결한 처녀로 만드는 거다. 일러준 말로 마음을 깨끗이 해야 그 심령 안에 신랑예수가 들어온다. 그러므로 흠이 없고 티 없는 보배로운 피로만 잔치를 해야 하는 예배라 죄인들은 반드시 죄를 회개하고 혼인 잔치에 참여해야 한다. 따라서 아담 안에 있는 모든 자들은 죽었지만 신랑되신 예수께서 신부로 맞이한 정결한 처녀는 혼인 기약을 위한 잔치를 예비하고 있다. 그러므로 그리스도 예수 안에 있는 자들은 살아서 하나님께 크게 기뻐하며 영광의 찬송을 돌린다. 신랑이신 예수 그리스도의 씨를 받고 그리고 나서 드리는 혼인이라 빛나고 깨끗하다.

> 그에게 허락하사 빛나고 깨끗한 세마포를 입게 하셨은즉 이 세마포는 성도들의 옳은 행실이로다 하더라.(계19;8)

마지막 날에 혼인기약이 이르러 드디어 혼인 잔치가 거행될 찰나이다. 그런데 그 아내가 혼인 잔치를 스스로 예비하고 있다. 즉 교회가 이 땅에서 힘써 종말을 준비했다는 거다. 그런데 그 신부에게 빛나고 깨끗한 세마포를 하나님께서 입혀주셨다. 그리고 그 세마포가 성도들의 옳은 행실이라 했다. 그러니까 성도들의 옳은 행실은 하나님께서 손수 입혀주신 것이라는 뜻이다. 따라서 성도들의 옳은 행실은 하나님께서 주신 것이기도 하지만 성도들이 준비하는 것이기도 하다. 그들이 바로 창세전에 선한 일을 위해 하나님께서 미리 예비한 자들로 즉 믿음이 있는 자들이다.

> 우리는 그의 만드신 바라 그리스도 예수 안에서 선한 일을 위하여 지으심을 받은 자니 이 일은 하나님이 전에 예비하사 우리로 그 가운데서 행하게 하려 하심이니라(엡2;10)

그러므로 믿었다는 것은 그리스도의 영이 임했다는 거다. 따라서 영이 임한 자들은 '그때에 임금이 그 오른편에 있는 자들에게 이르시되 내 아버지께 복 받을 자들이여 나아와 창세로부터 너희를 위하여 예비된 나라를 상속하라(마25;34)' 이와 같이 준비된 나라를 상속받는 복 받은 자들이다. 아버지의 상속을 받으려면 빛나고 깨끗한 세마포를 입은 정결한 처녀가 되어야 한다. 그러려면 어린양의 피에 그 옷을 희게 씻어 입어야 한다.

> 장로 중에 하나가 응답하여 내게 이르되 이 흰 옷을 입은 자들이 누구며 또 어디서 왔느뇨. 내가 가로되 내 주여 당신이 알리이다 하니 그가 나더러 이르되 이는 큰 환난에서 나오는 자들인데 어린양의 피에 그 옷을 씻어 희게 하였느니라(계7;13-14)

세마포는 이와 같이 큰 환난에서 나온 자들이 입는 옷이다, 그 옷은 어린양의 피로 희게 씻겨진 옷이다. 따라서 어린양의 피 자체가 깨끗한 말씀이다. 그러므로 말씀으로 깨끗케 된 자들이 입는 흰옷이 그리스도의 옷이다.

> 천사가 내게 말하기를 기록하라 어린양의 혼인 잔치에 청함을 입은 자들이 복이 있도다 하고 또 내게 말하되 이것은 하나님의 참되신 말씀이라 하기로.(계19;9)

하나님께서는 창세전에 그분의 신부될 자들을 택하셨다. 그리고 그 신부의 신랑되실 예수 그리스도를 이 땅에 보내셨다. 그리고 십자가에서 그 신부의 몸값으로 정확하게 율법이 요구하는 생명의 속전인 은 30냥으로 치렀다.

> 만일 그에게 속죄금을 명하면 무릇 그 명한 것을 생명의 속으로 낼 것이요. 아들을 받든지 딸을 받든지 이 율례대로 그 임자에게 행

할 것이며. 소가 만일 남종이나 여종을 받으면 소 임자가 은 삼십 세겔을 그 상전에게 줄 것이요 소는 돌에 맞아 죽을 지니라. (출21;30-32)

이렇게 죽어야 할 자의 목숨 값이 은 삼십 냥이었다. 주님은 '내가 예수를 너희에게 넘겨주리니 얼마나 주려느냐 하니 그들이 은 삼십을 달아 주거늘.(마26;15)' 그 은 삼십 냥이 되셔서 신부인 우리의 목숨 값으로 지불되셨다. 이렇게 혼인 잔치를 위해 모든 것을 지불하고 준비하신 거다. 이제 그 신부들은 마지막 혼인(천국)잔치만을 기다리고 있다. 모든 것은 신랑이 다 준비하셨다. 신부들은 신랑이 올 때까지 옳은 행실로 정결한 혼인 예식을 예비해야 한다. 만일 그 신부의 행실이 신랑의 기대치에 조금이라도 부족하면 그 신부는 밖으로 내쳐질 것이다. 그래서 호세아서에서 '내가 너를 위해 모든 것을 지불했으니 너는 이제 행음하지 말며 다른 남자를 좇지 말라' 라고 했다.

저에게 이르기를 너는 많은 날 동안 나와 함께 지내고 행음하지 말며 다른 남자를 좇지 말라 나도 네게 그러하리라 하였노라(호3;3)

그런데 오늘날 그 신부(교회)가 계속해서 간음을 하고 있다. 신부(교회)가 신랑(예수 그리스도의 말씀)은 아랑곳하지 않고 여전히 다른 남자, 즉 세상(물질)만을 사랑하고 있다. 그러나 그 신랑은 자기의 목숨까지 신부의 몸값으로 지불하면서 아버지의 뜻을 받들어 신부를 사랑한 분이다. 그러기에 그 신랑은 반드시 그 신부를 정숙하고 순결한 신부로 만들어 내시고 말 것이다. 그래서 그 혼인이 성사되어야하므로 성도의 삶에 옳은 행실이 반드시 필요한 거다. 그러므로 신랑과 신부가 그 마지막 잔을 드는 혼인 잔치가 드디어 열리게 된 거다. 그 창녀 같던 신부가 옳은 행실이라는 아름다운 세마포 옷을 입고 혼인식장에 들어서게 되었다. 이것이 바로 하나님의 열심인 것이다.

성경은 그날이 반드시 온다는 것을 이렇게 보여주고 있다. 그 혼인 잔치를 통해 우리는 완전하게 그리스도와 하나가 된다. 거기서 진정한 그리스도와의 완전한 연합이 일어난다. 육신은 비록 이 세상에서 시집도 가고 장가도 가나 우리의 영은 그리스도가 우리의 남편이다. 그래서 아무한테 시집을 가지 않는다. 예수님의 씨가 말씀이다. 따라서 이 말씀을 깨달으려고 여기저기 교회를 찾아다니나 종내에는 성경말씀 자체가 그리스도의 씨다. 신부(교회)는 신랑(예수님)의 씨를 받아야 새 생명을 잉태하여 내 영혼이 다시 살아난다. 이게 거듭남이고 부활이다.

> 나는 부활이요 생명이니 나를 믿는 자는 죽어도 살겠고. 무릇 살아서 나를 믿는 자는 영원히 죽지 아니하리니 이것을 네가 믿느냐(요11;25-26)

예수님 자체가 말씀이다. 그러므로 예수님 말씀 자체가 생명이고 부활이다. 예수님의 십자가에서의 부활이 곧 나의 부활이 되어야 한다. 아담 자체가 사람이다. 따라서 아담 안에 있는 모든 사람의 영이 죽었다. 그러나 예수 그리스도 안에 있는 모든 사람은 살았다. 이들한테는 '살리는 것은 영이니 육은 무익하니라 내가 너희에게 이른 말이 영이요 생명이라(요6;63)' 믿음이 들어있기 때문에 살려주는 영이 들어 있다.

이들이 첫째 부활이다. 이십사 장로와 네 생물들은 영계에 소속된 하나님의 종들이다. 따라서 우리도 어떻게 하면 주님을 모시고 그의 나라와 그의 의를 구할까만 염원해야 한다. 우리의 장막집이 이 땅에서는 곧 몸이다. 그러므로 우리가 말씀을 받으면 하늘에 있는 영원한 집에 있는 거나 마찬가지다. 따라서 말씀 안에 거하면 우리한테 항상 영이 따라 붙는다

> 만일 땅에 있는 우리의 장막집이 무너지면 하나님께서 지으신 집 곧 손으로 지은 것이 아니요 하늘에 있는 영원한 집이 우리에게 있는 줄 아나니(고후5;1)

이와 같이 하늘에 있는 영원한 집이 우리 심령 안에 있는 것을 믿음(말씀)으로 느껴져야 한다. 하나님은 영이시기 때문에 몸을 입고 있는 우리를 천사(영)를 들어 사용하신다. 성도라면 하늘의 영과 함께 하는 것을 인식하고 살아야 우리를 도와주고 있는 영을 믿음으로 깨닫게 된다. 따라서 육신은 비록 이 땅에 머물러 있더라도 우리의 영혼은 영원한 집에 있다는 것을 알아야 한다. 그러한 깨달음을 얻은 자들만이 하나님께 경배와 찬송을 드릴 수 있다. 그러기에 첫째 부활에 참예하는 자가 부활의 자녀로서 복이 있다. 그들은 육신의 생각으로 사는 게 아니고 영의 생각으로 살기 때문이다.

> 저희는 다시 죽을 수도 없나니 이는 천사와 동등이요 부활의 자녀로서 하나님의 자녀임이니라(눅20;36)

그러므로 혼인잔치에 청함을 입은 처녀는 육적 처녀가 아닌 그리스도의 말씀으로 깨끗케 된 처녀다. 그러기 때문에 혼인잔치에 등불을 준비한 정결한 다섯 처녀는 신랑예수 따라 올라가고 다섯 처녀는 그대로 있다. 따라서 다른 걸로는 깨끗케 될 수가 없고 '너희는 내가 일러준 말로 이미 깨끗하였으니(요15;3)' 오직 말씀

으로만 깨끗케 되어야 신랑의 씨를 받을 수 있다. 따라서 혼인잔치에 청함을 입은 자들이 천국잔치에 초대된 자들이다. 이들이 바로 하나님의 말씀으로 거듭난 하나님의 아들들로 하나님의 말씀 외에 다른 것을 섞지 않는 '너희에게 아직 빛이 있을 동안에 빛을 받으라 그리하면 빛의 아들이 되리라(요12;36)' 이와 같이 빛의 아들들이다. 하나님 자체가 빛이고 '우리가 저에게서 듣고 너희에게 전하는 소식이 이것이니 곧 하나님은 빛이시라 그에게는 어두움이 조금도 없으시니라(요일1;5)' 따라서 예수님이 참 빛이다.

> 참 빛 곧 세상에 와서 각 사람에게 비취는 빛이 있었나니. 영접하는 자 곧 그 이름을 믿는 자들에게는 하나님의 자녀가 되는 권세를 주셨으니(요1;9.12)

이와 같이 예수님의 말씀이 믿어지면 빛의 아들들이 된다. 그러나 마음이 어두워지면 육신의 생각이 들어온다. 육신의 생각 자체가 어둠이기 때문에 여기에 빛이 들어가면 어두움은 자동으로 물러간다. 즉 그리스도의 말씀의 빛이 비취면 어둠이 물러가므로 낮의 아들이 된다.

> 형제들아 너희는 어두움에 있지 아니하매 그날이 도적같이 너희에게 임하지 못하더니. 너희는 다 빛의 아들이요 낮의 아들이라 우리가 밤이나 어두움에 속하지 아니하나니(살전5;4-5)

심령에 그리스도의 말씀이 거한 사람한테는 예수님이 도적같이 오시지 못하다. 그런데 다 도적같이 오신다고 했다. 이는 육신에 처해 있으면 어둠에 가려 도적같이 오시는 주님을 알아보지 못하지만 빛의 아들들은 밤이나 어둠에 속하지 않기 때문에 주님이 오시면 바로 맞이하게 된다.

따라서 성경 전체는 구약에 기록된 대로 예수께서 이 땅에 오셨고 기록된 대로 죽으셨으며 기록된 대로 부활하셨다. 이 모든 것이 하나님의 참되신 말씀에 의해 기록된 것이다. 그러기에 하나님의 종들이 그 발 앞에 엎드려 하나님의 통치에 관한 경배를 하고 있는 거다.

> 내가 그 발 앞에 엎드려 경배하려 하니 그가 나더러 말하기를 나는 너와 및 예수의 증거를 받은 네 형제들과 같이 된 종이니 삼가 그리하지 말고 오직 하나님께 경배하라 예수의 증거는 대언의 영이라 하더라.(계19;10)

따라서 요한이 천사로부터 예언의 말을 들은 후 천사에게 엎드려 경배를 했다. 그랬더니 천사가 '나도 너와 같은 종이니 그렇게 하지 말라 오직 경배는 하나님께만 드려라' 하고 요한의 행동을 말린다.

오늘날도 말씀을 전하는 목사들이나 헌금을 많이 하는 장로들이나 오지에서 고생하는 선교사들이 성도들한테 경배에 버금가는 대우를 받고 있다. 어떤 교회는 목사가 거의 우상처럼 숭앙을 받고 있다. 목사는 단지 말씀을 대언하는 역할만 하는 사람임에도 불구하고 목사의 기도가 뭔가 능력이 있어 보여 문제 해결을 해줄 것 같은 착각들은 한다. 그러기 때문에 무슨 일이 생기면 하나님께 간구하는 것이 아니라 목사에게 안수를 받으러 쫓아다닌다.

따라서 여기서도 천사가 왜 자기에게 경배하면 안 되는가를 '나도 너와 똑같이 하나님의 종이기 때문이다'라고 이렇게 정확하게 지적하고 있다. 따라서 '예수의 증거'는 하나님의 도구로 부름을 받은 나를 통해 성령께서 하시는 일이기 때문에 목사가 경배 받을 이유가 하나도 없다. 나도 예수 그리스도를 증거하는 종에 불과하며 심지어 그 예수 그리스도를 증거하는 것도 오직 대언의 영 즉 성령께서 하시는 것이니까 내가 경배 받을 이유가 전혀 없다는 이유를 요한이 이렇게 설명한 거다.

예언의 영이 바로 성령이다. 목사가 사람들로부터 숭배를 받는 것은 어떤 의미에서 하나님께 돌아가야 할 경배를 목사가 가로채는 무서운 죄에 해당될 수 있다. 그러기에 하나님께서 우리 안에 있는 불의함과 악한 것들을 잘라내느라 간혹 우리가 이해할 수 없는 일들을 우리의 삶 속에서 수시로 일어나게 한다. 그런데도 우리가 진심으로 하나님을 경배하고 찬송할 수 있겠는가?

그러나 사도바울은 로마의 감옥에서 빌립보 교회들한테 편지 쓰기를 지금은 비록 감옥 안에 갇혀 있지만 어떻게 보면 그것이 예수 그리스도를 더욱 더 편만하게 복음을 전파 하는데 도움이 될 수 있고, 동시에 그 상황이 자신의 구원에 완성이 되는 것을 알기 때문에 그래서 기뻐한다고 썼다

욥도 마찬가지다. 그의 친구들이 욥한테 '네가 하나님 앞에서 죄를 지어서 그런 고난을 받는 것'이라고 지탄을 했을 때, 하나님께서 나를 죽이신다고 하여도 나는 잃을 것이 없다고 했다. 그러니까 주신 분도 하나님이요, 거두어 가시는 분도 하나님이시기 때문에 자기는 잃을 것이 없다는 말이다. 그러면서 욥은 그러한 자신의 상황이 자신의 불경건함과 때를 제거하고 자신의 구원에 도움이 되는 것이라는 위대한 고백을 덧붙였다. 그러니까 욥은 그러한 자신의 상황은 하나님께서 자신의 불경건함과 때를 제거하시고 온전한 구원을 이루시기 위해 주신 것이라고 친구들에게 얘기했다. 바울도 욥의 고백을 인용해서 자신의 처지를 오히려 기뻐하며 그러한 상황을 허락하신 하나님을 찬송하고 있다고

한 거다. 그러므로 하나님의 백성이라면 대언의 영만 해야 한다. 성경에 기록된 대로만 말하고 기록된 대로만 전해야 하나님이 기뻐하신다. 성경말씀과 세상 것이 섞이면 그게 바벨이다.

2. 백마를 탄자

> 또 내가 하늘이 열린 것을 보니 보라 백마와 탄자가 있으니 그 이름은 충신과 진실이라 그가 공의로 심판하여 싸우더라.(계19;11)

말은 사명자다. '하늘이 열린 것' 은 하늘의 영계가 보이는 거다. 따라서 하늘의 이상은 크게 세 가지다. 하나님의 이상이 있고, 교회에 유다와 예루살렘의 이상이 있고, 바벨론의 이상이 있다. 하나님께서는 먼저 요한한테 이러한 이상을 보여주고 또 하나를 가르쳐 주신 것이 '그 머리와 털의 희기가 흰 양털 같고 눈 같으며 그의 눈을 불꽃같고(계1;14)' 거룩하고 진실하신 다윗의 열쇠를 가지신 이를 가르쳐 준 거다.

> 빌라델비아 교회의 사자에게 편지하기를 거룩하고 진실하사 다윗의 열쇠를 가지신 이 곧 열면 닫을 사람이 없고 닫으면 열 사람이 없는 그이가 가라사대(계3;7)

다윗의 열쇠를 가지신 이가 바로 예수님이라는 사실을 '내가 또 다윗 집의 열쇠를 그의 어깨에 두리니 그가 열면 닫을 자가 없겠고 닫으면 열 자가 없으리라(사22;22)'의 이사야서를 들어 계시록 3장 7절에서 주지시켰다. 다윗의 열쇠가 지혜와 지식이다. 그러므로 그리스도의 영(말씀)과 함께 하면 하늘(영계)이 열린다.

> 진실로 진실로 너희에게 이르노니 하늘이 열리고 하나님의 사자들이 인자 위에 오르락내리락 하는 것을 보리라(요1;51)

하나님의 사자가 하나님이 부리는 천사(영)다. 그러므로 회개하고 죄사함을 받아 성령을 선물로 받으면 하나님의 영들이 자기 안에 오르락내리락 하는 것을 깨닫게 된다.

> 예수께서 세례를 받으시고 곧 물에서 올라오실쌔 하늘이 열리고 하나님의 성령이 비둘기같이 내려 자기 위에 임하심을 보시더니(마3;16)

즉 육신의 생각에서 돌이켜 말씀을 깨닫고 지성소에 올라가야 하늘이 열리면서 성령께서 깨닫게 하신다. 우리한테는 예수께서 휘장으로 하늘로 올라오는 길을 열어주셨다. 즉 하나님 앞으로 갈수 있는 길을 열어 놓으셨다.

따라서 백마는 사명자고 탄자는 하나님의 영이다.

그러므로 '하늘이 열린 것을 보니' 즉 하늘이 열렸다는 것은 하늘에 계신 하나님께서 교회한테 하실 일이 무엇인지를 밝히고 계신 거다. 공의로 심판하여 싸운다는 표현 자체가 하늘의 일과 땅의 일들, 즉 이 땅에서 성도가 겪고 있어야 할 현상들을 밝히 밝혀 하늘의 비밀들을 벗기시겠다는 표명이시다.

그러므로 '하늘이 열린다'는 대목이 4장 1절에서 '하늘이 열리고' 나서 일곱 인과 일곱 나팔의 환상이 나오고, 11장 19절에서 '하늘이 열리고' 12장부터 예수 그리스도의 초림으로부터 시작해서 전체 구속사가 설명되었다. 그리고 15장 5절에서 '하늘이 열리고' 일곱 대접의 재앙과 음녀 바벨론의 멸망이 등장했다. 다시 또 19장 11절에서 하늘이 열리면서 예수 그리스도의 마지막 전쟁이 등장한다.

이와 같이 계시록에서 '하늘이 열린다'는 말이 등장할 때마다 하나님의 재창조와 역 창조의 사역이 자세하게 설명되고 있는 것을 볼 수 있다. 즉 하늘의 비밀이 열리고 있는 거다. '하늘이 열린 곳'이 보이는 그곳이 지성소다. 그러므로 여기에는 백마와 탄자가 있다. 사역자들은 백마가 일을 하는 게 아니라 그 위에 탄자(사명자)가 하나님의 일을 하는데 그들이 충신과 진실이다.

지금 이 세상(교회)은 죄로 인해 점점 썩어 들어가고 있고 종말로 치닫고 있다. 따라서 이 종말로 치닫고 있는 역사 속에서 하나님께서 지금 이 땅에 무언가를 하고 계시다는 것을 보여주고 있다. 그게 충신과 진실이라는 이름을 가진 백마를 타신 분이다. 그가 공의로 심판하며 싸우고 있다. '충신'은 충성, 성실, 믿은 만한 것이라는 뜻이고 '진실'은 진리라는 뜻이다.

그러한 이름을 가진 분이, '라오디게아 교회의 사자에게 편지하기를 아멘이시오 충성되고 참된 증인이시오 하나님의 창조의 근본이신 이가 가라사대(계3;14)' 이신 바로 예수 그리스도시다. 따라서 백마(사역자)들이 일을 하는 게 아니라 탄자(하나님의 영)가 하는데 그들이 지성소에 거하고 있는 진실과 충신이다.

> 그 눈이 불꽃같고 그 머리에 많은 면류관이 있고 또 이름 쓴 것이 하나가 있으니 자기밖에 아는 자가 없고(계19;12)

이름은 이르신 말씀이다. 따라서 말씀 자체가 '내가 이에 보니 흰 말이 있는데 그 탄자가 활을 가졌고 면류관을 받고 나가서 이기고 또 이기려고 하더라(계6;2)' 이와 같이 예수님만 이기신다. 활이 말씀이다. 그러므로 전쟁터에서 활(말씀)을 가져야 영적 전쟁에서 이길 수 있음을 우회적으로 하나님의 말씀만이 이길 수 있음을 나타낸 거다. 그런데 이름 쓴 것이 하나가 있는데 이를 아는 자가 예수님 밖에 없다. 이를 알기 위해서는 내 생각 속에 예수님의 말씀이 기록되어 있어야 한다. 그래야 '그의 얼굴을 볼 터이요 그의 이름도 저희 이마에 있으리라(계22;4)' 이와 같이 볼 수 있어 영적 전쟁에서 이길 수 있다.

> 이기는 자는 이와 같이 흰 옷을 입을 것이요 내가 그 이름을 생명책에서 반드시 흐리지 아니하고 그 이름을 내 아버지의 앞과 그 천사들 앞에서 시인하리라(계3;5)

이기는 자는 흰옷을 입는데 흰 옷 자체가 성도들의 옳은 행실이다. 우리가 대화하는 모든 것들이 진실하고 충성될 때 우리의 이름이 생명책에 기록되게 된다. 그들이 진실한 청지기고 충신과 진실한 자기 때문에 반드시 지혜가 있다.

> 주께서 가라사대 지혜 있고 진실한 청지기가 되어 주인에게 그 집 종들을 맡아 때를 따라 양식을 나누어 줄 자가 누구냐(눅12;42)

지혜가 그리스도의 말씀이다. 양식은 영생양식이다. 거룩하고 진실하신 이가 예수님이기에 면류관 그 자체가 하나님의 백성들과 함께 하심을 나타낸 거다.

그러므로 말씀에 감동을 입고 예배를 드려야 믿음이 들어온다. 말씀에 감동을 입으면 영혼이 잘된 자가 되고 성경이 믿어지면 죄가 없어진다. 그들이 온전한 예배를 드리는 자다. 그러므로 이들은 육신의 생각으로 성경을 보지 않고 오직 성령으로 깨달음을 얻기 때문에 여호와로 인해 크게 기뻐할 수 있다.

내가 여호와로 인하여 크게 기뻐하며 내 영혼이 나의 하나님으로 인하여 즐거워하리니 이는 그가 구원의 옷으로 내게 입히시며 의의 겉옷으로 내게 더하심이 신랑이 사모를 쓰며 신부가 자기 보물로 단장함 같게 하셨음이라(사61;10)

예수님으로 인하여 크게 기뻐하는 자들은 영혼이 잘된 자들이라 이들은 뒤(세상)를 돌아보지 않고 이 세상의 복(물질의 풍요)를 바라보지 않으며 우상(탐심)을 따라가지 않는다. 성도가 그리스도의 말씀을 잃으면 영혼을 잃은 거나 마찬가지다.

그러나 나를 잃는 자는 자기의 영혼을 해하는 자라 무릇 나를 미워하는 자는 사망을 사랑하느니라(잠8;36)

'나'는 그리스도인데, 그리스도 자체가 지혜다. 그러므로 지혜 있는 자들이 영혼이 잘된 자들이다.

이로써 우리도 듣던 날부터 너희를 위하여 기도하기를 그치지 아니하고 구하노니 너희로 하여금 모든 신령한 지혜와 총명에 하나님의 뜻을 아는 것으로 채우게 하시고(골1;9)

지혜 있는 자들이 바로 하나님을 아는 것으로 채워지는 거다. 따라서 무지하면 사단한테 사로잡혀간다. 하나님을 알면 자기의 모든 죄는 십자가에 의해 도말 되므로 죄가 해결된다. 죄가 있다는 것은 예수를 믿지 않는 거다. 내 영혼이 반석위에 우뚝 서야 성경이 열리고 그리스도의 계시를 받을 수 있다.

그러므로 그리스도 예수 안에 있는 자는 택함을 받은 자들이고 지성소에 올라온 자들로서 흠이 없는 자들이다. 흠이 없다는 것은

'오직 흠 없고 점 없는 어린 양 같은 그리스도의 보배로운 피로 한 것이니라.(벧전1;19)' 이와 같이 피로 정결케 된 자들은 보배로운 존재기 때문에 모자람이 없다. 그 보배를 질그릇에 담은 그 자체가 보배로운 믿음을 가진 자들로 그들한테 큰 약속이 있다.

> 이로써 그 보배롭고 지극히 큰 약속을 우리에게 주사 이 약속으로 말미암아 너희로 정욕을 인하여 세상에서 썩어질 것을 피하여 신의 성품에 참예하는 자가 되게 하려 하셨으니(벧후1;4)

이들한테는 영원한 약속이 있다. 그게 신의 성품에 참예하는 자로 인정을 받는 하나님과의 큰 약속이다. 그 약속에 참예한 자가 지성소에 올라온 사람들로 이들한테는 지혜와 지식이 있고 하나님의 능력인 그리스도 예수라는 진주의 보배가 있다. 이런 자들은 피차에 여호와를 경외하는 말만 서로 나누게 된다.

> 그때에 여호와를 경외하는 자들이 피차에 말하매 여호와께서 그것을 분명히 들으시고 여호와를 경외하는 자와 그 이름을 존중히 생각하는 자를 위하여 여호와 앞에 있는 기념책에 기록하셨느니라(말3;16)

성도라면 이걸 깨달아야 한다. 우리가 지금 얘기하는 것을 하나님이 부리는 천천만만의 영들에 의해 하나도 빠짐없고 보고 받아 듣고 계신다는 사실이다. 성경은 일점일획도 틀림이 없기 때문에 말씀 자체를 심령에 새겨야 여호와 하나님을 온전히 경외할 수 있고 그분의 크신 은혜의 사랑을 깨달을 수 있다.

> 또 그가 피 뿌린 옷을 입었는데 그 이름은 하나님의 말씀이라 칭

하더라. 하늘에 있는 군대들이 희고 깨끗한 세마포를 입고 백마를 타고 그를 따르더라.(계19;13-14)

마지막 때에 심판주로 등장하시는 예수 그리스도의 이름이 '하나님의 말씀'이라는 이 한 구절에서 우리는 전체 성경의 내용을 함축해서 읽을 수 있다. 그야말로 창세기부터 요한계시록까지의 내용이 담겨있는 말씀이다.

지금 이 구절은 짐승이 잡히고 거짓선지자도 잡힌 상태에서 어린양과 하늘의 군대들이 희고 깨끗한 세마포를 입고 새로운 세계를 구축해 나가는 거다. 그게 혼인잔치다. 따라서 피 뿌린 옷은 하나님의 말씀의 옷이다. 하늘에 있는 군대들이 영들인데 하나님은 이 영들을 타고 일을 하신다. 그런데 그들이 희고 깨끗한 세마포의 옷을 입고 누군가를 따르고 있다. 그 세마포가 '누구든지 그리스도와 합하여 세례를 받은 자는 그리스도로 옷 입었느니라(갈3;27)' 세례를 받고 죄사함을 받은 자들이 입는 옷이다. 그 사람들이 '하나님을 따라 의와 진리와 거룩함으로 지으심을 받은 새 사람을 입으라(엡4;24)' 이와 같이 하나님의 의에 따라 거듭난 새 사람들이다.

이들이 또한 새로운 피조물이다. 베드로, 요한 야고보는 구름 속으로 그리스도와 함께 올라갔다. 즉 의와 진리와 거룩함으로 지으심을 받은 사람들이다. 그러므로 우리도 우리의 정신(영)이 구름 속(지성소)으로 올라가야 한다. 우리의 영혼이 지성소로 올라가면 모세오경도 알고 구약의 선지자들도 전부 만날 수 있다. 그러므로 말씀의 빛을 입고 따라 올라가야 한다. 따라서 예수 그리스도의 이름이 '태초에 말씀이 계시니라 이 말씀이 하나님과 함께 계셨으니 이 말씀은 곧 하나님이시니라(요1;1)' 이와 같이 하나님의 말씀이다.

지금 요한은 예수 그리스도가 태초부터 계셨고 그분은 말씀이시며 또한 하나님이시다 라고 것을 '말씀'이란 단어 속에서 온 우주를 창조하신 예수님을 묘사하고 있다. 이 우주의 질서를 만드시고 그 모든 것들을 합리적으로 운행하시는 분으로 '말씀이 육신이 되어 우리 가운데 거하시매 우리가 그 영광을 보니 아버지의 독생자의 영광이요 은혜와 진리가 충만하더라(요1;14)' 이와 같이 표현했다.

말씀과 육신은 완전히 상극인데 그 말씀이 육신이 되셨다는 관점에서 보면 전혀 다른 논지를 전개하고 있다. 요한은 '말씀'이라는 단어를 차용해서 예수 그리스도의 신적 기원에 대해 강하게 어필한 후에 그러나 요한이 말하고 있는 그분은 말씀이 아니고 인간으로 오신 하나님이시라는 것을 설명해 가고 있는 거다. 그래서 요한은 '말씀'이란 단어를 그가 기록하는 책마다 쓰고 있다.

> 태초부터 있는 생명의 말씀에 관하여는 우리가 들은 바요 눈으로 본 바요 주목하고 우리 손으로 만진 바라(요일1;1)

이렇게 요한이 그리스도를 가리켜 '말씀'이라 하는 단어가 계시록에서는 마지막 종말의 부분에 차용하여 쓰고 있다. 따라서 요한복음과 요한일서에서 '태초에 계신 말씀'이고 계시록에서는 '마지막 때의 말씀'이다.

그 말은 태초부터 계셨던 말씀이 마지막까지 계시더라는 뜻이다. 그러니까 우리는 이 우주의 시작과 끝이 그 말씀에 의해 시작되고 그 말씀에 의해 종결이 되는 것을 알 수 있다. 이는 태초부터 있었던 '하나님의 말씀'이 다른 말로 하나님의 계획, 하나님의 뜻이 예수 그리스도에 의해 성취되고, 또한 성취되었고 앞으로도 성취될 것이다. 그 말씀은 우리가 하나님의 처소가 되고 하나님이 우리의 처소가 되는 것을 확정된 목표지점으로 하고 있다는 뜻이다. 즉 우리가 그 삼위일체의 하나님의 관계 속으로 들어가게 된다는 의미다. 따라서 하나님의 말씀은 창세전부터 우리를 하나님의 창조의 목적으로 계획되었고, 그 계획이 예수 그리스도라는 이름의 '충신과 진실'로서 이게 바로 '자기 밖에 아는 자가 없는 이름'이었음을 '하나님의 말씀'이라는 단어로 함축해 놓은 거다.

> 그의 입에서 이한 검이 나오니 그것으로 만국을 치겠고 친히 저희를 철장으로 다스리며 또 친히 하나님 곧 전능하신 이의 맹렬한 진노의 포도주 틀을 밟겠고.(계19;15)

검은 하나님의 말씀이다. '구원의 투구와 성령의 검 곧 하나님의 말씀을 가지라(엡6;17)' 하나님의 말씀으로 치는 거다. 포도주 틀이 짐승들이다. 말씀으로 짐승들을 잡는 거다, 짐승을 잡으려면 기도의 자세가 먼저 만들어져야 한다, 기도는 마태복음 6장에서 예수님이 가르쳐주신 기도에 대한 올바른 지식들이다. 따라서 그리스의 말씀과 함께 해야 짐승들을 이길 수 있다. 그 말씀이 철장이다. 철장권세가 '그가 철장을 가지고 저희를 다스려 질그릇 깨뜨리는 것과 같이 하리라(계2;26)' 이같이 예수님이시다. 그러므로 말씀으로 다스림을 받아야 짐승을 이길 수 있다.

하늘에 있는 것이나 땅에 있는 것들이 모두 그리스도의 다스림을 받는 그리스도의 나라 안으로 들어와 그 안에서 통일이 되는 것이 하나님의 영원하신 계획이다. 하나님의 영원하신 계획은 창세전에 성자 하나님과의 언약으로 시작이 되었고 성자 하나님은 이 땅에 인간 예수로 오셔서 그 언약을 지켜 내셨다. 그러므로 그리스도 말씀 안에 거해야 맹렬한 진노의 심판을 피할 수 있다. 성도는 그 하나님의 영원하신 계획이 십자가로 말미암아 영적으로 이미 완성이 되었다는 것을 믿어야 그리스도 안에서 죽은 자들 가운데서 다시 살리시는 하나님의 역사를 체험할 수 있다.

> 그 능력이 그리스도 안에서 역사하사 죽은 자들 가운데서 다시 살리시고 하늘로서 자기의 오른편에 앉히사. 모든 정사와 권세와 능력과 주관하는 자와 이 세상뿐 아니라 모든 세상에 일컫는 모든 이름 위에 뛰어나게 하시고. 또 만물을 그 발아래 복종하게 하시고 그를 만물 위에 교회의 머리로 주셨느니라(엡1;20-22)

이렇게 하나님은 이미 만물을 우리 주님의 발아래 복종시키셨다. 하나님은 바로 이 계획을 완성하시기 위해 천지를 창조하시고 인간을 창조하셨다. 예수 그리스도로 말미암아 이 하나님의 영원하신 계획이 완벽하게 이루어지게 될 것임을 미리 보여 주신 거다.

> 내가 너로 여자와 원수가 되게 하고 너의 후손도 여자의 후손과 원수가 되게 하리니 여자의 후손은 네 머리를 상하게 할 것이요 너는 그의 발꿈치를 상하게 할 것이니라 하시고(창3;15)

하나님은 이미 죄와 여자와 뱀을 원수로 만들어 버리시겠다고 공언하셨다. 이 말은 둘 중에 하나는 여자의 후손을 통해 내 편으로 만드시겠다는 복된 은혜의 언약이다.

> 그 옷과 그 다리에 이름 쓴 것이 있으니 만왕의 왕이요 만주의 주라 하였더라. 또 내가 보니 한 천사가 해에 서서 공중에 나는 모든 새를 향하여 큰 음성으로 외쳐 가로되 와서 하나님의 큰 잔치에 모

여.(계19;16-17)

만왕의 왕, 만주의 주는 종말에 나타난 예수 그리스도의 이름이다. 이는 통치자, 다스리는 자, 주인이란 뜻이다. 해는 하나님이다. 하나님의 큰 잔치에는 자기소와 살찐 소를 잡아 놓고 벌이는 심판과 구원이다. '내가 오찬을 준비하되 나의 소와 살진 짐승을 잡고 모든 것을 갖추었으니 혼인잔치에 오소서 하라 하였더니(마22;4)' 짐승들을 증거의 말씀으로 잡아 놓고 오게 하는 잔치다. 즉 배도와 멸망과 구원이 무엇인가를 알아야 혼인잔치의 진위를 깨달을 수 있다.

> 형제들아 우리가 너희에게 구하는 것은 우리 주 예수그리스도의 강림하심과 우리가 그 앞에 모임에 관하여. 혹 영으로나 혹 말로나 혹 우리에게서 받았다하는 편지로나 주의 날이 이르렀다고 쉬 동심하거나 두려워 하거나 하지 아니할 그것이라(살후2;2-3)

그러므로 하나님의 잔치에 모이려면 마음이 쉬이 움직이면 안 된다. 따라서 먼저 배도(바벨교회)하는 일이 있다. 그리고 하나님을 배반하고 거역한 배도한 사람들을 잡아먹는 멸망(이단)하는 자(신천지)들이 나타난다. 이를 정확하게 깨달아야 혼인잔치의 의미가 무엇인지를 깨우칠 수 있다.

하나님은 아담과 하와의 타락을 통해 하나님 나라를 예수 그리스도의 십자가를 통해 완성하실 거라는 것을 미리 계획하고 계셨다. 이 계획이 2000년 전 십자가에서 영적으로 이미 완성이 되었다. 그리고 계시록 19장에서 가시적으로 완성이 된 것이다. 그분이 만왕의 왕이요, 만주의 주로 언약의 완성장면을 보여 주었다. 아담이 실패한 '하나님이 그들에게 복을 주시며 그들에게 이르시되 생육하고 번성하여 땅에 충만하라, 땅을 정복하라, 바다와 고기와 공중의 새와 땅에 움직이는 모든 생물을 다스리라 하시니라(창1;28)'의 명령을 예수 그리스도께서 십자가 안에서 완성해 내신 것이다. 이게 바로 복음이다.

> 왕들의 고기와 장군들의 고기와 장사들의 고기와 말들과 그 탄자들의 고기와 자유한 자들이나 종들이나 무론대소하고 모든 자의 고기를 먹으라 하더라(계19;18)

한 천사가 공중의 모든 새들에게 큰 음성으로 외친다. 모든 자의 고기를 먹으라고 한 것은 짐승들이 모두 죽었다는 뜻이다. 고기 자체가 죽었다는 의미를 지니고 있다.

> 너 인자야 나 주 여호와가 말하노라 너는 각종 새와 들의 각종 짐승에게 이르기를 너희는 모여 오라 내가 너희를 위한 잔치 곧 이스라엘 산 위에 예비한 큰 잔치로 너희는 사방에서 모여서 고기를 먹으며 피를 마실찌어다(겔39;17)

이와 같이 고기가 일곱 머리 열 뿔인 멸망자들의 심판을 뜻한 거다.

> 그들의 말이 집 건축할 때가 가깝지 아니한즉 이 성읍은 가마가 되고 우리는 고기가 된다 하나니. 이 성읍 중에서 너희가 살륙한 시체는 그 고기요 이 성읍은 그 가마려니와 너희는 그 가운데서 끌려 나오리라. 이 성읍은 너희 가마가 되지 아니하고 너희는 그 가운데 고기가 되지 아니할찌라 내가 너희를 이스라엘 변경에서 국문하리니(겔11;3.7.11)

교회가 가마(솥)를 걸어 놓고 교인들을 달달 볶아 먹고 있다, 지금도 수많은 교회에서 성경말씀 갖고 다 뜯어 먹고 있다. 즉 영혼을 삶아 먹는 거다. 피가 교리다. 짐승의 피(거짓 교리)를 먹으면 안된다. 성도는 예수님의 피와 살만 먹어야 한다. 그리고 새가 영이다. 각종 영(새)들이 고기를 먹는데 그 새가 먹는 고기가 짐승과 거짓선지자들과 그리고 남아 있는 모든 고기(영적으로 죽은 자들)들이다. 즉 사단들의 심판을 고기로 표현하여 모두 죽게 됨을 뜻한 거다.

3. 유황 불못의 짐승들

> 또 내가 보매 그 짐승과 땅의 임금들과 그 군대들이 모여 그 말 탄자와 그의 군대로 더불어 전쟁을 일으키다가.(계19;19)

말 탄자가 사명자다. 그 사명자의 입에 충신과 진실이 있다. 그러므로 그들의 입에는 거짓말이 없다. 그러나 이 세상은 입만 열었다 하면 온통 거짓말투성이다. 또한 용의 입과 짐승의 입과 거짓선지자의 입에는 전부 사람을 미혹하는 꾀는 말뿐이다. 따라서 짐승(사단)과 땅(백성)의 임금(목사)들과 그 군대들이 전부 사단의 조직체들인데 이러한 짐승들이 하나님의 사명자들과 전쟁을 일으키기 위해 군대를 모으고 있으나 지금은 마지막 때가 되어 다 잡혔다. 그러므로 육신의 생각에서 벗어나 내 영혼이 지성소에 올라와 있어야 이들과 싸워 이길 수 있다. 그러면 마지막 때가 되어도 두려움이 없다. 교회가 심판의 때를 알지 못하면 노아의 홍수 때처럼 도적같이 오시는 예수님을 맞이할 수 없다.

홍수 전에 노아가 방주에 들어가던 날까지 사람들이 먹고 마시고 장가들고 시집가고 있으면서. 홍수가 나서 저희를 다 멸하기까지 깨닫지 못하였으니 인자의 임함도 이와 같으리라. 그때에 두 사람이 밭에 있으매 하나는 데려감을 당하고 하나는 버려둠을 당할 것이요.(마24;38-40)

홍수는 많은 물 위에 앉은 음녀(교회)라고 생각하면 된다. 깨닫지 못하면 홍수로 다 멸절 당한다. 그러므로 '주의 의(義)' 속에 율례, 말씀, 생명이 있다. 그 말씀이 들어오면 의가 있고, 마음에 들어오면 주의 뜻이 이루어지는 자다.

예수님도 하나님의 뜻을 이루시기 위해 이 땅에 오셨다. 성도는 하나님의 뜻을 행하는 그 믿음을 가져야 한다. 깨닫지 못하니까 이성 없는 짐승이 되어 버린다. 짐승이 되면 전부 유황불(사단의 교리) 못(교회)에 버려진다.

짐승이 잡히고 그 앞에서 이적을 행하던 거짓 선지자도 함께 잡혔으니 이는 짐승의 표를 받고 그의 우상에게 경배하던 자들을 이적으로 미혹하던 자라 이 둘이 산 채로 유황불 못에 던지우고.
(계19;20)

지금이 마지막 시대라 일곱 머리 열 뿔의 짐승들이 증거의 말씀으로 다 잡힌다. 거짓선지자도 함께 잡히는데 '잡혔으니'가 바로 증거의 말씀으로 잡는 거다. 우상이 탐심으로 거짓 스승(거짓 선지자)이다. 이들한테의 우상은 그들만의 교리다. 거짓 교리로 교인들을 미혹하고 이적으로 돈을 버는 행위가 우상이다.

사람의 마음이 마귀의 생각이다. 그러기에 모든 사람은 거짓말장이다. 말에 거짓이 타면 거짓말만 하나 여기에 진리가 타면 거듭나게 되어 진리의 말만 하게 된다. 물과 성령으로 거듭난 사람들만이 충신과 진실이 된다. 그들만이 영혼이 깨끗하여 주님의 말씀만 대언한다. 그러므로 교회에서 성경 갖고 거짓말 하면 전부 사탄이다. 따라서 하나님 말씀과 이 세상 말이 섞인 것이면 그게 음녀다. 많은 물 위에 앉은 음녀들을 심판하는 장면을 보면서 성도는 속히 방주(예수 그리스도) 안으로 들어가야 한다. 따라서 짐승의 표가 '누구든지 이 표를 가진 자 외에는 매매를 못 하게 하니 이 표는 곧 짐승의 이름이나 그 이름의 수라. 지혜가 여기 있으니 총명 있는 자는 그 짐승의 수를 세어보라 그 수는 사람의 수니 육백육십륙이니라(계13;17-18)' 바로 사단의 세력들이다.

지금 그 일곱 머리 열 뿔인 신천지가 잡혔다. 모든 교회들 중에서 유독 신천지만 자기들의 표가 있어야 들어간다. '표'는 짐승의 소속이라는 것을 나타내는 증표다. 따라서 매매는 말씀을 사고파는 것을 나타내는데 이게 바로 일곱 머리 열 뿔을 가리키는 신천지를 나타낼 뿐만 아니라 개구리 같은 세 더러운 영들을 뜻하기도 한다. 산채로 유황불 못에 던지는 것 자체가 그들의 교리로 교회가 지금 죽어가는 것을 이와 같이 표현했다. 따라서 사람의 인을 맞으면 심판이나 하나님의 인을 맞으면 구원과 영생이다. 그러므로 하나님께 속한 자만 '그의 증거를 받은 이는 하나님을 참 되시다하여 인쳤느니라(요3;33)' 이와 같이 인침을 받는 거다. 따라서 짐승을 전부 말씀으로 잡는 거다.

> 그 나머지는 말 탄자의 입으로 나오는 검에 죽으매 모든 새가 그 고기로 배불리우더라.(계19;21)

따라서 탄자(진리의 영)의 입에서 이한 검(하나님의 말씀)이 나오므로 짐승과 거짓선지자들이 전부 잡힌다. 이 검(말씀)은 영과

혼과 및 관절과 골수까지 뚫고 들어가는 힘이 있다. 그러므로 그 검에 의해 죽은 고기(영적시체)들이 모든 새(악령)의 먹이감이 되고 있다. 또한 짐승뿐 아니라 나머지까지 다 죽었다. 즉 만국(교회)이 전부 멸망한 거다. 새가 고기(영적으로 죽은 자)를 배불리 먹는 사건이 바로 십자가의 성취가 이루어진 거다.

따라서 육신의 생각으로 따라가는 자들은 전부 바벨론(우상)과 짐승(뱀)한테 가는 거다. 아울러 계시록에서 반복해 등장하고 있는 마지막 재앙과 바벨론의 멸망, 그리고 아마겟돈 전쟁과 곡과 마곡의 전쟁은 모두 같은 전쟁을 다른 관점에서 설명하면서 거기서 회개하라는 거다. 하나님을 섬긴다는 종들이 하나님께 불순종하고 자기의 힘으로 교인들의 삶을 책임지겠다고 나선 것 그 자체가 영적 전쟁의 시작이다. 아울러 지금도 땅으로 쫓겨난 사단들이 에덴동산에 세워진 다스림과 순종의 질서를 무너뜨리고자 우는 사자처럼 교회를 공격하고 있다. 그러기에 영적 전투의 현장은 지금도 치열할 수밖에 없다. 결국엔 성도 안에 남아 있는 그 더러운 것들을 새가 뜯어 먹게 만들어 다 전멸시키고 나서 성도들을 다시 정금같이 단련해 내실 것을 예언한 것이 계시록 19장이다.

20장
교회시대와 백 보좌 심판

1. 일천년 동안 결박당하는 신천지

> 또 내가 보매 천사가 무저갱 열쇠와 큰 쇠사슬을 그 손에 가지고 하늘로서 내려와서.(계20;1)

교회에 잠식하고 있는 용을 하늘에서 내려와서 잡는 사건이다. 무저갱은 밑이 없는 구덩이다. 그러므로 아무리 하나님의 말씀을 증거 해도 밑 빠진 웅덩이라 그대로 다 흘러 버린다. 쇠사슬은 금속으로 만들어져 단단하다. 이것으로 묶으면 꼼짝 못하게 된다. 쇠사슬이 말씀이다.

> 또 나를 위하여 구할 것은 내게 말씀을 주사 나로 입을 벌려 복음의 비밀을 담대히 알리게 하옵소서 할 것이니. 이 일을 위하여 내가 쇠사슬에 매인 사신이 된 것은 나로 이 일에 당연히 할 말을 담대히 하게 하려 하심이니라(엡6;19-20)

누구든 매인 거나 다름이 없다. 쇠사슬에 매이는 이유가 '여러 가지 고운 말로 혹하게 하며 입술의 호리는 말로 꾀므로(잠7;21)' 이와 같이 꾀임을 받기 때문이다. 왜 매이는가? 음녀(교회)나 애굽(세상) 사람들이 탐심(육신의 생각)으로 꾀기 때문이다. 그러므로 하나님의 말씀을 거역하면 '사람이 흑암과 사망의 사람이 흑암과 사망의 그늘에 앉으며 곤고와 쇠사슬에 매임은(시107;10)' 이와 같이 쇠사슬에 매인다. 성도는 사단의 미혹에 넘어가면 안 된다. 따라서 하나님의 말씀으로 용(사단)의 머리를 묶는 것이 2절이다.

> 용을 잡으니 곧 옛 뱀이요 마귀요 사단이라 잡아 일천 년 동안 결박하여(계20;2)

옛 뱀이 교회에 있는 '뱀들아 독사의 새끼들아 너희가 어떻게 지옥의 판결을 피하겠느냐(마23;33)' 이와 같이 서기관과 바리새인(목사)들이다. 용(사탄)이 짐승한테 권세를 주었다. 용은 온 천하를 잘못되게 꾀는 사단의 세력인데 2절에서 잡는다. 특히 신천지는 지금 하나님께서 무저갱에 던져 일천년 동안 결박하여 가둬놓은 상태라 앞으로 교회를 미혹하지 못한다. 용(사단)도 사람을 들어 세상을 미혹하게 하고 하나님도 선지자나 사도들을 들어 역사하신다. 따라서 주님의 종들은 말씀(성령)을 통해 하나님의 뜻을 전하는 거라 대언만 한다. 그러나 사단은 육신의 생각으로 사람을 꾀기 때문에 이들한테 속지 않으려면 하나님의 말씀(씨)만 심어야 한다. 따라서 어느 씨(말씀)를 심령 안에 심느냐가 가장 중요하다.

> 여호와께서 가라사대 보라 내가 사람의 씨와 짐승의 씨를 이스라

엘 집과 유다 집에 뿌릴 날이 이르리니(렘31;27)

이와 같이 하나님께서 이스라엘(교인) 집과 유다(교회) 집에 짐승의 씨와 사람의 씨를 뿌려 놓으셨다. 이성 없는 짐승이 사단의 씨고, 사람의 씨는 '씨는 하나님의 말씀이요(눅8;11)' 이같이 하나님의 말씀이다. 우리의 심령 안에 하나님의 말씀의 씨가 들어가면 하나님의 사람으로 바뀌어 지고, 육신의 생각에서 영의 생각으로 돌아선다. 그렇지만 사단마귀는 교인 하나를 얻기 위해 바다와 육지를 두루 다니다가 생기면 그들을 지옥자식으로 만들어 버린다. 그러기 때문에 교회시대인 일천년 동안 만국(교회)을 미혹하지 못하도록 무저갱에 가두어 두는 거다. 즉 쇠사슬(말씀)로 용(사단)을 잡는 거다. 원래는 교회들이 마귀의 쇠사슬에 메였다가 여기에 하나님의 생기(말씀)가 들어가자 다시 하나님께 사로 잡힌 자가 된 거다. 그러기에 이들이 용(사단)을 보고 그야말로 "용용죽겠지?" 하고 조롱할 수 있는 거다. 따라서 시대마다 뱀, 사단, 마귀, 용 등을 사역적 명칭으로 사용한다. 사단마귀의 사명은 교회를 꾀는 거다.

큰 용이 내어 쫓기니 옛 뱀 곧 마귀라고도 하고 사단이라고도 하는 온 천하를 꾀는 자라 땅으로 내어 쫓기니 그의 사자들도 저와 함께 내어 쫓기니라(계12;9)

이와 같이 사단마귀가 인간의 마음속에 들어가 사람의 영혼을 꾄다. 이들한테 꾀임을 받는 이유는 마음속에 탐심이 들어 있기 때문이다. 그러므로 첫째 부활에 참여했다고 하면 사단의 꾀임을 받으면 안된다. 교회가 아담의 세계이다. 따라서 '아담 안에서 모든 사람이 죽은 것같이 그리스도 안에서 모든 사람이 삶을 얻으리라(고전15;22)' 그리스도 안에서 영이 살아 있어야 삶을 얻는다. 그러므로 내 영혼이 그리스도 안에 있는가, 없는가를 살펴야 한다. 이는 육이 사는 게 아니라 내 정신(영)이 사는 거다. 내 영이 그리스도 안에서 살아 있어야 산자가 된다.

> 나는 아브라함의 하나님이요 이삭의 하나님이요 야곱의 하나님이로라 하신 것을 읽어 보지 못하였느냐 하나님은 죽은 자의 하나님이 아니요 산자이 하나님이시니라 하시니(마22;32)

하나님은 그리스도 예수 안에 있는 하나님이시다. 그러기에 주님과 아버지는 하나시다. '평안의 매는 줄로 성령의 하나 되게 하신 것을 힘써 지키라(엡4;3)'

이와 같이 성도도 그리스도의 말씀과 하나가 되어야 산자가 된다. 영이 살아 있어야 하나님께 영광을 돌릴 수 있지 그렇지 못하면 하나님께 영광을 돌리지 못한다.

> 무저갱에 던져 잠그고 그 위에 인봉하여 천 년이 차도록 다시는 만국을 미혹하지 못하게 하였다가 그 후에는 반드시 잠간 놓이리라.(계20;3)

무저갱은 밑 빠진 웅덩이라 아무리 말씀을 주어도 그 말씀이 밑으로 다 빠진다. 그래서 하나님께서 이들을 잡으시는 거다. 이 세상(교회) 속에는 세 가지의 사람들이 있다. 용의 입과 짐승의 입과 거짓 선지자들이다. 이 땅에 더러운 세 가지의 영들을 말씀으로 다 잡아 무저갱에 가둔다.

입은 사명이다. 만국(수많은 교회)이 용한테 권세를 받아 짐승(거짓선지자)의 소속들이 교회를 미혹할 것을 말씀 하셨다. '거짓

선지자가 많이 일어나 많은 사람을 미혹하게 하겠으며(마24;11)' 따라서 교회가 이 땅의 것을 증거 하면 위증이다. 설교단상에서 하나님의 말씀과 육신의 생각이 조금이라도 섞으면 무저갱에 갇힌다. 그러기 때문에 사단이 천년동안 무저갱에 던져지게 되는 모습이 등장하는 거다.

천년은 우리가 지금 살고 있는 말세의 기간이다. 이 말세의 기간이 성도한테는 예수 그리스도와 함께 하늘의 왕 노릇하는 기간이기도 하지만 그에 앞서 그러한 하늘의 왕 노릇을 잘 감당할 수 있도록 성도의 성숙과 양육을 위한 기간이기도 한다. 그래서 하나님께서 때론 고난도 허락하신다. 그 고난 중에 하나가 바로 영적전쟁에서의 치열한 자기와의 싸움이다.

그러므로 곳곳에 성도를 미혹하는 사단의 세력들이 호시탐탐 교회들을 노리고 있다. 용의 세력들을 포함한 거짓선지자들의 정체가 우상(탐심)을 섬기게 하는 사단의 총칭들로 육백육십륙이다, 이걸 잡아놓고 19장에서 어린양의 혼인 잔치가 벌어진 거다. 잔치에는 술과 고기가 있어야 한다. 그래서 자기소와 그걸 잡아먹은 살찐 짐승을 잡아 놓고 심판하는 것이 혼인잔치의 청함으로 비유된 거다. 자기소가 지금은 기독교인들이다.

> 다시 다른 종을 보내며 가로되 청한 사람들에게 이르기를 내가 오찬을 준비하되 나의 소와 살진 짐승을 잡고 모든 것을 갖추었으니 혼인 잔치에 오소서 하라 하였더니. 저희가 돌아보지도 않고 하나는 자기 밭으로, 하나는 자기 상업차로 가고(마22;4-5)

하나님의 백성이 소다. 따라서 나의 소가 일하는 소에게 망을 씌우지 않는다고 했다. 위 구절의 장면은 하나님의 일꾼을 잡아먹는 살찐 짐승들을 잡아 놓고 하나님 백성들한테 그들이 너희를 잡아먹는 짐승이니 와서 보고 경계하라. 이렇게 이르기 위해 종들을 시켜 오라고 불렀으나 교회가 세상(물질) 것에 착념하느라 하나님의 청함을 무시하고 있다.

교회들이 하나님의 말씀을 증거해야 하는데 짐승(사단)들한테 다 잡아먹히다 보니 혼인(천국)잔치의 초대를 거절하고 있는 거다. 그곳에 가지 못하도록 미혹하여 차단하고 있는 것이 '내가 보니 바다에서 한 짐승이 나오는데 뿔이 열이요 머리가 일곱이라 그 뿔에는 열 면류관이 있고 그 머리들에는 참람된 이름들이 있더라(계13;1)' 특히 용의 영을 받은 일곱 머리 열 뿔인 들짐승(신천지)들이 혼인잔치에 못 가게 차단하는 거다.

그러나 마지막 때가 다다르자, 하나님께서 이들을 무저갱에 가둬두고 더 이상 교회를 미혹하지 못하도록 천사(영)를 시켜 천년 동안 말씀으로 증거케 하신다. 그러한 대언의 영을 받은 성도들은 하나님의 말씀으로 바다에서 올라온 일곱 머리 열 뿔의 들짐승(신천지)을 잡아야 하고, 짐승(거짓선지자)과 큰 성인 음녀들을 잡아야 한다. 음녀(여자)가 큰 교회다. '또 네가 본바 여자는 땅의 임금들을 다스리는 큰 성이라 하더라(계17;18)' 이와 같이 임금들이 목사고, 큰 성은 큰 교회인 대형교회다.

짐승을 잡고 '또 일곱 대접을 가진 일곱 천사 중 하나가 와서 내게 말하여 가로되 이리 오라 많은 물 위에 앉은 큰 음녀의 받을 심판을 네게 보이리라(계17;1)' 짐승과 음녀들을 증거의 말씀으로 잡아야 한다. 그래야 혼인잔치의 청함에 참예할 수 있다. 따라서 구원의 장소가 그리스도의 옷을 입고 신랑이신 예수를 맞이하는 곳이 바로 혼인잔치의 집이다.

그러므로 성도는 묵시 속에 하나님의 나라가 이미 완성이 되어 있는 새 하늘과 새 땅을 바라보고 시간이라는 역사 속에서 하나님의 아들로서의 삶을 배우고 익혀야 한다. 그러기 때문에 이 마지막 때의 기간을 천년왕국이라고 하지만 실제는 7년 대 환난의 기간이기도 하다.

따라서 천국은 원수였던 나를 구원키 위해 자신의 목숨까지도 아끼지 않으셨던 주님께서 십자가에 달리시므로 그 사랑을 확증시켜 주신 구원을 믿고 그 뜻에 순종하며 살아가는 곳이다. 그런 면에서 진짜 성도라면 이 땅에서 천국의 삶을 미리 맛보며 살고 있어야 한다. 따라서 천년세계는 '또 내가 보매 개구리 같은 세 더러운 영이 용의 입과 짐승의 입과 거짓 선지자의 입에서 나오니(계16;13)' 이러한 세 가지 악한 영들을 잡아 놓고 말씀으로 심판하는 것이다.

용의 입과 짐승의 입과 거짓선지자의 입만 심판을 받는 것이 아니라 하나님을 부인하는 이 땅의 모든 거민들도 심판을 받는다. 그러므로 창세기의 노아 때나 롯 때와 같다. 롯은 그 시대의 의인이었다. 의인이 열 명만 있어도 심판을 하지 않으시겠다고 하신 소돔과 고모라에 그마저도 없어 심판을 내렸다. 심판 하시면서 뒤를 돌아보지 마라했지만 롯의 처는 세상 것에 미련이 남아 뒤를 돌아본 순간 소금 기둥이 되었다. 그러나 롯은 아브라함의 중보기도로 인해 하나님이 천사를 보내 심판에서 건져 내셨다. 그러므로 성도는 영혼의 믿음을 가져야 한다.

따라서 성경 전체는 환란을 당할 때 피난처가 있다는 것을 알아야 한다. 그래야 각자의 심령에 영이 와 계신 것을 알 수 있고, 그래야 하나님이 부리는 영을 볼 수 있다. 천년 동안 이것을 증거하는 것이 지금인 마지막 시대다. 만국의 교회를 미혹하는 게 사단이다. 그러기 때문에 주님께서 '너희는 사람의 미혹을 받지 않도록 주의 하라(마24;4)' 이렇게 말씀 하신 진위 속에는 사람은 다 거짓되기 때문에 그 마음속에 악독과 거짓과 훼방이 들어 있으니 미혹되면 반드시 심판하시겠다는 의지가 담겨 있는 거다.

그러므로 미혹을 받으면 안된다. 진리는 참 빛으로 오신 하나님의 말씀(성령) 하나뿐으로, 하나님의 사자(영)들이 이걸 교회들에게 천년동안 증거 하는 거다.

2. 천년왕국

> 또 내가 보좌를 보니 거기 앉은 자들이 있어 심판하는 권세를 받았더라 또 내가 보니 예수의 증거와 하나님의 말씀을 인하여 목 베임을 받은 자의 영혼들과 또 짐승과 그의 우상에게 경배하지도 아니하고 이마와 손에 그의 표를 받지도 아니한 자들이 살아서 그리스도로 더불어 천 년 동안 왕노릇하니.(계20;4)

여기에는 보좌에 앉은 예수님의 제자들이 함께 있는 곳이다. '예수께서 가라사대 내가 진실로 너희에게 이르노니 세상이 새롭게 되어 인자가 자기 영광의 보좌에 앉을 때에 나를 좇는 너희도 열두 보좌에 앉아 이스라엘 열두 지파를 심판하리라(마19;28)' 그러므로 계시록 20장 4절과 마태 19장 28절이 짝이다. 따라서 '세상 나라가 우리 주와 그 그리스도의 나라가 되어 그가 세세토록 왕 노릇 하시리로다(계11;15)' 세상 나라가 새롭게 될 때 이루어진다.

그러기에 심판하는 권세가 하나님의 말씀을 받은 제자들한테도 허락이 되었다. 그러나 사단은 말씀이 가둬진 자로 지옥에 갇히는 거다.

묵시 세계에서의 교회의 묘사 자체가 이 땅의 현실 교회인 우리의 삶에 담고 있는 내용이란 것을 잊으면 안된다. 그러므로 계시록에 자주 등장하는 완성된 교회의 묘사에서 성도들의 왕 노릇

하는 그 기간을 천년으로 묘사했다. 또한 교회에 있는 자들이 보좌에 앉아있는 거다.

따라서 마태 19장 28절은 예수께서 제자들한테 직접 말씀하신 것으로 이는 세상의 마지막 때가 되어 새롭게 되면 너희가 하나님의 말씀으로 성경에 비춰어 너희가 맞다, 아니다 증거 하는 거다. 즉 예수의 증거와 하나님의 말씀을 전하다 순교한 영혼들이, '다섯째 인을 떼실 때에 내가 보니 하나님의 말씀과 저희의 가진 증거를 인하여 죽임을 당한 영혼들이 제단 아래 있어(계6;9)' 바로 목 베임을 받은 순교자들의 영혼들이다.

교회에 일곱 머리 열 뿔의 짐승과 음녀들이 있는데 사람들이 짐승을 왜 따라가겠는가? 들을 귀가 있으면 성경이 빨리 열리는데, '내가 사십년을 그 세대로 인하여 근심하여 이르기를 저희는 마음이 미혹된 백성이라 내 도를 알지 못한다 하였도다(시95;10)' 이와 같이 탐심에 미혹되어 길을 모르기 때문이다.

백성을 인도하는 자가 목사다. 그런데, '백성을 인도하는 자가 그들로 미혹케 하니 인도를 받은 자가 멸망을 당하는도다(사9;16)' 길을 인도해야 할 목사가 도리어 백성을 미혹케 하므로 멸망을 당하는 거다. 인도를 하는 자나, 인도를 받은 자 모두가 심판으로 간다.

> 이 땅에 기괴하고 놀라운 일이 있도다. 선지자들은 거짓을 예언하여 제사장들은 자기 권력으로 다스리며 내 백성은 그것을 좋게 여기니 그 결국에는 너희가 어찌 하려느냐(렘5;30-31)

선지자들이 이와 같이 거짓을 예언하고 있다. 그러면 거짓말을 따라가는 백성들은 어떻게 되겠느냐. 바로 무저갱에 갇히는 거다. 육신의 생각 자체가 전부 거짓말투성이다. 그런데 이 거짓말을 하나님께서 허락하셨다.

> 여호와께서 저에게 이르시되 어떻게 하겠느냐 가로되 내가 나가서 거짓말하는 영이 되어 그 모든 선지자의 입에 있겠나이다 여호와께서 가라사대 너는 꾀이겠고 또 이루리라 나가서 그리하라 하셨은즉. 이제 여호와께서 거짓말 하는 영을 왕의 이 모든 선지자의 입에 넣으셨고 또 여호와께서 왕에게 대하여 화를 말씀하셨나이다.
> (왕상22;22-23)

이 또한 하나님께서 거짓말하는 영을 선지자의 입에 두셨기 때문에 그 속에 거짓영이 들어가 있어 우리가 속으면 안된다. 예수님의 말씀만 참이다. 그러므로 '너희가 내 말에 거하면 참 내 제자가 되고. 진리를 알찌니 진리가 너희를 자유케 하리라(요8;31-31)' 즉 예수님의 말씀이 진리고 생명수임을 깨달아야 한다. 그러므로 그리스도의 말씀이 거하면 흔들리면 안된다. 예수님이 부르실 때 따라가면 옳은 행실이고 그리스와 합하여 세례를 받으면 그것 또한 옳은 행실이다. 그러므로 혼인잔치에 청함의 소리를 들을 수 있는 자들이 복이 있다. 그런 사람들이 아브라함의 후손이다. 창세기 때 약속하신 '이 약속들은 아브라함과 그 자손에게 말씀하신 것인데 여럿을 가리켜 그 자손들이라 하지 아니하시고 오직 하나를 가리켜 네 자손이라 하셨으니 곧 그리스도라(갈3;16)' 즉 그 말씀들이 계시록에서 이루어진 거다. 따라서 그리스도께서 약속하신 그 말씀들이 우리와 함께 동행해야한다. 이 모든 것이 육신의 생각에서 벗어나 영의 생각으로 가야 깨달아진다.

> (그 나머지 죽은 자들은 그 천 년이 차기가지 살지 못하더라) 이는 첫째 부활이다. 이 첫째 부활에 참예하는 자들은 복이 있고 거

룩하도다 둘째 사망이 그들을 다스리는 권세가 없고 도리어 그들이 하나님과 그리스도의 제사장이 되어 천년 동안 그리스도로 더불어 왕 노릇하리라(계20;5-6)

천년은 단순히 시간을 나타내는 숫자가 아니라, 첫째 부활에 참여한 성도들이 보좌에 앉아서 심판하며 왕 노릇하는 기간을 뜻한다. 따라서 첫 번째 부활은 아담이 선악과를 따먹으므로 인간한테 사망이 주어졌다.

인간을 제외한 모든 동물이나 가축은 단순히 흙으로만 지어졌지만 인간에게는 흙으로 지어진 생명 위에 '생기'라는 것을 불어넣어 주셨다. 따라서 동물의 죽음은 단순히 숨이 끊어지는 것을 말하지만 생령인 인간의 죽음은 단순히 숨이 끊어지는 것만을 의미하지 않고 생기로 말미암아 인간 속에 부어졌던 인간의 영혼과 하나님과의 교류가 끊긴 것을 말한다. 하나님과의 단절됨을 사망이라 부른다.

이러므로 한 사람으로 말미암아 죄가 세상에 들어오고 죄로 말미암아 사망이 왔나니 이와 같이 모든 사람이 죄를 지었으므로 사망이 모든 사람에게 이르렀느니라.(롬5;12)

따라서 첫째 부활은 아담 안에서 모든 자들이 죽었다. 그런데 하나님께서 그 인간들 중 한 무리를 택하셔서 예수 그리스도의 십자가의 보혈을 통해 다시 살려 내셨다. 믿지 않는 자가 말씀에 의해 거듭 태어남이 첫째 부활이다.

'사망이 사람으로 말미암았으니 죽은 자의 부활도 사람으로 말미암는도다. 아담 안에서 모든 사람이 죽은 것같이 그리스도 안에서 모든 사람이 삶을 얻으리라(고전15;21-22)' 이는 육이 아니라 영이 살아나는 부활이다.

> 너희의 허물과 죄로 죽었던 너희를 살리셨도다. 그때에 너희가 그 가운데서 행하여 이 세상 풍속을 좇고 공중의 권세 잡은 자를 따랐으니 곧 지금 불순종의 아들들 가운데 역사하는 영이라. 전에는 우리도 다 그 가운데서 우리 육체의 욕심을 따라 지내며 육체와 마음의 원하는 것을 하여 다른 이들과 같이 본질상 진노의 자녀이었더니. 긍휼에 풍성하신 하나님이 우리를 사랑하신 그 큰 사랑을 인하여. 허물로 죽은 우리를 그리스도와 함께 살리셨고. 또 함께 일으키사 그리스도 예수 안에서 함께 하늘에 앉히시니.(엡2;1-6)

이와 같이 첫째 부활에 참여한 자들이 보좌에 앉아 세상을 심판하고 왕 노릇 하는 모습을 나타내고 있다. 이들이 그리스도 안에 있는 영생을 얻은 자들이다.

> 내가 진실로 진실로 너희에게 이르노니 내 말을 듣고 또 나 보내신 이를 믿는 자는 영생을 얻었고 심판에 이르지 아니하나니 사망에서 생명으로 옮겼느니라. 진실로 진실로 너희에게 이르노니 죽은 자들이 하나님의 아들의 음성을 들을 때가 오나니 곧 이 때라 듣는 자는 살아나리라(요5;24-25)

예수님의 말씀이 심령 안에 거하면 죽은 자가 살아난 것 같이 영이 부활된다. 예수를 믿고 죄와 허물로 죽었던 자리에서 다시 살아난 성도들을 가리켜 첫째 부활에 참여한 자라 한다. 그렇게 첫째 부활에 참여해서 천년 동안 왕 노릇하는 성도들은 예수의 증거와 하나님의 말씀을 인하여 목 베임을 받은 자의 영혼들, 그리고 짐승과 그의 우상에게 경배하지도 아니하고 이마와 손에 그의 표를 받지도 아니한 자들이라 묘사하고 있다. 이게 바로 우리 성도들의 삶을 가리키는 것이다. 그러므로 우리의 영이 둘째 장막인 지성소로 올라가야 한다.

첫째 부활에 참예한 자들이 복이 있는 이유는 둘째 사망의 해를 받지 않기 때문이다. 또한 천년 동안 그리스도와 더불어 왕노릇하기 때문에 내 영혼이 부활하지 않으면 안된다. 그 부활에 참여할 때 큰 역사가 일어난다. 우리가 육신의 생각에서 벗어나면 그때 우리를 위해 기도해 주시는 분이 예수님이시다.

> 예수는 영원히 계시므로 그 제사 직분도 갈리지 아니하나니. 그러므로 자기를 힘입어 하나님께 나아가는 자들을 온전히 구원하실 수 있으니 이는 그가 항상 살아서 저희를 위하여 간구하심이니라
> (히7;24-25)

예수께서 간구하여 기도해 주실 때 완전한 구원을 받은 백성으로 '그가 우리를 흑암의 권세에서 건져내사 그의 사랑의 아들의 나라로 옮기셨으니(골1;13)' 이같이 흑암의 권세에서 사랑의 아들의 나라로 옮겨진 백성이 된다.

이 땅이 흑암이다. 생명으로 옮겨진 자들은 내 영혼이 아들의 나라로 옮겨졌는지 아닌지를 성령을 통해 깨닫게 된다. 그러므로 영혼이 잘 되면 범사에 모든 것이 감사뿐이다. 내 죄를 예수님께서 전부 해결해 주셨는데 어찌 감사가 나오지 않을 수 있단 말인가?

따라서 첫째 부활에 대한 부연 설명을 하자면 예수님의 초림으로 인해 성도한테 거듭남의 기회가 주어졌다. 거듭난 자체가 영생을 말한다. 그 첫째 부활에 참여한 자들이 예수 그리스도와 함께 왕 노릇하며 사는 교회시대를 천년이라 한다.

천년이란 시간의 기간을 왜 잡았느냐 하면 창세기 5장에 아담의 후손들 중에 가장 오래 산 사람이 969살까지 산 므두셀라이다. 구약역사 내내 모든 사람들이 천년을 넘게 산 사람들이 없다. 따라서 천년이란 시간은 수명과 대조되는 아주 긴 시간의 영원성을 나타내기 위해서다. 따라서 천년이란 것은 어떤 기간이 아니라 상태를 나타내는 숫자임을 알아야 한다.

따라서 천년은 지금 현재 세상을 살아가면서 사탄의 세력에 머리 숙이지 않고 그리스도와 더불어 살아가는 사람들이 존재하는 기간이다. 즉 예수 그리스도의 초림으로 말미암아 탄생된 교회가 주님의 재림으로 완성되기까지의 기간에 성도가 존재하는 상태를 의미하는 것이 천년이다.

따라서 왕 노릇은 남들 위에 서서 군림하는 것이 아니고 자기를 비우고 자기를 낮추어 하나님과 이웃의 유익을 위해 사는 것을 하늘의 왕 노릇이라 말한다. 그러기에 성도들의 거룩한 삶 자체가 세상을 심판하는 역할을 하게 된다. 그러나 둘째 사망은 하나님이 세상을 심판하시므로 영원한 멸망에 처하게 되는 상태를 말한다. 그러나 첫째 부활 즉 구원을 얻은 자들은 둘째사망의 지배를 받지 않는다. 따라서 구원을 받은 성도들은 제사장으로서의 왕 노릇을 하며 살아가는 거다. 제사장은 하나님으로부터 용서를 받아야 할 자들 사이에서 중보자의 역할을 하는 사람들이 제사장이다. 그러므로 성도의 왕 노릇은 하나님과 화목하게 살아야 할 존재들을 위해 자신의 손해를 감수하더라도 그들을 섬기며 봉사하는 삶을 사는 것을 말한다.

> 그가 여호와의 전을 건축하고 영광도 얻고 그 위에 앉아서 다스릴 것이요 또 제사장이 자기 위에 있으리니 이 두 사이에 평화의 의논이 있으리라 하셨다 하고.(슥6;13)

하늘의 왕 노릇은 나를 비우고 나를 낮추어 심지어 자기를 죽여 다른 이들이 하나님과 화목하게 되는 데에 중보자로 서는 삶인 것이다. 예수 그리스도가 왕이시며 대제사장이셨다. 그러므로 주님께 주어졌던 직분이 바로 이 땅에서 구원받은 우리 성도들에게 동일하게 주어졌다. 우리는 이 땅에서 주님의 제자가 되어 아직 하나님을 알지 못하는 창세전에 택함을 받은 하나님의 백성들에게 십자가의 삶을 통해 하나님을 알게 하는 거다.

우리 성도들은 예수 그리스도의 십자가의 공로로 죄와 허물로 죽었던 자리에서 새 생명을 얻고 살아났다. 그것을 첫째 부활이라 한다. 그 첫째 부활에 참여한 자들은 영이 살아나는 즉시 예수 그리스도와 함께 제사장으로서의 왕 노릇을 하게 된다. 그것은 자신을 비우고 자신을 낮추고 자기의 손해를 감수하여 하나님께 순종함으로 하나님의 뜻을 이루고, 이웃들의 유익을 위해 섬김의 삶을 사는 하늘나라의 삶의 원리로 사는 것, 그것이 바로 제사장으로서의 왕 노릇이다. 그게 하늘나라 삶의 원리로서 예수의 증거와 하나님의 말씀을 인하여 목 베임을 받는 고통을 당하는 모습으로 이 땅에서 살아가게 된다.

3. 사단의 패망

> 천년이 차매 사단이 그 옥에서 놓여. 나와서 땅의 사방 백성 곧 곡과 마곡을 미혹하고 모아 싸움을 붙이리니 그 수가 바다 모래 같으리라.(계20;7–8)

'사단이 그 옥에서 놓여' 는 그동안 짐승을 잡아놓고 천년 동안 진리를 가르치는데 또 똑같이 한다. 천년은 시간의 개념이 아니라 예수 그리스도의 십자가의 은혜의 선물로 주어진 영생이라는 상태의 개념을 말한다. 하나님의 진리(말씀)로 가르칠 때 마지막 때에는 거의 대부분 다 순종한다. 그래서 잠깐 내 놓은 거다. 근데 여기서 또다시 거짓 영을 받는 사람들이 있다는 거다. 이들이 하나님의 백성들과 또 다시 전쟁을 준비하고 있는데 그 수가 바다 모래 같이 많다. 그러나 앞으로 하나님의 백성들을 이길 수 있는 사단들은 없다. 진리 자체가 하나님의 아들들이다. 즉 진리로 대화 하는 것이 곡과 마곡의 영적 싸움이다. 따라서 시간은 인간의 의식 속에 있는 개념이지 천상의 묵시 세계에는 시간의 개념이 없다. 시간이라는 것은 하나님께서 행하시는 자연의 현상들을 인간들이 논리적으로 구분한 것에 불과하다. 따라서 천년을 '기간'이 아닌 '상태'로 이해해야 성경의 난제들을 쉽게 풀 수 있다. 예수님은 2000년 전에 이 땅에 오셨다. 그런데 예수님이 오시기 2000년 전의 아브라함은 십자가로 구원을 받았다. 창세전에 택해진 모든 인간의 구원은 오직 예수 그리스도의 십자가로 이루어진다.

> 그는 창세전부터 미리 알리신바 된 자나 이 말세에 너희를 위하여 나타내신바 되었으니.(벧전1;20)

이와 같이 예수님은 창세전에 미리 준비되신 분이다. 그러니까 창세전에 택함 받은 모든 인간은 예수 그리스도의 십자가에 의해서만 구원을 받는 것이다.

> 너희 조상 아브라함은 나의 때 볼 것을 즐거워하다가 보고 기뻐하였느니라.(요8;56)

아브라함도 그리스도로 말미암아 구원을 받았다. 그러니까 예수 그리스도의 십자가는 묵시 속에서 창세전에 이미 선 것이다. 십자가는 창세전에 이미 하나님의 계획 속에 세워졌다. 그리고 그 십자가의 효력은 창세기부터 오늘날까지 하나님의 택한 백성들 모두에게 유효한 거다.

창세기 3장 15절부터 죄인은 자기의 노력이 아닌 여인의 후손에 의해 은혜로만 구원을 받게 될 것이라는 복음을 계속해 던지고 있다. 성령(말씀)에 의해 그 복음을 이해하게 된 자들은 구원을 받고 그렇지 못한 자들은 유기된다. 그러므로 십자가의 효력은 아담 때부터 나타난 것이다.

아브라함, 아벨, 셋, 에녹, 노아, 야곱, 이삭, 모세, 라합, 다윗 모두 다 그리스도의 십자가의 믿음으로 구원을 받았다. 그러므로 사단이 그들을 참소할 수 없는 거다. 사단의 결박은 하나님의 백성들이 이 땅에 생기던 그때부터 이미 결박당한 거다. 따라서 천년은 하나님의 백성들이 이 땅에 존재하게 된 그 시점에 이미 시작되었다. 그러니까 사단은 이 땅에 하나님의 백성들이 생겨난 그 시점이지 2000년 전에 묶인 것이 아니다.

따라서 '천년이 찼다'라는 것은 누군가의 희생으로 구원이, 영생이 완성되었다는 뜻이다. 즉 하나님의 원대한 작정과 예정 속에서 그 구원의 완성된 상태를 '천년이 차매'로 말하는 거다. 천년이 차게 된 시점은 십자가 사건이지만 묵시 속에서는 이미 창세전에 그 천년이 찬 거다.

천년이 찬 후에 사단이 잠시 옥에서 풀려난다. 그 이유를 살펴보면 하나님은 하나님의 백성들을 이 땅에 생겨나기 시작한 그때부터 하나님의 백성들을 지키시고 보호하셨다. 그래서 그들은 하나님의 계획대로 십자가에서 구원을 받았다. 그렇게 사단은 결박당한 채 하나님의 백성들을 참소할 수 없는 상태가 되었는데 하나님은 그 결박당한 상태인 사단을 시켜 의인들을 공격하게 만드셨다.

욥기를 보면 욥이 사단으로부터 심한 공격을 받는다. 그런데 그 사단을 하나님이 보내셨다. 의인인 욥이 사단한테 공격을 받으므로 인해 믿음이 무엇인지를 배우고 그리고 진정한 '의'가 무엇인지도 깨달았다. 욥은 사단의 공격을 통해 의인은 믿음으로 산다는 것을 배운 것이다.

하나님은 그렇게 탄생한 의인들에게 사단을 보내셔서 믿음이 무엇인지, 구원이 무엇인지, 하나님은 누구시며, 악이라는 것은 어떤 것인지를 시간 속에서 경험을 통해 확인시키신다. 그리고 악의 정체를 완전히 드러내 버리신다. 성경은 그것을 '사단이 잠시 놓였다'라는 표현을 한 거다. 잠시라는 표현은 영원과 대조되는 이 땅의 시간을 말하는 거다.

그 놓여난 사단이 땅의 사방 백성들을 미혹해서 곡과 마곡의 전쟁을 일으킨다. 이 전쟁은 마지막 종말 때 일어날 전쟁이나 인류의 역사가 시작되었을 때부터 계속해 일어나고 있는 영적전쟁이다.

사단은 영적 존재기 때문에 반드시 도구가 필요하다. 그래서 하나님의 택함에서 제외된 세상 사람들을 미혹해서 성도들을 공격한다. 하나님의 백성들이 많이 나타나면 나타날수록 마귀의 공격은 세상 세력과 규합하여 더욱 거세진다. 그러므로 마귀가 구원을 얻은 성도들을 어떻게 공격할 것인지에 대해, 곡과 마곡의 전쟁을 위해 미혹당한 숫자가 바다의 모래 같이 많다고 표현했다.

> 내가 네게 큰 복을 주고 네 씨로 성하여 하늘의 별과 같고 바닷가의 모래와 같게 하리니 네 씨가 그 대적의 문을 얻으리라(창22;17)

마귀는 이와 같이 하나님의 언약에 대해 대적 하는 것이다. 믿음은 하나님의 언약인 하나님의 약속을 믿는 거다. 눈에 보이는 세상을 부정하고 눈에 보이지 않는 새 하늘과 새 땅을 소망하는 것이 믿음이다. 그 믿음은 하나님의 약속에 대한 믿음인데 마귀는 그 하나님의 약속이 절대 이루어지지 않을 것이라는 불신으로 성도들을 공격한다. 그러므로 이 땅의 것을 바라보게 하고 추구하게 만들어 버린다. 하나님은 분명 하나님의 백성들이 바다 모래 같이 많아질 것이라고 하셨는데 마귀는 하나님의 대적들은 바다 모래처럼 많이 모았다. 그리고 그들이 진짜 복 받은 것처럼 물질의 풍요를 내세워 속게 만든다.

> 저희가 지면에 널리 퍼져 성도들의 진과 사랑하시는 성을 두르매 하늘에서 불이 내려와 저희를 소멸하고.(계20;9)

곡과 마곡과 아마겟돈과, 그리고 음녀와 짐승들의 멸망과 바벨론이 멸망 등은 모두 같은 영적 전쟁을 의미한다. 그 전쟁은 지면에 널리 퍼져 있는 모든 곳에서 일어나는 거다. 결국엔 불(성령)이 내려와서 그들을 삼켜버린다. 따라서 마귀와 그의 세력은 하나님의 백성들의 성숙을 위해 잠시 동안 사용되었다가 마지막 때가 되면 영원한 멸망으로 던져지게 된다.

> 또 저희를 미혹하는 마귀가 불과 유황 못에 던지우니 거기는 그 짐승과 거짓 선지자도 있어 세세토록 밤낮없이 괴로움을 받으리라.(계20;10)

마귀가 불(거짓교리)과 유황 못(교회)에 던지우는 것은 사단의 교리로 죽이는 거다. 즉 목사의 입에서 나오는 말이 영혼을 죽이는 거짓교리다. 그러므로 이단과 거짓 선지자들한테 속아 그들을 추종하면 밤낮 쉼을 얻지 못하고 헛수고만 하다 결국 음부로 던져진다. 따라서 마지막 때가 되면 하나님께서 짐승과 거짓선지자들을 무저갱(코로나)에 가두고 그들의 거짓교리로 인한 심판을 밤낮 없이 내리신다. 악어가 사단의 조직체로 큰 교회다.

> 너는 말하여 이르기를 주 여호와의 말씀에 애굽 왕 바로야 내가 너를 대적하노라 너는 자기의 강들 중에 누운 큰 악어라 스스로 이르기를 내 이 강은 내 것이라 내가 나를 위하여 만들었다 하는도다(겔29;3)

악어는 입이 커서 이들한테 한번 물리면 뼈 조각 하나 남지 않을 정도로 다 잡아먹힌다. 따라서 불못이 사단들이 잠식하고 있는 교회다. 그들의 거짓 교리에 미혹되면 밤낮 쉼을 얻지 못하고 마지막 때에 심판을 받는다.

> 나를 저버리고 내 말을 받지 아니하는 자를 심판할 이가 있으니 곧 나의 한 그 말이 마지막 날에 저를 심판하리라(요12;48)

모든 심판은 말씀으로 한다. 그러므로 예수님의 말씀을 받지 않고 그 명을 따라가지 않으면 일곱째 날에 심판이 따른다. 따라서 마지막 나팔을 불 때 홀연히 변화 되어야 한다.

> 또 내가 크고 흰 보좌와 그 위에 앉으신 자를 보니 땅과 하늘이 그 앞에서 피하여 간 데 없더라. 또 내가 보니 죽은 자들이 무론 대소하고 그 보좌 앞에 섰는데 책들이 펴 있고 또 다른 책이 펴졌으니 곧 생명책이라 죽은 자들이 자기 행위를 따라 책들에 기록된 대로

심판을 받으니(계20;11-12)

땅과 하늘이 피하여 간데없는 것은, '하늘의 별들이 무화과나무가 대풍에 흔들려 선 과실이 떨어지는 것같이 땅에 떨어지며. 하늘은 종이 축이 말리는 것같이 떠나가고 각 산과 섬이 제 자리에서 옮기우매(계6;13-14)' 어디론가 짐승한테 다 잡혀 갔다. 그래서 심판은 교회에서부터 동일한 말씀으로 심판한다.

마지막 나팔이 불기 전까지는 다 봉한 책이다. 그러나 보좌 앞에 책이 펴져 있는데 심판하시는 하나님 손에 인간의 행위가 적혀 있는 책들이 들려 있다. 그런데 우리의 이름 뒤에는 나의 행위는 전부 없어지고 예수 그리스도의 행위가 적혀 있는 또 다른 책이 펴져있다. 그래서 우리는 그 심판에서 제외되었다. 따라서 심판 자체가 예수 그리스도다. 그러므로 말씀대로 살지 않으면 땅(지옥)으로 떨어지고 말씀을 좇으면 하늘(지성소)로 간다.

> 바다가 그 가운데서 죽은 자들을 내어주고 또 사망과 음부도 그 가운데서 죽은 자들을 내어주매 각 사람이 자기의 행위대로 심판을 받고.(계21;13)

세상 가운데 아담 안에서 죽은 자들이 다 오는데 그 책에 적혀 있는 행위대로 심판받는다. 변화를 받아 분별할 줄 알아야 홀연히 변화되어 나팔 소리를 듣게 된다. 그래야 죽은 영들이 다시 전부 살아난다. 그렇지 않으면 그들의 행위대로 심판을 받고 이 땅에서 죽음을 맞이했던 그 순간보다 더 끔찍하고 무서운 형벌 속으로 들어가게 된다. 성도는 그런 무시무시한 심판 속에서 예수 그리스도의 은혜의 선물로 건져졌다. 그렇게 은혜로 구원을 얻은 사람들은 그에 대한 감사함으로 이 땅에서 선한 일을 행하게 된다. 선한 일은 단순히 사랑하고 용서하고 인내하며 구제하는 일이 아니다. 성도들에게 요구하는 선한 일은 바리새인들도 할 수 있었던 도덕적이고 윤리적인 삶이 아니다.

> 하나님이 나사렛 예수에게 성령과 능력을 기름 붓듯 하셨으매 저가 두루 다니시며 착한 일을 행하시고 눌린 모든 자를 고치셨으니 이는 하나님과 함께 하셨음이라(행10;38)

성경이 말하는 선한 일은 성령(말씀)을 받은 자들이 성령에 의해 이끌려 사는, '내가 아버지께로서 너희에게 보낼 보혜사 곧 아버지께로서 나오시는 진리인 성령이 오실 때에 그가 나를 증거하실 것이요(요15;26)' 이와 같이 증거의 삶을 말하는 거다. 따라서 성령이 오셔야 진리가 무엇인지 죄와 의와 심판이 무엇인지를 알게 하신다.

> 그러하나 진리의 성령이 오시면 그가 너희를 모든 진리 가운데로 인도하시리니 그가 자의로 말하지 않고 오직 듣는 것을 말하시며 장래 일을 너희에게 알리시리라.(요16;13)

이와 같이 장래에 어떻게 끝날 것인지도 알게 해주시므로 우리는 반드시 자신을 부인하고 세상을 부인하며 하나님께 순종하는 사람으로 지어져 간다.

> 너희 속에 착한 일을 시작하신 이가 그리스도 예수의 날까지 이루실 줄을 우리가 확신하노라(빌1;6)

우리 속에 착한 일을 하나님이 시작하셨기에 우리의 삶 속에서 성령을 좇아 사는 착한 일이 반드시 나와야 한다. 성령에 이끌려 사는 삶 속에 맺히는 열매가 사랑, 희락, 온유, 절제, 화평, 오래 참음 같은 것들이다. 우리는 성령이 오심으로 인해 하나님을 알게 되고 죄에 대해, 의에 대해, 심판에 대해, 구원에 대해 점차 깊이 알게 됨으로 은혜를 허락하신 하나님의 기쁨이 되는 삶을 추구하게 된다. 그러므로 차츰 하나님이 계신 천국으로 눈을 돌리게 된다.

> 사망과 음부도 불못에 던지우니 이것은 둘째 사망 곧 불못이라. 누구든지 생명책에 기록되지 못한 자는 불못에 던지우더라
> (계20;14-15)

사망이 육신의 생각이고, 그리스도의 옷을 입지 않고 따라가는 곳이 음녀가 있는 음부다. 따라서 육신의 생각으로 하나님의 말씀을 전하는 교회가 바로 음녀들이다. 그러므로 이들을 따라가면 거기가 바로 영원한 불못(그들의 거짓 교리)인 둘째 사망이다. 따라서 둘째 사망에 던져지면 영혼이 영원히 회복되지 않는다. 성도는 이걸 깨달아야 한다. 그리스도 예수 안에 있는 자들은 하나님께서 단 한명도 잃지 않으신다는 사실이다. 왜냐하면 하나님께 속한 자는 하나님의 말씀만 듣기 때문이다. 그러나 생명책에 기록되지 못한 사람들은 육신의 생각이나 음녀들이 던지는 미끼(그들의 교리)에 전부 떨어지고 만다.

천국은 그야말로 그 무시무시한 백 보좌 심판에서 건져주신 하나님이 계신 곳이다. 따라서 심판은 이게 선이다, 저게 악이다 하는 것을 가르치는 것으로 하나님의 말씀 자체가 심판이다. 따라서 모든 심판은 말씀으로 한다.

그러므로 생명책에 기록되려면 생명나무(예수 그리스도)에 접

붙어 있어야 한다. 예수님을 맏날 때가 첫째 부활에 참여 할 때다. 그러나 둘째 부활은 세상 나라가 우리 주와 그 그리스도의 나라가 되어 주님과 함께 세세토록 왕노릇 하는 때다. 그러므로 내 영이 하늘(지성소)로 올라가 있어야 그 나라만을 오매불망 고대하며 여호와를 바라보고 경외할 수 있는 거다.

21장
약속된 새 하늘과 새 땅

1. 새 하늘과 새 땅

21장 사건은 20장이 끝남과 함께 같이 간다. 그러므로 21장과 22장은 요한계시록의 결론일 뿐 아니라 성경 전체의 결론이며 우주와 역사의 결론이기도 하다. 처음 하늘과 처음 땅이 없어지고 거룩한 성 새 예루살렘이 하늘로부터 내려오고 하나님께서 성경 66권을 통해 약속하셨던 '너희는 나의 백성이 되고 나는 너의 하나님이 되리라'는 하나님의 언약이 최종적으로 완성되는 장이다.

> 태초에 하나님이 천지를 창조하시니라. 땅이 혼돈하고 공허하며 흑암이 깊음 위에 있고 하나님의 신은 수면에 운행하시니라.(창1;1)

창세기 1장 1절이야말로 천지를 창조하신 하나님의 목적이 이 구절 안에 다 함축되어 있다. 땅이 사람인데 즉 사람이 혼돈하고 공허하다보니 하나님께서 흑암(어둠)의 깊음 위에서 창조 사역을 결심하셨다. 즉 하나님의 신이 수면에 운행하시면서 하나님의 백성 만들기 프로젝트 창조 사역을 시작하셨다는 뜻이다. 그러므로 이 우주와 역사의 결론은 새 하늘과 새 땅이다. 따라서 창세전에 선택받은 하나님의 백성들은 예수 그리스도의 십자가의 도에 의해 말씀(성령)으로 거듭남으로 재창조의 역사가 끝이 난다. 하나님은 이러한 결론을 이끌어 내기 위해 지금도 당신의 백성들을 찾기 위해 수면 위를 운행하고 계신다.

> 또 내가 새 하늘과 새 땅을 보니 처음 하늘과 처음 땅이 없어졌고 바다도 다시 있지 않더라. 또 내가 보매 거룩한 성 새 예루살렘이 하나님께로부터 하늘에서 내려오니 그 예비한 것이 신부가 남편을 위하여 단장한 것 같더라.(계21;1-2)

새 하늘과 새 땅은 거룩한 성 새 예루살렘인 어린양의 신부인 교회다. 그 신부가 지금 신랑을 위해 단장을 하고 있다. 여기서 '단장하다'는 어린양의 신부인 교회가 신랑이신 예수 그리스도를 맞이하기 위해 청사초롱을 준비하는 모습이다. 즉 교회가 이 땅에서 말씀으로 무장하고 자신을 단장하는 삶을 살아야 한다는 뜻이다. 그랬을 때 처음 하늘(첫 장막인 교회)과 처음 땅(사람)이 없어지고 바다(세상)도 다시 있지 않게 된다. 이는 말씀으로 변화를 받아 내 영혼이 거듭났기 때문에 옛 모습(육신의 생각)이 자취를 감춘 것이다.

> 보라 새 하늘과 새 땅을 창조하나니 이전 것은 기억되거나 마음에 생각나지 아니할 것이라(사65;17)

첫 장막이 교회다. 여기서 내 영혼의 새로 지음을 받은 거다.

그게 거듭남이다. 그러므로 하나님이 우리의 심령 창조자다. 새 하늘과 새 땅에 가려면 죄가 우선으로 해결되어야 하는데 죄의 해결 자는 예수님 밖에 없다.

따라서 처음 하늘과 처음 땅이 없어졌다는 의미는 이 세상은 사단의 의해 움직이고 있는 거대한 한 덩어리의 유기체다. 하나님은 성도들의 삶을 통해 그 사단의 세상이 얼마나 악하고 더럽고 불가능한 세상인가를 폭로시켜서 심판의 근거를 마련하여 그 세상을 불(말씀)로 심판하기 위해 성도들에게 빛과 소금의 삶을 명령하셨다. 그러나 성도가 빛과 소금의 삶을 권고해도 듣지 않자 하나님께서 성도들의 올바른 행실을 통해 증명하고자 하나님은 그러한 사단의 권세 아래에 있는 세상을 심판하셔서 불로 소멸하시고 새로운 세상을 창조해 우리에게 유업으로 선물하셨다. 따라서 옛 것들은 모두 사라질 한시적인 것들이다. 그런데 지금 세상 사람들이 붙들고 있는 것은 옛것이다. 그래서 우리는 신앙생활을 통해 그 옛것들을 내려놓는 훈련을 하는 거다. 성도는 옛것이 아닌 새것을 소망하는 새 사람들이다. 그러나 해 아래에는 새것이 없다. 그래서 우리는 하나님 이외에 이 땅의 그 어떤 것도 목적으로 삼지 않는 거다.

> 이미 있던 것이 후에 다시 있겠고 이미 한 일을 후에 다시 할지라 해 아래는 새 것이 없나니. 무엇을 가리켜 이르기를 보라 이것이 새 것이라 할 것이 있으랴 우리 오래 전 세대에도 이미 있었느니라.
> (전1;9-10)

그래서 우리는 이 세상에 눈을 두지 않고 새 하늘과 새 땅을 소망하며 사는 거다. 새 하늘과 새 땅이 오면 옛 하늘(육신의 생각)과 옛 땅(우상숭배)은 모두 없어지고 바다(탐심)도 다시 있지 않는다. 그게 거룩한 성 예루살렘에 들어가서 살 신부(교회)들의 거듭남의 신앙생활이다.

> 이는 하늘이 옛적부터 있는 것과 땅이 물에서 나와 물로 성립한 것도 하나님의 말씀으로 된 것을 저희가 부러 잊으려 함이로다. 이로 말미암아 그때 세상은 물의 넘침으로 멸망하였으되. 이제 하늘과 땅은 그 동일한 말씀으로 불사르기 위하여 간수하신바 되어 경건치 아니한 시람들의 심판과 멸망의 날까지 보존하여 두신 것이니라. 그러나 주의 날이 도적같이 오리니 그 날에는 하늘이 큰 소리로 떠나가고 체질이 뜨거운 불에 풀어지고 땅과 그 중에 있는 모든 일이 드러나리로다. 이 모든 것이 이렇게 풀어지리니 너희가 어떠한 사람이 되어야 마땅하뇨 거룩한 행실과 경건함으로. 하나님의 날이 임하기를 바라보고 간절히 사모하라 그 날에 하늘이 불에 타서 풀어지고 체질이 뜨거운 불에 녹아지려니와. 우리는 그의 약속대로 의의 거하는 바 새 하늘과 새 땅을 바라보도다.(벧후3;5-7.10-13)

> 너희는 나의 창조하는 것을 인하여 영원히 기뻐하며 즐거워할지니라 보라 내가 예루살렘으로 즐거움을 창조하며 그 백성으로 기쁨을 얻고. 내가 예루살렘을 즐거워하며 나의 백성을 기뻐하리니 우는 소리와 부르짖는 소리가 그 가운데서 다시는 들리지 아니할 것이며.(사65;18-19)

우리가 그리스도에 속한 자면 곧 아브라함의 자손이다. 성경의 최후의 열매는 그리스도의 씨로 맺어진 성령(말씀)의 열매이다. 따라서 모든 성경을 비롯하여 계시록 전장 자체가 예수 그리스도의 증거다. 그러므로 주님을 증거할 수 있는 자들의 심령 속에는 하나님의 지혜와 지식과 모든 보화가 있고 하나님의 유업을 이어

받을 상속자로서의 권세가 있다.

> 내가 들으니 보좌에서 큰 음성이 나서 가로되 보라 하나님의 장막이 사람들과 함께 있으매 하나님이 저희와 함께 거하시리니 저희는 하나님의 백성이 되고 하나님은 친히 저희와 함께 계셔서.
> (계21;3)

누구든 '보라' 하는 하늘보좌의 음성을 들을 수 있어야 그리스도의 말씀 안에서 사는 자들이 된다. 그래야 하나님의 백성이 되고 하나님과 우리가 친히 하나가 된다. 그러려면 믿음이 수반되어야 한다. 그러기에 아브라함은 믿음의 조상으로 하나님께 선택을 받았고, 이삭은 예수 그리스도의 모형으로 택함을 받았다. 또한 야곱은 하나님의 영과 겨뤄 새 하늘과 새 땅인 영적이스라엘이란 새 이름으로 받았다. 그러므로 우리도 하늘에 속한 영적 이스라엘로 거듭 태어나야 지금 하나님의 영이 내 안에 거하고 있는가, 아닌가를 늘 점검하며 살 수 있다. 그래야 말씀이 육신이 되어 이 땅에 오신 예수 그리스도의 살과 피를 먹고 거듭날 수 있다.

> 또한 나를 보내신 아버지께서 친히 나를 위하여 증거하셨느니라 너희는 아무 때에도 그 음성을 듣지 못하였고 그 형용을 보지 못하였으며. 그 말씀이 너희 속에 거하지 아니하니 이는 그의 보내신 자를 믿지 아니함이니라(요5;37-38)

보내신 자 예수 그리스도를 믿으면 말씀이 거한다. 말씀이 거하면 바로 하나님을 볼 수 있다. 말씀 자체가 신(信)이다. 그러므로 예수께서, '만일 내가 판단하여도 내 판단이 참되니 이는 내가 혼자 있는 것이 아니요 나를 보내신 이가 나와 함께 계심이라(요 8;16)' 이같이 하나님은 믿는 자 가운데 계시고 언약 안에서 역사하신다. 그러므로 내 말에 거하면 참 내 제지가 된다고 하셨다.

> 내안에 거하라 나도 너희 안에 거하리라 가지가 포도나무에 붙어 있지 아니하면 절로 과실을 맺을 수 없음 같이 너희도 내 안에 있지 아니하면 그러하리라. 나는 포도나무요 너희는 가지니 저가 내 안에 내가 저 안에 있으면 이 사람은 과실을 많이 맺나니 나를 떠나서는 너희가 아무것도 할 수 없음이라. 사람이 내 안에 거하지 아니하면 가지처럼 밖에 버리워 말라지나니 사람들이 이것을 모아다가 불에 던져 사르느니라. 너희가 내 안에 거하고 내 말이 너희 안에 거하면 무엇이든지 원하는 대로 구하라 그리하면 이루리라(요15;4-7)

말씀 안에 거하면 예수님이 우리 안에 들어오신다. 그렇지 않으면 심판의 불에 던져진다. 예수님은 심판의 불을 갖고 오셨다. 세상 사람들은 돈과 명예를 먼저 생각하나 성도는 그의 나라와 그의 의를 구하는 일에 먼저 기도한다. 구하라, 두드리라, 찾으라, 이는 전부 성령의 약속이다. 그러면 무엇이든지 주시겠다고 하셨다. 그러면 하나님이 보시기에 의(義)에 합당한 자가 되어 모든 것을 아낌없이 주신다. 하나님의 아들이 되고 나면 모든 것이 게임아웃이다. 믿음에 의해 성령(말씀)의 인도 따라 그냥 시간만 가면 된다.

> 모든 눈물을 그 눈에서 씻기시매 다시 사망이 없고 애통하는 것이나 곡하는 것이나 아픈 것이 다시 있지 아니하리니 처음 것들이 다 지나갔음 이러라.(계21;4)

하나님이 친히 우리와 함께 계실 때 한 남편인 그리스도와 우리가 새 하늘과 새 땅에서 혼인관계로 들어간 거다. 창세전에 이미 택해 놓으신 어떤 한 무리의 사람들에게 은혜를 베푸셔서 죄로 인해 더럽게 타락해 버린 이전 하늘과 이전 땅에서 건져내셔서 새 하늘과 새 땅에 집어넣어 하나님의 자녀로 만드셨다. 그게 바로 구속사다. 그러기에 거기에는 다시 사망이 없고 애통이 없는 거다. 따라서 하나님께서 혼돈과 공허와 흑암뿐인 곳에 우주와 자연과 인간을 창조하셨다. 그리고 동방의 에덴을 창설하시고 그곳에 인간을 두셨다. 인간은 하나님께 의존하고 순종하면서 살기만 하면 그 복된 삶을 영원히 누릴 수 있었다. 그런데 그곳에 죄가 들어왔다. 죄란 예수 그리스도를 믿지 않는 것이 죄다. 따라서 그 죄의 정체는 자기가 자기 인생의 주인이 되어 자기의 힘으로 살아보겠다는 시도가 바로 성경에서 말하는 죄의 정의이다. 하나님 보다 힘의 원리로 살아가는 사람들을 죄인이라 한다. 그 죄인(짐승)들은 모두 사망으로 결론이 난다. 그러한 짐승들을 증거의 말씀으로 잡는 것이 아시아에 있는 일곱 교회한테 편지한 사건이다. 그리스도의 말씀으로 온전히 세워진 교회가 진리의 성읍이고 그리스도 일군으로 가장한 교회가 하나님의 말씀을 배반한 만국의 교회들이다. 배반 자체가 육신의 생각이다. 그러므로 하나님의 교회는 예수 그리스도 한분밖에 없다. 그분이 계신 곳이 하나님 나라인 새 하늘과 새 땅이다. 그 나라는 이미 완성되었고 영적으로 우리 가운데 와 있다. 성도는 그 하나님 나라에서 사망도 없고 애통함도 없고 곡하는 것도 없고 눈물도 없고 아픔도 없는 천국을 이 세상에서 경험하며 살아가고 있는 거다. 그래서 성경은 그리스도 안에서 우리 성도들이 구원을 받는 순간 이미 하늘나라에 앉아 있는 것이라 얘기하고 있다.

> 허물로 죽은 우리를 그리스도와 함께 살리셨고, 또 함께 일으키사 그리스도 예수 안에서 함께 하늘에 앉히시니.(엡2;5-6)

이와 같이 성도들은 이미 영적으로 하늘에 앉아 있는 존재가 되었다. 또한 이사야서의 새 하늘과 새 땅의 이야기도 '보라 내가 새 하늘과 새 땅을 창조하나니 이전 것은 기억되거나 마음에 생각나지 아니할 것이라. 너희는 나의 창조하는 것을 인하여 영원히 기뻐하며 즐거워할 자니라 보라 내가 예루살렘으로 즐거움을 창조하며 그 백성으로 기쁨을 삼고(사65;17-18)' 이와 같이 메시야가 오심으로 이루어질 새 세상을 표현하고 있다.

> 보좌에 앉으신 이가 가라사대 보라 내가 만물을 새롭게 하노라 하시고 또 가라사대 이 말은 신실하고 참되시니 기록하라 하시고. 또 내게 말씀하시되 이루었도다. 나는 알파와 오메가요 처음과 나중이라 내가 생명수 샘물로 목마른 자에게 값없이 주리니
> (계21;5-6)

하나님께서 자기 백성들의 구속의 이야기가 자세하게 적혀 있는 책이 바로 성경이다. 절대 순종과 절대 의존의 하나님의 백성들을 창조하셔서 하나님이 준비하신 새 하늘과 새 땅에서 하나님이 진정 왕이 되시고 그분이 택하신 자들이 진정한 하나님의 백성들이 되는 영원한 나라를 세우시는 것이 하나님의 최종목적지다. 그러므로 알파와 오메가요 처음과 나중이라 하셨다. 그러므로 '보라' 하실 때, 우리가 하나님의 말씀을 보고 듣고 깨닫는 순간 우리의 죄가 사라지고 주님의 말씀이 오롯이 들려진다. 예수님의 주신 말씀이 영생의 말씀이다. 그 영생의 말씀을 먹기 위해 예수님 앞으로 나오면 영혼이 목마르지 않고 영원히 산다. 그게

새롭게 되어 거듭남의 신령함을 입은 자다. 그런 자들만이 의의 성읍인 신실한 고을에서 살기에 하나님을 진정으로 경외할 수 있다.

> 레위와 세운 나의 언약은 생명과 평강의 언약이라 내가 이것으로 그에게 준 것은 그로 경외하게 하려 함이라 그가 나를 경외하고 내 이름을 두려워하였으며(말2;5)

진리의 법이 있는 곳이 말씀으로 거듭난 백성들이 있는 곳이다. 그러므로 '너희는 하나님께로부터 나서 그리스도 예수 안에 있고 예수는 하나님께로서 나와서 우리에게 지혜와 의로움과 거룩함과 구속함이 되셨으니(고전1;30)' 그리스도 안에 있으니까 결코 정죄함이 없는 거다. 따라서 하나님의 택한 자들은 시간이라는 역사 속에서 인격적으로 하나님께 설복 당해 하나님의 백성으로서 자발적으로 하나님께 순종하고 하나님만을 의지하는 자들로 변화되어 간다. 그들이 예배드리는 곳이 바로 산상시온이다. 그러므로 성경을 전할 때나 들을 때 말씀에 더하거나 빼면 예수님이 함께 하지 않으신다. 그러면 생명수 샘물로 인도되지 않아 영생을 유업으로 받지 못한다.

> 이기는 자는 이것들을 유업으로 얻으리라 나는 저의 하나님이 되고 그는 내 아들이 되리라. 그러나 두려워하는 자들과 믿지 아니하는 자들과 흉악한 자들과 살인자들과 행음자들과 술객들과 우상숭배자들과 모든 거짓말 하는 자들은 불과 유황으로 타는 못에 참예하리니 이것이 둘째 사망이라.(계21;7-8)

예수님이 이 땅에 오셨을 때나 또한 보좌로 복귀하실 때 천만 천사의 영들이 함께 하셨다. 그리고 다시 성령으로 우리 심령 안으로 오실 때도 영들과 함께 오신다. 그러므로 하나님의 말씀을 만나면 나의 생각과 사상이 전부 빠져나가 죽은 자 같이 될 수밖에 없다. 따라서 하나님의 자녀가 되면 천국을 유업으로 받기 때문에 두려울 게 하나도 없다. 그 어디나 천국이고 나의 아버지가 절대자이시면서 능력자시다. 그런데 무엇이 두렵겠는가? 이 교회에서 두려워하면 하나님을 믿지 않는 자들이다. 그러면 하나님 나라를 유업으로 받지 못한다. 즉 구원을 얻지 못한다. 롯도 아브라함과 함께 구원을 받았다. 의인인 롯 하나를 구하기 위해 하나님께서 천사를 보내셨다. 하늘과 땅 사이가 공중(교회)인데 성도는 이곳에서 그리스도를 지금 영접해야 한다. 그래야 하나님의 아들이 될 수 있고 그렇게 되면 '나 곧 나는 나를 위하여 네 허물을 도말하는 자니 네 죄를 기억지 아니하리라,(사43;25)' 우리의 죄를 기억하지 않으시겠다고 하셨다. 하나님은 하나님의 자녀들을 보시기를 원하신다. 하나님의 자녀가 되면 뭐든지 좋은 것을 주시기를 원하신다. 그러므로 깨닫기만 하면 쌓을 곳이 없도록 복을 지어 주신다. 영원한 하나님 나라에는 백곡이 많다. 생각만 하면 영생의 말씀이 보좌에서 내려오므로 늘 깨달아진다. 그러므로 가장 큰 복은 영원한 생명을 얻는 그것이다. 그러나 죄의 삯은 사망이다.

> 너희는 너희 아비 마귀에게서 났으니 너희 아비의 욕심을 너희도 행하고자 하느니라 저는 처음부터 살인한 자요 진리가 그 속에 없으므로 진리에 서지 못하고 거짓을 말할 때마다 제 것으로 말하나니 이는 저가 거짓말쟁이요 거짓의 아비가 되었음이니라(요8;44)

따라서 하나님을 믿지 않는 자들이 어둠(사단)의 자식(짐승)들이다. 이들은 흉악한 자로 진리가 서지 못하고 거짓말만하기 때문에 불과 유황의 볼못(이 땅의 교회)에서 영원히 지옥(사망)으로 떨어진다. 이들한테의 심판의 불(거짓교리)이 둘째 사망이다.

2. 새 예루살렘

> 일곱 대접을 가지고 마지막 일곱 재앙을 담은 일곱 천사중 하나가 나아와서 내게 말하여 가로되 이리 오라 내가 신부 곧 어린양의 아내를 네게 보이리라 하고. 성령으로 나를 데리고 크고 높은 산으로 올라가 하나님께로부터 하늘에서 내려오는 거룩한 성 예루살렘을 보이니.(계21;9-10)

성령은 진리다. 진리는 아버지의 말씀이다. 아버지의 말씀을 순종하면 거룩한 성으로 데리고 가서 천상의 세계를 보여주신다. 계시록 4장과 같은 곳이다. 성령으로 데리고 가시는데 하나님 자체가 영이다. 즉 주님의 말씀 자체가 영으로 성령도 거룩한 영이다. 이게 다 하나다. 이 세상에서 건짐을 받으면 하나님을 만나는 거다. 따라서 하나님을 만나는 것이 가장 중요하다. 아브라함도 '하나님이 가라사대 내가 너와 너희와 및 너희와 함께하는 모든 생물 사이에 영세까지 세우는 언약의 증거는 이것이라(창9;12)' 이와 같이 하나님과 대화했으니까 만난 거다. 우리도 그리스도의 말씀을 따르면, '말할 때에 홀연히 빛난 구름이 저희를 덮으며 구름 속에서 소리가 나서 가로되 이는 내 사랑하는 아들이요 내 기뻐하는 자니 너희는 저희 말을 들으라 하는지라(마17;5)' 이와 같이 영이 변화되면 하나님을 만날 수 있다. 무지개는 영광의 광채로 하나님의 말씀과 같다. 따라서 모든 사람은 거짓말 장이기 때문에 말씀을 부인하면 안된다. 진리로 인도하는 분이 예수님이시다.

> 그리스도 예수 안에 있는 구속으로 말미암아 하나님의 은혜로 값없이 의롭다 하심을 얻은 자 되었느니라. 이 예수를 하나님이 그의 피로 인하여 믿음으로 말미암는 화목제물로 세우셨으니 이는 하나님께서 길이 참으시는 중에 전에 지은 죄를 간과하심으로 자기의 의로우심을 나타내려 하심이니라(롬3;24-26)

이게 하나님의 법칙이다. 그리스도 예수 안에서의 구속이 죄사함이다. 죄사함의 방법은 다른 말씀으로는 이 땅에 주시지 않으셨고 오직 예수 그리스도를 통한 십자가의 길(道) 뿐이다. 인간세상에서는 구원을 얻을 만한 그 어떤 말씀도, 그 어떤 것의 방법도 제시한 게 없다. 그러므로 거룩한 성 새 예루살렘은 어린양의 신부인 교회들만 갈수 있는 곳이다. 이는 새로운 하늘의 질서와 하늘의 원리로 살아 갈 수 있는 교회들은 스스로의 능력이나 노력으로 만들어지는 것이 아니라 하늘에서 하나님께서 만들어 내신다. 그러기에 예루살렘 성전 안에는 하나님의 임재를 상징하는 거룩한 언약궤가 있다. 성전 안에 언약궤가 바로 하나님과 함께하심의 의미를 갖고 있어 성전을 성전답게 만드는 거다.

> 하나님의 영광이 있으매 그 성의 빛이 지극히 귀한 보석 같고 벽옥과 수정 같이 맑더라(계21;11)

그 거룩한 성 새 예루살렘의 빛이 지극히 귀한 보석 같고 벽옥과 수정같이 맑다고 기술되어 있다. 벽옥이란 보석은 '앉으신 이의 모양이 벽옥과 홍보석 같고 또 무지개가 있어 보좌에 둘렀는데 그 모양이 녹보석 같더라(계4;3)' 이와 같이 하나님의 영광을 묘사하는데 주고 쓰이는 표현이다.

> 크고 높은 성곽이 있고 문이 있는데 문에 열두 천사가 있고 그 문들 위에 이름을 썼으니 이스라엘 자손 열두 지파의 이름들이라. 동편에 세 문, 북편에 세 문, 남편에 세 문, 서편에 세 문이니. 그 성에 성곽은 열두 기초석이 있고 그 위에 어린양의 십이 사도의 열두 이름이 있더라.(계21;12-14)

새 예루살렘 성에는 12개의 문이 있고 그 문들 위에 이스라엘 자손 열두 지파의 이름들이 씌어 있다. 그러니까 동서남북 4방위에 3개씩 문이 있는데 그 12라는 숫자는 그렇게 만들어진 거다. 3위 하나님 숫자 3에다 이 땅의 4방위인 4를 곱해서 12가 된 거다. 따라서 12는 4방위로 상징되는 이 땅 위에서 삼위 하나님에 의해 선택되어지고 새롭게 창조된 사람들을 가리키는 거다. 그래서 구약의 교회를 상징하는 이스라엘 지파가 모두 12지파이고 신약의 교회의 기초인 사도들이 12명인 거다. 이렇게 구약의 12지파로 구성되었던 이스라엘은 열두 사도라는 기초 위에 세워진 신약의 교회를 상징했던 것을 알려주는 것이다.

> 그 성읍의 출입구는 이러하니라 북편의 광이 사천오백 척이라. 그 성읍의 문들은 이스라엘 지파들의 이름을 따를 것인데 북으로 문이 셋이라 하나는 르우벤 문이요 하나는 유다 문이요 하나는 레위 문이며. 동편의 광이 사천오백 척이니 또한 문이 셋이라 하나는 요셉 문이요 하나는 베냐민 문이요 하나는 단 문이며. 남편의 광이 사천오백 척이니 또한 문이 셋이라 하나는 시므온 문이요 하나는 잇사갈 문이요 하나는 스불론 문이며. 서편도 사천오백 척이니 또한 문

이 셋이라 하나는 갓 문이요 하나는 아셀 문이요 하나는 납달리 문이며. 그 사면의 도합이 일만 팔천 척이라 그 날 후로는 그 성읍의 이름을 여호와 삼마라 하리라.(겔48;30-35)

'여호와의 영광이 성전 문지방을 떠나서 그룹들 위에 머무르니.(겔10;18)' 이와 같이 여호와의 영광이 성전을 떠난다. 그런데 '여호와의 영광이 동문으로 말미암아 전으로 들어가고(겔43;4)' 다시 여호와의 영광이 새로운 성전에 돌아와서 그 영광이 그 성전에 가득하게 된다.

내게 이르시되 인자야 이는 내 보좌의 처소, 내 발을 두는 처소, 내가 이스라엘 족속 가운데 영원히 거할 곳이라 이스라엘 족속 곧 그들과 그 왕들이 음란히 행하며 그 죽은 왕들의 시체로 다시는 내 거룩한 이름을 더럽히지 아니하리라.(겔43;7)

그 새로운 여호와의 성전은 다시는 여호와가 떠나시지 않는 영원한 여호와의 처소가 될 것을 천명하셨다. 여호와께서 영원히 거하시는 곳이 바로 '여호와 삼마' 이다. 따라서 죄로 인해 그 거처를 떠나셨던 여호와께서 다시 새로운 창조를 통해 이제는 그 거처를 영원히 떠나지 않고 함께 하시는 구속사 전체가 에스겔서에 담겨 있다. 거룩한 성 새 예루살렘은 여호와 삼마 하나님께서 영원히 그 분의 생명력을 부어주시며 함께 거하시는 여호와의 처소인 하나님의 백성을 상징한다. 우리 주님께서 '내가 처소를 예비하러 간다.'에서 그 처소가 바로 우리 성도들을 상징한다. 이렇게 12사도의 기초석 위에 있는 그 거룩한 성 새 예루살렘은 하나님이 영원히 거하실 처소인 성도(교회)를 상징하는 것이다.

> 내게 말하는 자가 그 성과 그 문들과 성곽을 척량하려고 금 갈대를 가졌더라. 그 성은 네모가 반듯하여 장광이 같은지라 그 갈대로 그 성을 척량하니 일만 이천 스다디온이요 장과 광과 고가 같더라. 그 성곽을 척량하매 일백사십사 규빗이니 사람의 척량 곧 천사의 척량이라.(계21;15-17)

거룩한 성을 척량하는데 금 갈대를 척량자로 쓰고 있다. 그 척량 자가 금 갈대라는 것은 그 성의 규모가 하나님의 계획과 목적에 딱 맞는다는 것을 가리키는 거다. 즉 그 거룩한 성 새 예루살렘은 하나님의 계획과 목적에 의해 한 치의 오차도 없이 완성될 것이라는 것을 시사하고 있다. 따라서 금은 하나님의 말씀이다. 그런데 그 성의 장과 광과 고가 길이와 넓이와 높이가 같은 정육면체다. 정육면체하면 지성소다. 지성소는 하나님의 임재가 있는 곳, 거룩한 하나님의 영광이 있는 곳이다.

> 여호와의 언약궤를 두기 위하여 전 안에 내소를 예비하였는데. 그 내소의 속이 장이이십 규빗이요 광이 이십 규빗이요 고가 이십 규빗이라 정금으로 입혔고 백향목 단에도 입혔더라.(왕상6;19-20)

거룩한 성 새 예루살렘의 모양이 이와 같이 지성소와 똑 같다. 일 년에 한번 대 속죄일에 대제사장만 들어갈 수 있었던 구약의 그 지성소가, 지금은 우리 자체가 하나님께서 영원히 거하시는 하나님의 처소가 되었다. 그러므로 우리는 언제든 눈만 감으면 그 거룩한 지성소에 무상으로 드나들 수 있다. 예수 그리스도께서 십자가에서 죽으실 때 그 지성소로 통하는 성전의 휘장이 완전히 찢어졌다. 그러므로 이제는 그 새 하늘과 새 땅에서 하나님의 영광이 우리 곁에서 한시도 떠나지 않고 지키고 보호하고 계신다.

새 예루살렘 성의 길이와 넓이와 높이가 12,000스다디온인데, 또 성곽을 척량하매 144 규빗이다. 여기서의 성곽은 성벽의 두께가 144 규빗이면 65m이다. 대단한 두께인데 이는 그 거룩한 성 예루살렘 안에 들어갈 수 있는 자들은 삼위 하나님에 의해 선택되고 새롭게 창조되어진 자들만이 그 울타리 안으로 들어갈 수 있음을 상징한다.

또한 '사람의 척량 곧 천사의 척량이다'는 에스겔서 40장에 어떤 놋같이 빛나는 사람 하나가 손에 삼 줄과 척량 장대를 가지고 에스겔을 데리고 성전을 척량하는 내용이 나온다. 그 성전 측량이 끝나자 43장에서 하나님의 영광이 돌아온다는 그 얘기를 바로 요한이 인용한 거다.

> 하나님의 이상 중에 나를 데리고 그 땅에 이르러 나를 극히 높은 산 위에 내려놓으시는데 거기서 남으로 향하여 성읍 형상 같은 것이 있더라. 나를 데리시고 거기 이르시니 모양이 놋 같이 빛난 사람 하나가 손에 삼 줄과 척량하는 장대를 가지고 문에 서서 있더니. 그 사람이 내게 이르되 인자야 내가 네게 보이는 그것을 눈으로 보고 귀로 들으며 네 마음으로 생각할지어다 내가 이것을 네게 보이려고 이리로 데리고 왔나니 너는 본 것을 다 이스라엘 족속에게 고할지어다 하더라.(겔40;2-4)

그 놋같이 빛나는 사람의 척량이 바로 천사의 척량이었다는 것을 여기서 말한다. 그리고 그 성의 건축 자재가 다음 절에서 밝히고 있다.

3. 생명책에 기록된 하늘 백성

> 그 성곽은 벽옥으로 쌓였고 그 성은 정금인데 맑은 유리 같더라. 그 성의 성곽의 기초석은 각색 보석으로 꾸몄는데 첫째 기초석은 벽옥이요 둘째는 남보석이요 셋째는 옥수요 넷째는 녹보석이요. 다섯째는 홍마노요 여섯째는 홍보석이요 일곱째는 황옥이요 여덟째는 녹옥이요 아홉째는 담황옥이요 열째는 비취옥이요 열한째는 청옥이요 열둘째는 자정이라. 그 열두 문은 열두 진주니 문마다 한 진주요 성의 길은 맑은 유리 같은 정금이더라.(계21;18-21)

여기에 등장하는 보석들은 당시 고대 사회에서 가장 값비싸고 화려한 보석들이다. 그리고 요한은 대제사장들의 흉배에 붙어 있는 그 보석들을 동원해서 성도의 아름다움과 영광스러움을 표현하고 있다.

> 그것에 네 줄로 보석을 물리되 첫 줄은 홍보석 황옥 녹주옥이요. 둘째 줄은 석류석 남보석 홍마노요. 세째 줄은 호박 백마노 자수정이요. 넷째 줄은 녹보석 호마노 벽옥으로 다 금테에 물릴지니. 이 보석들은 이스라엘 아들들의 이름대로 열둘이라 매 보석에 열두 지파의 한 이름씩 인을 새기는 법으로 새기고(출28;17-21)

이와 같이 대제사장들에게만 주어졌던 권한들이 거룩한 성 새 예루살렘에서는 하나님의 백성들에게도 주어지고 있음을 시사하고 있다. 이들이 십사만 사천의 하나님의 인 맞은 백성들이다. 이들은 하나님의 영(말씀)과 항상 함께 하기 때문에 늘 성령(말씀)으로 대화한다. 창세기 때 아담도 하나님의 생기를 받아 생령이 함께 할 때는 하나님과 대화도 하고 낙원을 다스리는 권한도 있었다. 그러나 여기에 하나님의 신(말씀)이 떠나면 아무것도 아니다.

사단의 악한 용들도 마찬가지다. 용이 권세를 주어 영이 타고 있을 때는 신천지의 이만희도 세상 권세를 잡고 교회를 조롱했지만 하나님에 의해 그 영이 떠나버리면 아무것도 아니다. 사단도 하나님이 부리는 영이다. 그러므로 누구든지 하나님의 신(信)이 떠나면 악신이 들어간다. 그러기에 아담한테 하나님의 신이 떠나자 하나님을 만날 수 없게 된거다. 아담(교회)한테 너는 흙이니 흙으로 돌아가라 하니까 아담(교회)이 뱀(사단)과 손을 잡았다. 따라서 교회가 말씀을 거역하면 새 예루살렘 성에 들어가지 못하고 심판의 나락으로 떨어진다.

> 성안에 성전을 내가 보지 못하였으니 이는 주 하나님 곧 전능하신 이와 및 어린양이 그 성전이심이라. 그 성은 해나 달의 비췸이 쓸데없으니 이는 하나님의 영광이 비취고 어린양이 그 등이 되심이라.(계21;22-23)

해 아래는 새것이 없다. 그러므로 해 아래의 사람들은 힘의 원리로 살아가지만 해 위에 사람들은 네 이웃을 네 몸처럼 사랑하라는 하나님의 말씀에 부응하며 살아가고 있다. 바로 해 위에 삶 자체가 하나님의 진리의 말씀이고 거룩한 영이다. 이들이 바로 하나님의 영광의 빛을 찬양하며 사는 자들이다. 그러나 성령이 함께 하지 않는 자들은 세상 것에 대한 생각밖에 없다. 그러니까 교회가 하나님의 말씀에다 세상 것을 섞어 바벨로 치닫고 있다. 우리의 혀가 하나님의 신이 되면 하나님의 대언자가 되지만 사단의 혀가 되면 불의다.

> 혀는 곧 불이요 불의의 세계라 혀는 우리 지체 중에서 온몸을 더럽히고 생의 바퀴를 불사르나니 그 사르는 것이 지옥불에서 나느니라(약3;6)

이와 같이 우리의 혀로 땅의 것을 말하면 바로 지옥 불이 된다. 그래서 거듭난 사람들의 입에서는 진리만 나오지만, 이 땅의 교회들은 입만 열었다 하면 '또 내가 보매 개구리 같은 세 더러운 영이, 용의 입과 짐승의 입과 거짓선지자의 입에서 나오니(계16;13)' 이와 같이 전부 거짓말만 나온다.

우리는 이 제한된 시간과 공간 속에 살고 있지만 지금도 성도는 새 하늘과 새 땅인 천국에 살고 있다. 그러므로 성도는 말씀을 통해 하나님과 늘 소통 하며 살고 있다. 우리의 빛은 하나님이신 예수 그리스도시다. 따라서 주님의 말씀을 듣고 깨달은 자들이 하나님의 영광을 찬양할 수 있는 거다. 그러려면 들을 귀가 있어야 한다. 들을 귀가 있으려면 귀가 할례를 받아야 한다. 그래야 그 귀를 깨우쳐서 성령이 하시는 말씀을 알아들을 수 있고, 그러면 '행이 완전하여 여호와의 법에 행하는 자가 복이 있음이여(시119;1)' 이와 같이 행하는 자가 된다. 즉 행하는 자가 지키는 자다. 이런 자가 그리스도의 믿음에 의해 복이 있다. 믿음에 의해 행함으로 일하고, 행함에 이른 그리스도 예수 안에 있는 자들은 하나님의 임재가 도적같이 임하지 못한다. 왜냐하면 하나님의 영광이 어린양의 등불에 의해 환하게 비쳐지기 때문이다. 그들만이 밤이 없어 빛 가운데로 다닌다.

> 만국이 그 빛 가운데로 다니고 땅의 왕들이 자기 영광을 가지고 그리로 들어오리라. 성문들을 낮에 도무지 닫지 아니하리니 거기는 밤이 없음이라. 사람들이 만국의 영광과 존귀를 가지고 그리고 들

어오겠고.(계21;24-26)

따라서 새 하늘과 새 땅에 들어가는 성도들의 모습을 이렇게 왕의 모습으로 영광과 존귀를 가지고 살아가는 모습으로 그리고 있다. 이 모습은 이사야서에서 예언된 장면이다.

일어나라 빛을 발하라 이는 네 빛이 이르렀고 여호와의 영광이 네 위에 임하였음이니라. 보라 어두움이 땅을 덮을 것이며 캄캄함이 만민을 가리우려니와 오직 여호와께서 네 위에 임하실 것이며 그 영광이 네 위에 나타나리니. 열방은 네 빛으로 열왕은 비취는 네 광명으로 나아오리라.(사60;1-3)

이와 같이 성도는 영광스러운 의의 흰옷을 입고 새 하늘과 새 땅으로 이제 다시 밤이 없고 성문을 닫을 필요가 없는 그 찬란한 땅에서 영원히 행복한 삶을 살게 된다. 이러한 영광스러운 성도들의 삶들은 이와 같이 '네 성문이 항상 열려 주야로 닫히지 아니하리니 이는 사람들이 네게로 열방의 재물을 가져오며 그 왕들을 포로로 이끌어 옴이라. 다시는 낮에 해가 네 빛이 되지 아니하며 달도 네게 빛을 비취지 않을 것이요 오직 여호와가 네게 영영한 빛이 되며 네 하나님이 네 영광이 되리니. 다시는 네 해가 지지 아니하며 네 달이 물러가지 아니할 것은 여호와가 네 영영한 빛이 되고 네 슬픔의 날이 마칠 것임이니라.(사60;11.19-20)' 이와 같이 이미 예언된 것들이다. 우리는 이렇게 이사야서에서 예언된 그 찬란한 땅에 반드시 들어가게 된다.

무엇이든지 속된 것이나 가증한 일 또는 거짓말하는 자는 결코 그리로 들어오지 못하되 오직 어린양의 생명책에 기록된 자들 뿐이

라(계21;27)

어린양의 생명책에 기록되려면 이 땅에서 신랑을 맞을 신부로서 단장하고 준비하는 삶을 살아가야 하고 또한 날마다 죽어야 한다. 육신의 생각이 죽어야 부활이 되어 그리스도의 말씀 안으로 들어간다. 하나님은 복 주시기를 원하시는 분이다. 그러므로 생명책에 기록된 사람들 한테는 시험의 때도 끝났기에 생명책에 기록되는 큰 복을 받게 되는 것이다.

22장
영원한 생명과 안식

1. 예언의 말씀을 지키는 자들

> 또 저가 수정같이 맑은 생명수의 강을 내게 보이니 하나님과 및 어린양의 보좌로부터 나서. 길 가운데로 흐르더라 강 좌우에 생명나무가 있어 열두 가지 실과를 맺히되 달마다 그 실과를 맺히고 그 나무 잎사귀들은 만국을 소성하기 위하여 있더라.(계22;1-2)

거룩한 성 예루살렘에 생명수의 강이 흐르고 있는 것을 볼 수 있다. 거룩한 성 예루살렘은 바로 우리자신이다. 생명수 강이 흐르고 있다는 것은 교회 즉 하나님의 백성들의 생명이 바로 생명수의 강이라는 메시지다. 생명의 근원은 동산 중앙에서 강이 발원하여 동산을 적셨던 에덴동산이다. 그리고 하나님의 영광이 돌아온 새로운 성전에서 다시 물이 흐르고 있다.

> 그가 나를 데리고 전 문에 이르시니 전의 전면이 동을 향하였는

데 그 문지방 밑에서 물이 나와서 동으로 흐르다가 전 우편 제단 남편으로 흘러내리더라.(겔47;1)

이는 원래의 창조의 목적으로 돌아가 회복된 에덴과 하나님의 영광이 돌아 온 새 성전이 성도 안에 구현되는 장면이다. 에스겔서에서는 성전에서 물이 흐르는데 그 생명수의 강이 하나님과 어린양의 보좌로부터 흐르고 있다. '성안에 성전을 내가 보지 못하였으니 이는 주 하나님 곧 전능하신 이와 및 어린양이 그 성전이 심이라(계21;22)' 이와 같이 성전이 곧 하나님과 어린양이다.

새롭게 창조된 하나님의 백성들에게 하나님께서 다시 충만하게 흘려 보내주시는 생명력이 생명수의 강으로 영생이란 복이다. 따라서 성경은 산상수훈의 팔복에서 이미 천국에 살고 있는 하나님의 백성들의 삶을 가시적으로 설명해 주었다. 그러므로 지금 이 땅에 이미 영적으로 그 새 하늘과 새 땅을 사는 사람들이 있다는 거다. 그들은 생명수의 강이 그 속에 흘러 달마다 열두 가지 실과를 맺는 사람들이다. 생명수 자체가 예수 그리스도시다.

예수께서 대답하여 가라사대 네가 만일 하나님의 선물과 또 네게 물 좀 달라 하는 이가 누구인 줄 알았더면 네가 그에게 구하였을 것이요 그가 생수를 네게 주었으리라. 여자가 가로되 주여 물 길을 그릇도 없고 이 우물은 깊은데 어디서 이 생수를 얻겠삽나이까. 예수께서 대답하여 가라사대 이 물을 먹는 자마다 다시 목마르거니와. 내가 주는 물을 먹는 자는 영원히 목마르지 아니하리니 나의 주는 물은 그 속에서 영생하도록 솟아나는 샘물이 되리라. 여자가 가로되 주여 이런 물을 내게 주사 목마르지도 않고 또 여기 물 길러 오지도 않게 하옵소서(요4;10-11.13-15)

예수께서 사마리아 여인에게 영생하도록 솟아나는 샘물을 주시겠다고 하시니까 그 여인이 샘물을 달라고 한다. 세상 사람들이 요구하는 생명수와 예수님이 주시겠다는 생명수는 완전히 다르다. 영생하는 샘물은 예수님 자신이시다. 그런데 그 여인이 달라고 하는 샘물은 다시는 목마르지 않는 우물에서 나온 기적 같은 세상의 물이었다. 예수님은 예수님 자신이 생명수라 말씀하시는데 오늘날 교회들은 그 예수님에게 자기 육신의 목을 축일 기적 같은 물만을 구하고 있다. 사마리아 여인이 주님께 '또 여기 물 길러 오지도 않게 하옵소서' 이렇게 세상 사람들은 예수를 믿으면서 엉뚱한 것을 기대하고 있다. 그러나 주님의 은혜로 그 여인은 예수 그리스도가 바로 그 생명수이심을 알게 되었다. 그러고 나니까 이 여인이 기뻐 어쩔 줄 모르며 그 소식을 전하기 위해 이 땅에서 자기 목을 축이는데 없어서는 안될 물동이를 버리고 마을로 달려갔다. 이게 바로 생명수 강이 그 속에 흐르는 성도의 모습이다. 성도는 예수님 앞에서 물동이를 들고 이 물동이에 영원히 목마르지 않을 기적 같은 물을 채워주세요 라고 징징대는 사람들이 아니라 이 세상의 힘인 물동이를 버리고 예수라는 그 참 생명수를 세상에 소개하고 전하는 삶을 사는 사람들이다.

생명은 오직 예수 안에만 있다. 그 안에 생명수의 강이 흐르고 있는 성도들은 세상이 아닌 오직 예수에 목숨을 걸고 살아야 하는 자들이다. 성도들은 그들의 삶 속에서 어떻게 하면 달마다 열두 가지 실과를 맺으며 살 수 있는가에 관심이 있는 사람들이다. 그 실과는 사랑, 화평, 희락, 온유, 절제, 자비 등의 성령의 열매이다. 성령의 열매는 십자가를 통과하지 않고는 절대 맺을 수 없는 은혜의 실과이다. 십자가의 도는 자신을 부인하고 하나님과 이웃을 위해 자기를 비워내는 삶을 사는 그것이 천국임을 깨달아 가는 길이다.

다시 저주가 없으며 하나님과 그 어린양의 보좌가 그 가운데 있으리니 그의 종들이 그를 섬기며. 그의 얼굴을 볼 터이요 그의 이름도 저희 이마에 있으리라. 다시 밤이 없겠고 등불과 햇빛이 쓸데없으니 이는 주 하나님이 저희에게 비취심이라 저희가 세세토록 왕노릇 하리로다.(22;3-5)

복을 받은 새 사람들은 세상 것을 자꾸 포기하고 양보하고 져주면서 그 힘의 원리로부터 벗어난다. 그리고 그 힘의 원리를 벗어나서 나 말고 하나님과 이웃의 유익을 위해 사는 사람들이 모인 곳이 천국이다. 그래서 우리는 하늘나라의 삶의 원리인 십자가의 삶을 이 땅에서 훈련하는 거다. 그래서 복 받은 자들의 삶은 고단하다. 하나님은 우리에게 천국에 들어가려면 어떤 삶을 통과해야 하는지를 보여주시기 위해 예수 그리스도께 십자가를 지게 하신 거다. 우리는 그 십자가를 반드시 통과해야 한다. 세상은 우리를 끊임없이 시험한다. 마귀는 세상의 물질인 풍요와 세상 복으로 끝없이 성도들을 유혹한다. 예수께서도 광야에서 마귀에게 받으신 시험도 돌로 떡을 만들어 먹으라는 그것이다. 세상 사람들의 관심은 오로지 떡이다. 성도라고 자처하는 사람들도 예배당에 와서 온통 예수를 이용해서 이 땅의 떡의 문제를 해결하려고 한다. 어떤 힘센 자의 힘을 빌어서 자신에게 기적처럼 이 세상의 떡이 주어지기를 바라는 것이 사람들의 소원이다. 예수께서 그렇게 시험하는 마귀에게 '사람이 떡으로만 살 것이 아니요 하나님의 입으로 나오는 모든 말씀으로 살 것이라' 고 하셨다.

이는 '너를 낮추시며 너로 주리게 하시며 또 너로 알지 못하며 네 열조도 알지 못하던 만나를 네게 먹이신 것은 사람이 떡으로만 사는 것이 아니요 여호와의 입에서 나오는 모든 말씀으로 사는 줄을 너로 알게 하려 하심이니라(신8;3)' 이 구절을 인용하셔서 하나님께서 이스라엘에게 만나를 주신 이유를 설명하여 대답하신 거다. 만나를 주신 것은 그들의 배를 불리는 음식으로 주신 것이 아니라 그들을 약속의 땅 가나안으로 이끌어 가는 여정에서 양식으로 주신 것이란 말씀이다. 그 만나가 바로 예수 그리스도를 상징하는 말이다.

> 썩는 양식을 위하여 일하지 말고 영생하도록 있는 양식을 위하여 하라 이 양식은 인자가 너희에게 주리니 인자는 아버지 하나님의 인 치신 자니라.(요6;27)

예수님은 세상의 떡을 주러 오신 분이 아니다. 예수로 말미암은 믿음을 주시고 그 믿음의 내용이신 예수를 힘 삼아 천국에 데리고 가시려고 예수를 이 땅에 보내신 거다. 하나님은 진짜 하나님의 백성들을 골라내시기 위해 천국으로 가는 길목에 십자가를 걸림돌로 두셨다. 이 세상의 힘의 세력과 권력을 좇는 자들은 모두 그 십자가라는 걸림돌에 걸려 넘어져 십자가 앞에서 이내 포기하고 만다. 그러나 오직 하나님의 백성들만 그 예수의 초라한 모습 속에서 생명수를 발견해 낸다. 그런 자들만 다시는 밤이 없는 곳에서 세세토록 왕 노릇할 수 있게 된다.

> 또 그가 내게 말하기를 이 말은 신실하고 참된지라 주 곧 선지자들의 영의 하나님이 그의 종들에게 결코 속히 될 일을 보이시려고 그의 천사를 보내셨도다. 보라 내가 속히 오리니 이 책의 예언의 말씀을 지키는 자가 복이 있으리라 하더라.(계22;6-7)

여기서 속히 될 일은 시간적인 의식으로 해석하면 안된다. 하나님께는 시간이라는 것이 없다. 시간의 개념이 없는 곳을 우리가 묵시 세계라고 한다. 우리는 지금 묵시 속에서 계시록을 보고 있다. '속히'는 '곧'이란 의미가 아니라 반드시 이루어질 일이라는 의미를 강조한 거다. 그래서 13절에서 다시 한번 '나는 알파와 오메가요 처음과 나중이요 시작과 끝이라' 반복해서 기록한 거다. 그러기에 성도들은 하나님의 예언의 말씀을 지키며 산다. 복을 받은 자들은 믿음을 소유한 자들이고 이들은 이 책의 예언의 말씀을 지키며 살게 된다.

> 이것들을 보고 들은 자는 나 요한이니 내가 듣고 볼 때에 이 일을 내게 보이던 천사의 발 앞에 경배하려고 엎드렸더니. 저가 내게 말하기를 나는 너와 네 형제 선지자들과 또 이 책의 말을 지키는 자들과 함께 된 종이니 그리하지 말고 오직 하나님께 경배하라 하더라.(계22;8–9)

성경을 볼 때 다 여기를 본 사건이다. 하나님이 임재하실 때 영이 함께 오신다. 노아도 구원을 받고 무지개와 언약할 때 하나님의 영계가 내려 오셨듯이 요한도 마찬가지다. 그러므로 하늘에 열린 문을 볼 수 있어야 한다. 그러려면 우선 죄가 없어야 하고 믿음을 소유해야 한다. 그 믿음을 갖고 지성소로 올라가면 지혜와 지식의 모든 열쇠가 주어진다. 초림 때는 그 문을 여는 열쇠를 예수님이 갖고 계셨고 십자가에 달리실 때는 하늘에서 문이 열렸다. 하늘하면 이걸 생각해야 한다. 교회는 처음 하늘이고, 회개하여 죄사함을 받고 성령의 선물로 주어지면 내 영이 지성소로 올라가므로 거기가 둘째 하늘이다. 그리고 하나님의 보좌가 있는 곳이 셋째 하늘이다. 즉 계시록 4장과 5장에 자세하게 나타나 있는 영계(보좌도)의 세계다.

그런데 천사가 요한을 가리켜 같은 종이라면서 이 책의 말씀을 지키는 자들이라고 표현했다. 그리고 오직 하나님께만 경배하라 했다. 더욱 분명한 것은 다음 절에서 때가 가까우니 인봉하지 마라 했다. 그 이유가 믿음을 소유한 자는 그리스도의 말씀이 있기 때문에 그 말씀의 열쇠를 갖고 있다. 이게 성경의 비밀이다. 그러므로 비밀이신 예수 그리스도를 따라가야 이 땅에서 성도가 어떻게 살아가게 되는지를 알 수 있다. 하나님의 사자가 천사다. 천사는 하나님이 부리는 영이다. 그러므로 하나님의 영들과 함께 동행하면 그 천사(영)들이 하늘의 비밀을 다 알려준다.

> 또 내게 말하되 이 책의 예언의 말씀을 인봉하지 말라 때가 가까우니라. 불의를 하는 자는 그대로 불의를 하고 더러운 자는 그대로 더럽고 의로운 자는 그대로 의를 행하고 거룩한 자는 그대로 거룩되게 하라(계22;10-11)

이 말씀은 창세전에 하나님께 선택된 믿음을 소유한 자들은 의를 행하고 거룩하게 살지만 그렇지 못한 모든 자들은 계속해서 불의하고 더럽게 살게 된다. 그러므로 믿음을 가진 성도들은 이 땅에서 성숙한 신앙인으로 지어져 가는 일에 앞장서서 훈련하고 힘쓰며 살아간다. 그러면 주님께서 우리가 일한 데로 갚아주신다.

아울러 이 책의 예언의 말씀은 때가 가까우니 인봉하지 마라 했고, 다니엘서에서는 '다니엘아 마지막 때까지 이 말을 간수하고 이 글을 봉함하라 많은 사람이 빨리 왕래하며 지식이 더하리라(단12;4)' 이와 같이 그 정 반대로 말했다.

그렇다면 다니엘서와 요한계시록 사이에 어떤 일이 있었던 때문인가?

그게 바로 예수 그리스도가 오셔서 십자가를 지신 사건이다. 예수께서 약속대로 이 땅에 인간으로 오셔서 십자가를 지셨고 그로인해 이제 하나님의 말씀은 반드시 이루어 질 수밖에 없는 그것이다. 그러기 때문에 다니엘이 듣고도 깨닫지 못하자 이 모든 일이 결국 어떠하겠는가? 하고 되물었다. 그랬더니 지혜 있는 자들만 깨닫는다고 하셨다.

> 많은 사람이 연단을 받아 스스로 정결케 하며 희게 할 것이나 악한 사람은 악을 행하리니 악한 자는 아무도 깨닫지 못하되 오직 지혜 있는 자는 깨달으리라(단12;10)

그래서 우리가 그 지혜(예수 그리스도)로 인해 이 책을 볼 수 있게 된 것이다. 따라서 그 십자가 사건 이후의 기간을 말세라 부른다. 아울러 주님께서 약속하신 일은 반드시 이루어질 것을 믿기 때문에 성도는 오늘을 준비하며 살게 되는 거다.

2. 내가 속히 오리라

> 보라 내가 속히 오리니 내가 줄 상이 내게 있어 각 사람에게 그의 일한 대로 갚아 주리라.(계22;12)

이 말씀은 헌금 많이 하고 봉사 많이 하고 선교 많이 하면 하나님께서 그 분량에 따라 차등 있는 상을 주실 것이라는 말이 아니다. 여기서의 '상'은 영생과 구원을 말하는 거다. 그 '상'을 위해 성도가 이 땅에서 어떤 일을 해야 한다는 말인데 그 일이 예수 그리스도를 온전히 믿는 일이다.

> 저희가 묻되 우리가 어떻게 하여야 하나님의 일을 하오리이까. 예

수께서 대답하여 가라사대 하나님의 보내신 자를 믿는 것이 하나님의 일이니라 하시니.(요6;28-29)

이 땅에서 성도가 해야 할 일은 하나님의 보내신 자 예수 그리스도를 믿는 일이다. 그게 하나님의 일이다. 그리고 그 믿음이라는 일의 결과로 우리의 삶 속에서 거룩을 향한 분투가 일어나게 된다.

나는 알파와 오메가라 처음과 나중이요 시작과 끝이라. 그 두루마기를 빠는 자들은 복이 있으니 이는 저희가 생명나무에 나아가며 문들을 통하여 성에 들어갈 권세를 얻으려 함이로다.(계22;13-14)

주님이 시작과 끝이라는 것은 하나님은 반드시 말씀하신 바를 이루시고야 마시겠다는 의지의 천명으로 그래서 말씀을 인봉하지 말라 하셨다. 거룩한 성 새 예루살렘에 들어갈 권세를 얻은 자들은 이 땅에서 그 두루마기를 빠는 삶을 살아야 한다. 두루마기(말씀)를 빤다는 것은 말씀을 통해 자신을 깨끗케 한다는 뜻이다. 우리 성도는 어린양의 피(말씀)에 두루마기를 빨아 입은 자들이다. 이들이 온전한 자들이다. 따라서 온전히 깨달은 사람은 하늘에 속한 자로 신령한 복을 받은 사람이다.

찬송하리로다 하나님 곧 우리 주 예수 그리스도의 아버지께서 그리스도 안에서 하늘에 속한 모든 신령한 복으로 우리에게 복 주시되(엡1;3)

따라서 그리스도 예수 안에서 하늘에 속한 신령한 복을 받은 자들만이 하늘에서 새 노래를 부를 수 있다. 그러나 이 복을 받은 사람들이 꼭 알아야 할 것이 있다. 성경말씀을 깨닫고 나서 거짓말 하면 곧바로 심판이다. 신령한 복이 그리스도의 복인데 그 신령이 감춰 졌다. 따라서 신령(神靈)으로 깨달으면 성경이 절대 열리지 않고 신령(信靈)으로 봐야 인봉한 책이 말일에 열린다. 신령(信靈)이 그리스도 예수시다. 그러나 신령(神靈)은 개들과 술객들과 거짓말을 좋아하는 짐승들이 우상숭배 할 때 즐겨 쓰는 각자의 신들이다.

> 개들과 술객들과 행음자들과 살인자들과 우상숭배자들과 및 거짓말을 좋아하며 지어내는 자마다 성밖에 있으리니.(계22;15)

개들은 '이 개들은 탐욕이 심하여 족한 줄을 알지 못하는 자요 그들은 몰각한 목자들이라 다 자기 길로 돌이키며 어디 있는 자이든지 자기 이만 도모하며(사56;11)' 이와 같이 몰각한 목자들이고, 또한 술객은 '내 이름으로 거짓을 예언하는 선지자들의 말에 내가 몽사를 얻었다. 몽사를 얻었다 함을 내가 들었노라. 거짓을 예언하는 선지자들이 언제까지 이 마음을 품겠느냐 그들은 그 마음의 간교한 것을 예언하느니라(렘23;25-26)' 거짓을 예언하는 자들이다. 아울러 우상숭배자들은 '그러므로 땅에 있는 지체를 죽이라 곧 음란과 부정과 사욕과 악한 정욕과 탐심이니 탐심은 우상숭배니라(골3;5)' 이와 같이 탐심이다. 그리고 행음자나 살인자나 거짓말을 좋아하는 모든 자들은 사단의 영들로 짐승들이다. 따라서 마지막 때가 되면 이들은 전부 성(교회) 밖으로 쫓겨난다.

그러나 구원 받은 성도들은 믿음으로 살아가게 된다. 세상의 힘에 의지하지 않고 오직 예수 그리스도의 말씀만을 붙잡고 정결하게 살아간다. 그러므로 성도는 다른 것에 관심을 두지 않고 믿음만을 공고히 하며 두루마기를 빠는 일에 매진하게 된다. 그들은 구원의 선물이 너무나 소중한 것을 알기에 세상을 향해 거기서 나와 말씀 안으로 돌아오라고 외치는 삶을 살게 된다. 그게 바로 복의 전달자로의 삶을 증거하는 삶임을 다음 절에서 명확하게 기술하고 있다.

> 나 예수는 교회들을 위하여 내 사자를 보내어 이것들을 너희에게 증거하게 하였노라 나는 다윗의 뿌리요 자손이니 곧 광명한 새벽 별이라 하시더라.(계22;16)

예수님은 광명한 새벽별이다. 그러므로 성도라면 아침빛을 볼 정도가 되어야 한다. 그러려면 강건한 믿음의 소유자가 되어 전신갑주로 무장해야 한다. 성경에 육신의 생각이 섞이면 교리가 바벨로 혼잡 된다. 따라서 전신갑주 자체가 말씀이다. 우리의 전쟁은 육신적인 것이 아니라 교회에 들어와 있는 악의 세력들과의 싸움이다. 즉 교회 자체가 영적 전투의 현장이다. 그러므로 바벨론(교회)이 주는 포도주(비진리)에 취하면 결국엔 멸망으로 떨어진다.

> 바벨론은 여호와의 수중의 온 세계로 취케 하는 금잔이라 열방이 그 포도주를 마시고 인하여 미쳤도다. 나 여호와가 말하노라 온 세계를 명한 멸망의 산아 보라 나는 네 대적이라 나의 손을 네 위에 펴서 너를 바위에서 굴리고 너로 불탄 산이 되게 할 것이니 (렘51;7.25)

바벨론(혼잡)의 교리가 사람을 미혹시켜 술(비진리)에 취해 미치게 만들고 있다. 그러기에 하나님을 대적하는 멸망의 산들을 향해 지금 하나님께서 그들을 코로나로 심판하고 있는 거다. 그러므로 교회들을 심판하기 전에 하늘(지성소)로 내 영(정신)이 올라가야 한다. 그러나 안타깝게 '하나님의 영광과 능력을 인하여 성전에 연기가 차게 되매 일곱 천사의 일곱 재앙이 마치기까지는 성전에 능히 들어갈 자가 없더라(계15;8)' 이와 같이 하늘로 올라온 사람이 그리 많지 않다. 그러나 마지막 때가 되면 심판과 구원이 동시에 이루어져 많은 사람들이 진리 앞으로 간다. 아울러 바벨교회는 곧 무너지는 성전이고, 하나님의 영(말씀)에 의해 내 정신이 지성소로 올라간 자들의 교회는 영생을 약속받은 하늘성전이다.

그러나 안타깝게 아버지 앞으로 가야할 성전 문이 그렇게 쉽게 열려지지 않는다는 사실이다. 그동안 교회가 너무나 많은 거짓말을 해 왔다. 그래서 광명한 새벽별의 의미를 몰라 교회가 하나로 통일되지 못하고 있다. 하나님의 말씀과 육신의 생각이 혼합된 게 바벨이다. 그래서 교회가 통일되지 않은 거나, 이 세상이 통일되지 않은 것이 같다. 즉 하나님 나라는 종교가 아니다. 그리스도 안에서 영계와 통일 된 사람들만이 매일 신랑(새벽별)을 맞아들일 수 있다. 이들이 그리스도와 한 몸으로 연합된 자들이다. 성경의 원리가 '평안의 매는 줄로 성령의 하나 되게 하신 것을 힘써 지키라(엡4;3)' 바로 이와 똑같다.

평안의 매는 줄로 성령이 하나 되는 것으로 성취되는 거다. 즉 생각과 마음에 '그날 후에 내가 이스라엘 집으로 세울 언약이 이것이니 내 법을 저희 생각에 두고 저희 마음에 이것을 기록하리라 나는 저희에게 하나님이 되고 저희는 내게 백성이 되리라(히8;10)' 이 말씀이 기록되어져야 그리스도와 내가 하나가 된다. 성경 말씀에 이 세상 것이 조금이라도 섞이면 평안의 매는 줄이 끊겨 버린다.

성령과 신부가 말씀하시기를 오라 하시는도다 듣는 자도 오라 할 것이요 목마른 자도 올 것이요 또 원하는 자는 값없이 생명수를 받으라 하시더라(계22;17)

영혼이 잘되면 모든 것이 부족한 것이 없게 된다. 이들이 바로 생명수를 먹고 사는 하나님의 백성들이다. 하나님의 자녀가 되면 모든 것이 있어야 할 것을 아버지께서 먼저 아시고 채워 주신다. 그러므로 우리는 그의 나라의 그의 의를 구하고 있을 때 바로 성령이 '오라' 하시면 뒤도 돌아보지 않고 따라가게 되는 거다. 그리고 어떻게 하면 심지가 굳은 자식으로 마음과 뜻을 아버지께 온전히 돌릴 수 있을까 그것만 생각하게 된다. 그게 하나님을 향한 경외다. 따라서 생명수가 생명의 말씀도 되지만 또한 성령을 가리킨다.

누구든지 목마르거든 내게로 와서 마셔라. 나를 믿는 자는 성경에 이름과 같이 그 배에서 생수의 강이 흘러나리라. 이는 그를 믿는 자의 받을 성령을 가리켜 말씀하신 것이라(요7;37-39)

아울러 배에서 흘러내리는 생수의 강 자체가 예수님의 열두제자를 가리키기도 한다. 그러므로 이 물을 먹는 자들은 예수님의 제자가 되므로 '내가 주는 물을 먹는 자는 영원히 목마르지 아니하리니 나의 주는 물은 그 속에서 영생하도록 솟아나는 샘물이 되리라(요4;14)' 이와 같이 성령의 말씀이 흘러 넘쳐야 된다.

이는 보좌 가운데 계신 어린양이 저희의 목자가 되사 생명수 샘으로 인도하시고 하나님께서 저희 눈에서 모든 눈물을 씻어 주실 것임이러라(계7;17)

내가 인도함을 받는 거기가 생명수 샘이다. 거기가면 죄와 더러움을 씻는 다윗샘이 있다. 여기 가서 예수님이 주시는 물을 먹고 예배를 드려야 한다.

그러니까 성도는 이 땅에서 신자다운 삶, 거룩한 삶을 통해 세상 사람들에게 '오라'고 외치는 삶을 살아야 된다. 이게 성도의 삶이다. 성도는 이 땅에서 고난을 통과해야 하는데 그 고난은 성도를 양육시키고 훈련시키는 하나님의 손길이다. 그러니 잘 참고 영적 전투에서 이기라 하신 거다. 그런데 교회는 여전히 힘을 추구하며 자신의 유익을 위해 하나님마저도 종으로 부리고 싶어 하는 악한 죄인들의 속성을 버리지 못하고 있다. 그래서 하나님께서는 분명 그런 자들에게 재앙으로 갚으실 것이라고 천명하셨다.

3. 주 예수여 오시옵소서

> 내가 이 책의 예언의 말씀을 듣는 각인에게 증거하노니 만일 누구든지 이것들 외에 더하면 하나님이 이 책에 기록된 재앙들을 그에게 더하실 터이요. 만일 누구든지 이 책의 예언의 말씀에서 제하여 버리면 하나님이 이 책에 기록된 생명나무와 및 거룩한 성에 참예함을 제하여 버리시리라.(계22;18-19)

재앙을 더한다는 것은 무시무시한 심판을 내리시겠다는 경고이다. 집짐승(목사)이나 들짐승(이단)은 하나님을 믿지 않기 때문에 하나님을 무서워하지 않는다. 그러기 때문에 하나님께서는 가짜들이 나타나서 진리의 복음에다 불순물을 섞어 엉터리 복음을 만들어 낼 것이라는 것을 이미 2000년 전에 미리 경고 하신 거다. 설교는 천하보다 귀한 생명을 살리는 것을 목표로 해야 한다. 그러므로 하나님의 말씀에 불순물이 섞이면 계시록에 기록된 재앙들이 한 치의 어긋남없이 그대로 교회에 쏟아진다. 따라서 하나님의 참된 종들은 예언의 말씀 그대로만 대언하고 증거한다. 또한 하나님이 보내신 종들은 그 안에 하나님의 말씀이 내주하기 때문에 성령께서 간섭을 하셔서 거짓말이 나올 수가 없다. 그러나 사단마귀(거짓선지자)는 거짓 영(악령)들이 탔기 때문에 복음에다 불순물을 섞어 물질의 복으로 세상을 미혹시킨다.

> 사랑하는 자들아 영을 다 믿지 말고 오직 영들이 하나님께 속하였나 시험하라 많은 거짓 선지자가 세상에 나왔음이니라.(요일4;1)

이렇게 마귀가 보낸 거짓 선지자들이 바로 말씀을 전하는 목사나 전도사나 선교사로 교회에 들어와 광명한 천사로 위장하고 있다. 그러기에 성도들은 정신 똑바로 차리고 신앙생활에 임해야 이들한테 속지 않는다.

> 이것들을 증거하신 이가 가라사대 내가 진실로 속히 오리라 하시거늘 아멘 주 예수여 오시옵소서. 주 예수의 은혜가 모든 자들에게 있을찌어다 아멘.(계22;20-21)

어떤 주인이 잔치상을 벌여 놓고 사람을 초청했다. 그런데 사람들이 새로 산 밭에 가야하고 새로 산 소도 시험해 봐야 하고 시집도 가야하고 장가도 가야하느라 오지를 않고 있다. 그들은 모두 이 땅의 것에 관심을 두고 사는 사람들이다. 그러기에 그들은 잔치(영생)를 베푼 주인(하나님)의 마음이 어떤 것이며 그 잔치(천국)가 어떤 것인가에 대해선 관심이 없고 또한 알려고도 하지 않는다. 그저 자신들의 소유나 밭이 더 중요하고 귀할 뿐이다.

그래서 주인이 종(사역자)들을 시켜 가난한 자들과 병든 자들을 다시 불러 모으라고 명하셨다. 그러므로 이 땅에 자기의 소유나 소출이 없는 가난한 사람들은 그저 자기를 초대해준 그 종이 고맙기만 해 한걸음에 달려와 잔치상에 와서 앉는다. 여기서의 가난한 자들은 심령이 가난한 사람들이다. 그러기에 그들은 천국잔치에 초대되어 복(영생)을 받게 되는 거다.

성도는 믿음을 소유한 자들이다. 따라서 비움의 삶에서 날마다 천국을 경험하며 살아가는 자들이다. 그 하늘나라의 삶의 원리는 나를 죽여 남을 살리는 십자가의 삶이다. 나보다도 먼저 하나님과 내 이웃의 유익을 구하는 삶에서 기쁨을 누리고 평강과 희락을 느낀다. 그런 자들은 이미 성령께서 심령 안에 들어와 계시기 때문에 오매불망 신랑이신 예수님만 바라보고 산다. 그러기에 이 땅에서 천국과 똑같은 삶을 살아내고 있는 거다. 또한 그런 자들만이 '주 예수여 오시옵소서 아멘' 의 고백을 날마다 드릴 수 있는 거다.

책을 마치면서

계시록을 써내려가는 내내 필자는 하나님의 은혜의 사랑을 수없이 경험했다. 그리고 계시록에 기록된 모든 것들이 마지막 때가 되자 눈앞에 펼쳐지는 심판의 장면들을 보면서 더욱 더 하나님을 경외하게 되었다. 그야말로 성경 6000년 역사 내내 언약의 말씀들이 한 치의 어긋남도 없이 그대로 실행하시는 언약의 하나님을 성경에서 수없이 만나고 보니 오직 그 하나님이 계시는 하늘(천국)의 소망만을 바라보게 되었다.

그동안 수많은 선진들이 계시록을 연구하여 세상밖에 많이 내놓았지만 거의 대부분이 겉도는 수준에 머물렀다. 그런데 그 이유가 성경에서는 '말일에 이르러는 여호와의 전의 산이 산들의 꼭대기에 굳게 서며 작은 산들 위에 뛰어나고 민족들이 그리로 몰려갈 것이라(미4;1)' 이와 같이 말일이 되어야 여호와의 전이 만방에 모여들 것이라 하였고, '말일에 여호와의 전의 산이 모든 산꼭대기에 굳게 설 것이요 모든 작은 산 위에 뛰어 나리니 만방이 그리로 모여들 것이라(사2;2)' 이사야 선지자나 미가서 선지자가 똑같이 말일이 되어야 하나님 나라가 회복된다는 것을 밝혔다. 그러기에 다니엘서에 '다니엘아 마지막 때까지 이 말을 간수하고 이 글을 봉함하라 많은 사람이 왕래하며 지식이 더하리라(단12;1-4)' 이와 같이 마지막 때까지 공개하지 말라 하셨기 때문에 그동안 계시록의 진위가 전부 밝혀지지 않았다. 그러나 하나님께서는 이사야 선지자를 통해 종말(마지막 때)에 동방(해 뜨는 곳)에서 독수리(속히 진행)를 부르셔서 하나님의 모략을 이룰 것이라 하셨다.

> 내가 종말을 처음부터 고하며 아직 이루지 아니한 일을 옛적부터 보이고 이르기를 나의 모략이 설 것이니 내가 나의 모든 기뻐하는 것을 이루리라 하였노라. 내가 동방에서 독수리를 부르며 먼 나라에서 나의 모략을 이룰 사람을 부를 것이라 내가 말하였은즉 정녕 이룰 것이요 경영하였은즉 정녕 행하리라(사46;10-11)

말일(종말)이 바로 일곱째 날이다. 그리고 이때가 되어야 하나님 나라가 완전히 회복되어 하나님께서도 안식에 들어가신다. 말일에 세워지는 산이 하나 있는데 그게 바로 시온산(하나님의 말씀)이다.

성경의 역사를 통해 보면 아담은 에덴동산에서 창조의 역사를 시작하셨고, 노아는 아라랏 산에서 무지개로 언약하셨으며, 아브라함은 이삭(예수 그리스도)을 모리아 산에서 제물로 바쳤고, 또한 모세는 시내 산에서 하나님의 십계명 돌판을 받았다. 예수님은 감람산에서 산상 수훈을 설파하셨으며 계시록 때는 '또 내가 보니 보라 어린양이 시온산에 섰고 그와 함께 십사만사천이 섰는데 그 이마에 어린양의 이름과 그 아버지의 이름을 쓴 것이 있도다(계14;1)' 이와 같이 시온산에서 심판과 구원의 역사를 이루신다.

따라서 시온산은 산상시온으로 많은 산들 위에 우뚝 선 진리의 성읍이다. 산이 조직체(교회)다. 그러므로 많은 산(교회)들 위에 세워진 산이 바로 시온산(그리스도의 말씀)이다. 따라서 하나님의 모든 계획(하나님의 말씀)들은 산(시온산)에서 역사하신다. 이는 말일이 되어야 하나님의 선민들이 그리스도의 말씀 안으로 회복하여 돌아온다는 뜻과 같다.

그러므로 마지막 때에 이르면 이마에 짐승의 표를 받은 666의 세력(이단)들과 짐승(거짓선지자)들은 무저갱(지옥)에 가둬두고, 하나님의 인을 받은 택정한 백성들은 창세전에 이미 이루어 놓은 새 하늘과 새 땅인 새 예루살렘 성전에 입성한다. 따라서 이러한 심판과 구원의 여정을 기록해 놓은 것이 바로 요한계시록이다. 그러기에 모든 성경은 하나님의 백성으로 온전케 만들어 가기위한 '하나님 자녀 만들기' 프로젝트임을 깨닫고 종말의 때에 진리(하나님)의 성읍(말씀)으로 돌아오길 주님의 이름(하나님이 이르신 말씀)으로 간절히 기원하는 바다.

2020년 7월

충성된 증인 안디바